卓有绩效

给管理者的
绩效改进实用建议

段敏静◎著

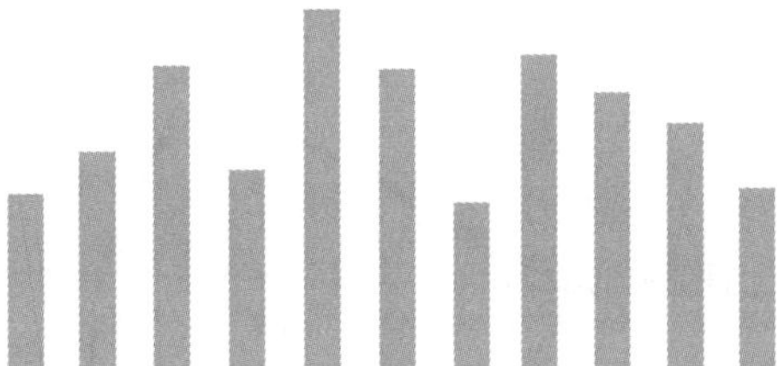

中信出版集团 | 北京

图书在版编目（CIP）数据

卓有绩效：给管理者的绩效改进实用建议 / 段敏静著 . -- 北京：中信出版社，2020.8
ISBN 978-7-5217-2017-4

Ⅰ . ①卓… Ⅱ . ①段… Ⅲ . ①企业绩效－企业管理－研究 Ⅳ . ① F272.5

中国版本图书馆 CIP 数据核字（2020）第 117366 号

卓有绩效——给管理者的绩效改进实用建议

著　　者：段敏静
出版发行：中信出版集团股份有限公司
（北京市朝阳区惠新东街甲 4 号富盛大厦 2 座　邮编　100029）
承 印 者：中国电影出版社印刷厂

开　　本：787mm×1092mm　1/16　　印　　张：20.5　　字　　数：248 千字
版　　次：2020 年 8 月第 1 版　　印　　次：2020 年 8 月第 1 次印刷
书　　号：ISBN 978-7-5217-2017-4
定　　价：66.00 元

目　录

推荐序 1

段敏静博士不仅是我的一名优秀学生，也是我值得尊敬的同事。

2007 年，段博士入读美国印第安纳大学教学系统技术系。那一年，我担任“R511 教育技术历史”一课的任课老师。正如段博士在书中提到的，绩效改进领域的起源和发展与教育技术专业有着很深的渊源，而这门课程的最后一个部分正是关于绩效改进的起源，以及对绩效改进领域核心理念与理论的探讨。在这门课结束之后，段博士加入了我领导的“工作场所学习与绩效改进”研究小组。

我的专业领域是劳动经济学与社会科学研究方法。在过去的 40 年里，我一直专注于绩效改进领域的学术研究与企业实践。作为印第安纳大学的教授，我的主要角色是学术研究人员。我在职场培训和绩效改进等相关领域进行了广泛的研究，出版了专业学术著作，也为营利组织或非营利组织提供绩效改进方面的咨询服务。

然而，在学术界多年，我最引以为豪的并不是我个人的学术研究成果，而是在这 40 年里我指导了超过 60 名有抱负的青年学者，担任他们的指导老师，帮助他们完成研究项目以及博士论文的撰写。毫不夸张地说，在这 60 多位青年学者中，段博士是我指导过的最有成就的博士生之一。2015 年，段博士的毕业论文《审视行动研究法在绩效改进实践中的应用：来自优秀绩效改进实践案例的启示》获得了 ISPI（International

Society for Performance Improvement，国际绩效改进协会）年度“杰出论文”一等奖。在这之前，我指导的博士生曾获得过该奖项的二等奖。

用中国话讲，段博士是我的“关门弟子”。在学术上，她与我有一个共同点。在绩效改进领域，很多学者或从业者或多或少都有教育技术专业教育背景或企业培训经验。这一点与绩效改进领域的发展轨迹密不可分。具有教育技术专业教育背景或企业培训经验对于从事绩效改进研究与实践既有有利之处，也有不利之处。不利之处在于，其中一些学者或从业者难以真正完全跳出教学或培训的视角来看待组织中的绩效问题。在这一点上，段博士与我的视角都颇为中立。

一方面，我更愿意从经济学的角度来看待绩效改进领域的发展，段博士则更包容一些，愿意去探索不同学科或领域对绩效改进的影响。另一方面，我们都对社会科学研究方法非常感兴趣。段博士毕业论文中的行动研究法就是我们两人兴趣的融合点，最终促成了她的博士论文。如果说这篇论文是对她在美国印第安纳大学从事学术理论研究的阶段性总结，那么今天这本《卓有绩效》则是对她从事中国企业绩效改进实践的阶段性总结。我有幸成为这一阶段性总结的见证者。借着这本书在中国的出版，我也跟中国读者谈一谈我对绩效改进的理解。

绩效改进的理念与概念是随着时间的推移而演变的。我们今天所知道的绩效改进是有时间边界的。自二十世纪五六十年代起，美国的绩效改进学者与从业者持续不断的工作建立了我们今天对绩效改进的理解框架。从社会科学研究方法的角度来看，我们只要能对一个概念下一个明确的定义，就可以对它进行测量和研究。因此，对绩效改进的研究也应从它的定义开始。

然而，给一个学术领域下定义是一件有风险的事情。这个风险来自两个方面。第一，风险与时间有关。任何定义都是今天的定义，可能并不适合作为明天的定义。第二，这个领域中的很多人对于绩效改进的发展历史与基础理论都已经很了解，对于某一个定义中所包含的要点，他们不一定都同意。尽管如此，我还是给出下面的定义——在给我的学生授课或给我的客户提供咨询服务时，我都用到过这个定义。

绩效改进是一项旨在改进组织生产力的学术研究以及合乎道德的企业实践，它通过设计和开发以结果为导向、全面且系统的有效干预措施来实现改进组织生产力的目的。关于这个定义，有几个关键词需要进一步说明。

首先，学术研究意味着绩效改进顾问或有志于改进组织绩效的人需要谨慎地提出并分析与绩效相关的问题。这些问题包括如何进行绩效改进，以及在特定的组织情境下做什么来改进绩效。理解学术研究一词的关键在于进行严格有序的（disciplined）且系统性的（systematic）探究（inquiry）。这包括按照一定的原则，以有序和既定的方式对绩效表现提出问题并寻求答案。

其次，合乎道德的企业实践，这一点在 ISPI 对注册绩效改进顾问的道德要求中尤为明显。在企业丑闻和国际纷争频发的时代，人们越来越关注绩效改进实践领域中的伦理问题。符合道德的实践有两大关键的因素：不伤害客户的利益、泛客户的利益及行业的利益，并始终站在服务社会的前列。

再次，改进生产力中的“改进”就是指让结果变得越来越好。生产力既有质的一面，也有量的一面。它可以简单地表达为输入、过程、输出与反馈之间的关系：输入是组织为了生产产品或提供服务而消耗的资源，输出是组织生产的产品或提供的服务，过程是组织用来将输入转化为输出的机制，反馈是组织用来校准输入、过程和输出的手段。从本质上讲，改进生产力的方式有三种：其一，保持输入不变，增加输出；其二，保持输出不变，减少输入；其三，减少输入，增加输出。

最后，以结果为导向意味着绩效改进自始至终关注结果。结果应该是可感知的，也是可衡量的且必须对组织产生了积极的影响。结果可以有多种表现形式：关注企业生产的，比如产量的增加、成本的减少；关注员工及其所在的团队的，比如员工健康与安全条件的提升、员工知识与技能水平的提高、员工流失率的降低；关注市场的，比如市场份额的增加、客户满意度的提升、合作伙伴关系网络的扩大；服务或回馈社会的，比如减少空气或水资源污染，减少对自然资源的浪费。

当然，绩效改进的内涵不仅仅是定义。在《卓有绩效》一书中，段博士从理论与实践的角度分别阐述了什么是绩效，什么是绩效改进，如何改进绩效等与绩效改进相关的核心问题。书中的很多观点体现了当下美国学术界与企业界对绩效改进的认知，比如绩效改进的对象是绩效，而不仅仅是人的绩效，改进绩效的过程是循证实践的过程，改进绩效是组织中的变革管理，等等。

正如《卓有绩效》一书所言，在绩效改进中，管理者的作用尤为重要。管理者首先需要认识到，员工所处及赖以发挥绩效表现的环境是一个超出了他们控制能力范围的更大的体系。在设计这一体系的过程中，他们没有扮演任何角色，也无法获得控制它的杠杆。相反，管理者对这个体系的框架、结构、安排、指示、规则和条例负有部分或全部责任。简而言之，作为一名管理者，对组织进行有意义的绩效改进是其分内之事。

感谢段博士的邀请，让我为这本书作序。同时，我也恭喜她在绩效改进领域做出了宝贵的贡献。

詹姆斯 · A. 潘兴（James A. Pershing）

James A. Pershing

美国印第安纳大学名誉教授

《人类绩效技术手册》（第三版）主编

2020 年 6 月于美国印第安纳州布卢明顿市

推荐序 2

优秀的培训管理者一定具有绩效改进思维。

任何围绕企业培训的话题都离不开一个主题，那就是培训的价值：培训到底能否给组织和个人带来什么价值？能够带来多大的价值？这些价值又该如何体现？

2005 年创办《培训》杂志时，我就在思考这些问题，也希望通过这本杂志推动整个培训行业的发展。2010 年，我对这些问题的解读，又多了一个视角——绩效。可以说，绩效改进为培训行业打开了一扇窗。2012 年，可以称为中国的绩效改进“元年”。4 月 19 日至 21 日，《培训》杂志社主办的“第八届中国企业培训与发展年会”在北京召开，中心议题就是“职场学习与绩效改进”。至此，绩效改进正式进入中国培训界和企业管理者的视野。

从本质上说，企业培训助力人才发展，而人才发展最终服务的是企业发展与业绩增长。从绩效的角度来思考培训价值这一命题，答案跃然纸上：不对企业绩效负责的培训都不是好培训。过去的培训是希望给企业的高层管理者和员工带来知识与能力的升级，而现在，培训则更聚焦于组织、部门以及个人绩效的提升。

方向有了，该怎么做？《卓有绩效》一书提供了一些答案。作者段敏静博士既有绩效改进的专业背景，又在企业培训领域有着丰富的实践经验。她在书中不仅对培训管理与绩效改进的关系展开了深入探讨，更通过生动而实际的企业案例，对绩效改进的理念、方法与工具进行了全面且细致的阐释。这些内容打开了培训管理者的视野，使其能够站在更宏观的角度思考培训的价值，同时也赋予了大家将绩效改进落到实处，尤其是有效运用到培训工作中的能力。

绩效改进将会是中国培训界一个长久探讨与深耕的话题。对于中国的培训管理者而言，绩效改进还是一个比较新的理念，需要更为系统与全面的学习。基于此，我推荐培训界的同人阅读学习这本书，也期待每一位培训管理者成为绩效改进专家。

《培训》杂志主编

2020 年 6 月于南京

前言

不忘初心，方得始终。

写作本书的初心，来自对绩效改进在中国企业实践的探索。如同许多管理理念与管理方法一样，绩效改进源于西方的学术研究及企业实践。在读博士期间，我与导师就常常讨论这样的话题：绩效改进在中国企业的实践会跟在美国企业的实践一样吗？如果不一样，又会有哪些区别？带着这个问题，我先是对绩效改进在中国学术界的开展情况做了一些前期的调查研究，到 2012 年，则正式开始探索绩效改进在中国企业中的实践。

起初与人谈及绩效改进，除了国内高校中对绩效改进有过接触或研究的学者之外，基本上没有多少人知道绩效改进是什么，能做什么。随着与企业的深入接触，企业管理者这一群体成了我的重点关注对象。因为，作为对企业具有实际影响力的群体，管理者对绩效改进理念的认知以及对绩效改进方法与工具的掌握，将直接影响企业各个层级的绩效表现。然而，企业中大部分的管理者对绩效改进的认知还停留在最基础的层面，而这样的认知偏重于将绩效作为一种考评员工的手段。那绩效是什么？绩效改进又是什么？

我认为，绩效改进的本质是一种管理思维，只有先刻意训练形成这样的思维，再辅以相应的工具，才能够解决不同企业、不同层级的绩效问题。经过验证的绩效改进理论、方法与工具适用于所有绩效问题的改进与解决，而非仅适用于某一个特定行业、特定层级的绩效问题。如果把绩效改进看作脱离了管理思维基础的一种工具，且只注重其一定的适用范围，那就如同一个人失去了灵魂一样，徒有一身皮囊。

本书站在管理者的角度对什么是绩效、什么是绩效改进、如何改进绩效这三个问题进行了回答。对于前两个问题的回答，更多的是从理论的角度来阐述绩效以及绩效改进的内涵。作为一个研究领域，绩效改进是有理论支撑的。了解这些理论是为了理解绩效改进领域深层次的价值观、基本立场及应用原则。对于第三个问题的回答，则是以中国企业实践为基础，并结合了西方理论研究和企业实践来进行探索的。在这一部分，既有与西方企业实践相同的做法，也有基于独特的切入点对中国企业实践的观察。同时，因为关注的焦点是如何改进绩效的实践，这部分也用到了许多实际的中、西方企业的实践案例来阐述改进绩效的流程。希望通过这样的探索，我能够找到绩效改进在中国企业的实践范式的初步答案。

本书旨在帮助管理者通过运用科学的、循序渐进的识别、分析与解决业务问题的方法与工具，将业务问题转变为业务机会，最终获得期望的业绩成果。此外，我也为希望从培训顾问转型为绩效改进顾问的专业人士提供专业指导，帮助他们建立起从绩效角度来看待人的发展的系统性框架，完成从关注人的发展到关注组织的发展的转变。对于正在高校学习或研究绩效改进的本科生或研究生，书中系统地梳理了绩效的定义、绩效改进定义的演变历史、绩效改进的理论基础以及绩效改进的流程，可以快速地帮助他们对绩效改进领域有一个全面的了解。

在本书写作的过程中，中信出版集团的编辑团队提供了大力支持。

同时，中国培训界与企业界的一些朋友也给予了很多帮助。我在这里一并表示感谢。

最后，我把这本书献给我的家人。一路走来，他们始终支持，也始终给予鼓励。

第一部分

什么是绩效

了解“什么是绩效”是改进绩效的第一步。在绩效改进领域，绩效的内涵有特定的意义。简单来说，绩效既是结果也是行为，结果与行为是不可分割的两个部分。从结果的角度来说，绩效是符合一定工作标准的工作结果；从行为的角度来说，绩效是通过推进一连串有内在逻辑关系的工作行为所得到的结果。

绩效是可以衡量的。绩效改进的基础是对绩效的量化。绩效既可以是对绩效结果的量化，也可以是对工作行为的量化。

管理者的绩效也是可以量化的。有效的管理基于两个方面。其一是效果，也就是工作结果是否好，事情做得是否成功，有没有达到预期的目标；其二是效率，也就是工作过程是否合理，资源配置是否最优化，有没有达到事半功倍的效果。效果与效率两者不可或缺，而提升管理效能的关键是，在确保方向正确（效果）的基础上找到提升效率的方法。这是管理者化繁为简的关键。

第1章

绩效的定义

对于中国的管理者来说，“绩效”一词既熟悉，又陌生。说熟悉，是因为在工作中，绩效是一个永远也避不开的话题，绩效管理、绩效考核、绩效面谈或绩效排名等无时无刻不在管理者的脑海里萦绕。说陌生，则是因为管理者对于绩效的认知往往过于简单。我们曾对参加绩效改进工作坊的管理者进行过课前调研，其中一个问题就是：“你认为什么是绩效？”参加调研的管理者既有来自基层的，也有来自中高层的，他们所处的行业包括金融、制造、化工和房地产等。下面，我们不妨来看看他们对这个问题是如何回答的：

- “绩效是衡量工作的唯一定律。”
- “绩效是促进目标实现的工具。”
- “绩效是对员工完成工作的一种合理薪酬激励。”
- “绩效是对业绩效果的肯定，用来支付一定的额外工资报酬。”
- “绩效是指考核主体对照工作目标和绩效标准，采用科学的考核方式，在评定员工的工作任务完成情况、工作职责履行程度及发展情况后，给出的一定奖励。”

- “绩效要反映多劳多得、少劳少得、不劳不得。”
- “绩效是指组织和员工对于工作目标的完成情况。”
- ……

我们从以上回答中不难看出，管理者对绩效存在三种主要认知。

- 认为绩效就是薪酬或奖金。持这种观点的人不在少数，比如绩效是对员工完成工作的一种合理薪酬激励，再如绩效是……用来支付一定的额外工资报酬。在这种认知中，绩效是作为激励员工的一种工具与手段存在的。
- 认为绩效就是考核。持这种观点的人将绩效与绩效考核画了等号，比如绩效是指考核主体对照工作目标和绩效标准……给出的一定奖励。不难看出，“绩效就是考核”与“绩效就是薪酬或奖金”这两种认知密不可分：有了考核，就有了薪酬或奖金；为了薪酬或奖金，才有考核。
- 认为绩效就是业绩目标或者与业绩目标相关，比如绩效是促进目标实现的工具。

那么，绩效到底是什么？它有什么样的内涵与外延？我们在深入讨论绩效改进之前必须解释清楚这些问题。接下来，让我们从绩效改进的视角来解读什么是绩效。

绩效是结果，更是成果

绩效一词源于英文的“performance”。了解汽车的读者对这个词应该不陌生，我们形容一辆汽车性能佳、表现好时用的英文就是 high-performing 或 with high performance（高性能）。在《韦氏大学英语词典》（*Merriam-Webster's Collegiate Dictionary*）中，绩效有两层含义：

- 绩效是实施某项行为的过程。
- 绩效是实施行为后所获得的结果。

无独有偶，《美国传统词典》（*American Heritage Dictionary*）对 performance 一词的解释就是 an accomplishment。accomplishment 翻译成中文就是“成果”的意思，绩效就是某项工作的成果。accomplishment 这个词值得再深究一下。美国作为绩效改进的起源地，在说到 performance 一词时通常会提及两个同义词：result（结果）与 accomplishment（成果）。在企业圈，result 一词说得多；而在学术圈，accomplishment 则是更为准确地体现绩效一词内涵的专业用语。通俗地说，“结果”是中性词，可能是好，也可能是坏，只是表示某件事情已经结束了；“成果”则是一个有正向结果意味的褒义词，也就是说，成果是符合某种预期目标的结果。那么，从这个角度来理解，绩效就是与企业价值观、战略方向和经营导向相符的工作结果。

因此，作为某项工作的成果，绩效是符合一定标准的结果，即标准 + 结果 = 成果。那么，如何判断工作结果是否可以接受呢？我们需要以事先约定的标准来判定：符合标准的，就是达成了绩效；不符合标准的，就只是“做了”，但并没有“做好”。在某个绩效改进项目的一次前期调研采访中，某银行的一位地市分行行长对柜台业务员“信用卡新开卡数量”这一绩效的要求是这样描述的：

> “信用卡新开卡数量”是银行网点的一个重要的绩效考核指标，也是我们今年要重点抓的一项业务。对于如何判断业务员是否完成了绩效，我认为要从两个方面来考核。首先是看信用卡新开卡的数量，这是基本的要求，我们对每个月新开卡的数量是有明确规定的。但是，这不应该成为我们考核绩效的唯一标准，因为实际情况往往是有很多客户开完卡后并没有使用。如果是这样，反而占用了我们的资源。我们的目的是希望客户开了信用卡后能够使用，“用卡”是我们的真正目的，而不仅仅是“开卡”。因此，我们又增加了一项标准：新开信用卡必须在三个月内有交易记录。有了这个标准，业务员的工作就会更进一步，把工作从客户在网点完成开卡延伸到在客户离开网点后通过电话或短信进行追踪，发送一些信用卡使用的优惠信息，引导客户在开卡后及时使用信用卡，养成用卡的习惯，成为我们真正的客户。

该行长的这段描述非常生动地说明了“符合一定工作标准的工作结果”。具体说来，“新开信用卡”是工作结果，对于这个工作结果有两个评价标准：新开卡的数量和三个月内有交易记录。因此，只有符合“在三个月内有交易记录的新开信用卡”才是工作成果，即真正的绩效。

标准不一样，对工作结果的接受程度也会不一样。请看下面的例子：

> 刚读初中的女儿回家跟妈妈说：“妈妈，这一次的数学期中考试，我考了78分。”女儿的数学成绩是各科成绩中最不稳定的，因此也是妈妈重点关注的学习科目。听到女儿这样说，你如果是她妈

妈，该如何回应女儿呢？这取决于妈妈给女儿事先定下的考试成绩可接受的标准。如果妈妈给女儿定下的标准是每次的数学考试成绩必须在 85 分以上，那么根据这个标准，78 分的成绩一定是不理想的。妈妈的第一反应会是："女儿，你的成绩没有达到要求。"如果妈妈给女儿定下的标准是每次的数学考试成绩必须排在全班前 5 名，那么根据这个标准，妈妈的第一反应会是："女儿，78 分排在全班第几名呢？"事实上，78 分的成绩是这次数学期中考试全班的最高分。

在这个例子中，78 分的数学成绩就是一个结果。就数字本身来看，我们无从判断是好成绩还是不尽如人意的成绩。这个成绩是否达到了妈妈期望的学习成果（绩效），还需看妈妈给女儿之前定的标准是什么。如果标准是"考试成绩需在 85 分以上"，那 78 分显然没有达到这一标准，自然也是妈妈不能接受的结果。但如果标准是"排在全班前 5 名"，那 78 分的全班最高分显然是符合标准的，自然也是妈妈可以接受的结果。

因此，工作结果、评价标准与工作成果（绩效）之间形成了如下的关系（见表 1–1）。

表 1–1　工作结果、评价标准与工作成果（绩效）之间的关系

项目	工作结果	评价标准	工作成果（绩效）
定义	工作完成后的一种状态	事先约定的用来评价工作结果价值的条件	符合评价标准的工作结果
示例	新开信用卡	新开卡数量，开卡后三个月内有交易记录	三个月内有交易记录的新开信用卡数量
	数学期中考试成绩	排在全班前 5 名	排名进入全班前 5 名的数学成绩
		85 分以上	85 分以上的数学成绩
关系	工作结果 + 评价标准 = 工作成果（绩效）		

结果与成果，虽只有一字之差，却道出了绩效真正的内涵。俗话说“无规矩不成方圆”，标准就是衡量工作结果的规与矩。将标准纳入绩效内涵有两个重要的意义。其一，对于承担工作结果的员工来说，标准无疑是“方向标”。将衡量工作结果的标准说清楚，就是让员工知道工作做到什么程度才是达标的。其二，对于管理者来说，有了标准就有了一把“尺子”。当员工将做好的工作提交上来的时候，管理者用这把“尺子”一量，就知道员工的工作做得是好还是差：如果好，好到什么程度；如果差，差到什么程度，应该往哪个方向提升。这把“尺子”也让管理者知道该如何有的放矢地给予员工工作指导与工作反馈。

在日常工作中，我们常常将结果等同于绩效来沟通。虽然在日常沟通中这样做无伤大雅，但落实到具体的管理中，管理者需对绩效、结果、标准与成果之间的关系有深入的理解，并据此来指导管理工作。

绩效具有行为属性

让我们继续根据 performance 一词来探究绩效的内涵。performance 作为名词是从动词 perform 演化过来的。《美国传统词典》对 perform 一词做了如下解释：

...to take action in accordance with the requirements of...

这句话在工作场景中的意思就是：按照一定的（工作）要求来实施（工作）行为。这个定义中的工作要求指的就是之前提到的标准，而行为则是达成绩效过程中不可或缺的要素。在这里，行为与绩效之间存在两层关系。

第一，行为与绩效正相关。正相关是描述两个变量之间互动关系的一个词，指的是两个变量变动的方向一致。当我们说行为与绩效正相关时，指的是某一项工作行为或管理动作发生时，它能够让绩效目标达成的可能性变大或让我们离目标更近一步。比如，当客人进店时，售货员主动上前进行询问，与客人初步建立友好的关系，这样售货员离卖出商品、促成交易的目的就近了一步。所以，在考虑如何才能达成绩效目标时，我们要分析哪些工作行为或业务动作是与绩效目标直接相关且能够"推动"我们向目标靠近而不是背离的。

第二，行为以价值链的方式来推动绩效目标的达成，单一行为不能产生期望的绩效结果。价值链（value chain）是迈克尔·波特（Michael E. Porter）在其著作《竞争优势》（*Competitive Advantage*：*Creating and Sustaining Superior Performance*）一书中提出的概念。价值链无处不在，它最为普遍的呈现形式就是流程，比如生产流程、采购流程、销售流程与服务流程等。简单来讲，价值链是由一系列环环相扣的活动围绕既定的目标串联起来的。在这里，行为价值链是一系列有着内在先后次序的工作行为、业务动作或管理动作，通过由远及近、层层推进的方式让工作结果一步步地向绩效目标靠近并最终达成目标。再以售货员为例，当客人进店时，售货员主动上前询问可以加大成交的可能性，但仅靠这一个销售动作肯定是不可能促成交易的。因此，询问之后还有探寻需求、推荐产品、确认意向等一系列的销售动作，只有完成了这一系列环环相扣的动作，步步推进，售货员才可能最终促成交易。这就是销售的行为价值链。

让我们来看下面的例子。

某度假村度假产品的销售渠道之一是，通过国内大型旅行社的各家门店进行代理销售。每一家门店的假期顾问都承担一定的度假产品销售指标。销售度假产品与销售景区门票有着很大的差别，远不止到售票窗口询问、付款、取票这么简单。那么，假期顾问为了完成度假产品销售指标，在日常工作中应该怎么做呢？通过实地调研并参考同行业最佳实践经验，该度假村设计了一套度假产品销售流程，由以下 11 项具体的销售行为构成。

- 欢迎顾客。
- 营造轻松愉快的氛围。
- 创造交流话题。
- 关注顾客需求。
- 推荐符合需求的产品。
- 确认客户喜好。
- 强化购买动机。
- 处理异议问题。
- 确认购买欲望。
- 成交与结账。
- 欢送顾客。

上述 11 项行为涵盖了潜在顾客从踏入旅行社门店到购买度假产品后离开旅行社的全流程。该度假村为每一项销售行为都制定了行为要点与行为指导，并且对流程中的关键销售行为（比如关注顾客需求、推荐符合需求的产品、强化购买动机及处理异议问题等）进行了重点行为指导。

在上面的案例中，完成一定额度的度假产品销售额是假期顾问期望达成的绩效结果；从“欢迎顾客”到“欢送顾客”的 11 项行为则是他们在具体的销售过程中所要实施的动作，借此促成交易，进而达成绩效结果。这 11 项销售行为贯穿客户从进店、成交到离店的全过程，步步为营，层层推进，构成了度假产品销售目标达成的行为价值链。

在日常管理工作中，管理者对于绩效的行为属性常常存在两种误解。第一，在分析哪些业务动作能够有效地“推动”业务结果更接近业绩目标时，只看表面，而没有考虑行为与结果之间的因果关系。比如，经常听到一些销售主管对销售员说：“你就天天去拜访客户，一天不见两天见，两天不见三天见，他总有一天会见你。等你与客户混到脸熟了，客户自然会给面子，多多少少会给你单子。”在这里，“混脸熟”不是有效的工作行为，在持续的拜访中挖掘客户需求并提供能够解决客户痛点的方案才是真正有效的工作行为。第二，管理者会过分夸大某一项业务动作的作用，而忽视业务行为是通过环环相扣的价值链来一步步地靠近业绩目标的。就像之前举的售货员的例子，仅靠寒暄是不能让客户购买产品的，唯有一连串有内在逻辑的有效销售行为才可能促成客户购买产品。

通过对绩效“成果”与“行为”两方面的分析，我们给绩效下一个定义：绩效是由工作行为带来的，通过行为价值链的驱动而产生的符合一定标准的工作结果。

绩效公式

科学语言往往简洁明了，常常通过数学公式等方式来说明一个道理。绩效改进领域的许多先驱者都受过严格的科学教育，比如 B. F. 斯金纳（B. F. Skinner）与托马斯·吉尔伯特（Thomas Gilbert），他们曾是哈佛大学的同事。斯金纳是行为心理学最具代表性的学者，也被认为是绩效改进领域的源头人物之一。吉尔伯特是公认的绩效改进领域的先驱者，也是心理测量学与临床心理学专家。科学家们往往用简单的公式来说明复杂的道理。在绩效改进领域，研究者们也利用公式来阐述绩效的内涵。

资料夹

托马斯·吉尔伯特（1927—1995）[①]

在绩效改进领域，托马斯·吉尔伯特是一个不得不提的名字。

吉尔伯特出生于1927年1月3日，他在南卡罗来纳大学获得了学士与硕士学位，之后在田纳西大学获得心理学博士学位。他曾与斯金纳在哈佛大学共事一年，并在马萨诸塞州沃尔瑟姆市大都会州立医院的林斯利实验室与奥格登·R. 林斯利（Ogden R. Lindsley）一起工作过。吉尔伯特曾在亚拉巴马大学和佐治亚大学任教，是公认的“绩效改进之父”。20世纪60年代后期，吉尔伯特帮助建立了美国绩效改进协会（National Society for Performance Improvement），即ISPI的前身。20世纪70年代，吉尔伯特成为吉尔里·拉姆勒（Geary Rummler）的商业伙伴。另外，吉尔伯特是美国行为分析协会的终身会员。

吉尔伯特与罗伯特·梅格（Robert Mager）、乔·哈里斯（Joe Harless）保持着长期的工作伙伴关系，而他在绩效改进领域的开拓性成就与一众大师的影响密不可分，这些大师包括弗雷德里克·泰勒（Frederick Taylor）、库尔特·勒温（Kurt Lewin）及斯金纳等。

在绩效改进领域，最有名的绩效公式（performance equation）莫过于吉尔伯特在其著作《人的能力》（*Human Competence：Engineering Worthy Performance*）中提出的绩效公式。吉尔伯特认为，行为是绩效的一个不

① 部分内容参见 https：//peoplepill.com/people/thomas-gilbert-7/。

可或缺的因素，然而行为本身并非绩效。绩效所指向的是行为实施后产生的结果，更准确地说，是行为实施后产生的积极的、正面的、向上的结果，或者说“成果”“成就”。这个观点与我们在前文所探讨的绩效内涵基本一致。因此，吉尔伯特将绩效、行为与行为结果的关系转化为公式，并给出了第一个绩效公式：

$$P=B\rightarrow A$$

在这个公式中，P 是绩效（performance），B 是行为（behavior），A 是行为结果（accomplishment）。吉尔伯特认为，这是理解绩效内涵的第一个层次。

接下来，吉尔伯特提出“有价值的绩效”（worthy performance）这一概念。“有价值”是经济学上的含义，是对一种比例的认知，这种比例衡量的是，为实现绩效目标所付出的投入与绩效结果产出的价值之间的相对关系，也就是“绩效结果投入与产出比”。任何企业行为都是以投入成本来获取价值回报为指导的，并力求价值最大化。那么，从绩效的角度来说，产生绩效的行为是一种成本投入，行为实施后的结果则是价值回报。只有行为结果的价值大于行为本身的投入，才能给企业带来真正的回报。否则，绩效失去价值，行为必然是不可取的。因此，吉尔伯特给出了第二个绩效公式来说明有价值的绩效：

$$W=A/B$$

在这个公式中，W 即有价值的绩效，A 是有价值的成就（valuable accomplishment），B 是代价高昂的行为（costly behavior）。

我们可以用一个企业培训的例子来说明如何应用这两个公式。首先，企业培训主要包含以下几种行为：自行设计开发或购买培训课程、老师上课、员工参加培训、员工在工作中运用培训所学的内容。从绩效的视角来看企业培训，我们需要关注以上行为，但重点应落在培训项目的结果上，那就是员工的工作业绩是否按照我们所期望的那样得到了提高，比如，是否减少了安全事故的发生，是否缩短了某项工作的操作时间，是否提高了操作的质量，是否提高了顾客的满意度，等等。这里考察的是绩效的第一个公式：P=B→A。

如果这个公式得到了满足，接下来，我们要考察第二个公式：W=A/B。在这里，我们需要对实施培训的一系列投入及学员能力提升后带来的工作业绩价值进行数字化的呈现，比如购买培训课程的花费，员工脱岗培训而企业仍需支付的工资，工作时间缩短及工作质量提高产生的利润增加额，等等。如果利润增加额与各项花费的比率大于 1，那么我们可以说这个培训项目产生了有价值的绩效，通过这个项目的实施，企业和员工的绩效就能得到提高。

小 结

在中国，绩效的概念说新不新，说旧也不旧。然而，在企业管理实践中，以绩效为核心的管理方法或管理工具（比如绩效管理、绩效考核及绩效工资等）却常常跑偏。我们不止一次地听到过管理者对某些绩效工具的“抱怨”，甚至是“深恶痛绝”。事实上，工具并没有错，使用工具的人需应用得法，这样才能让工具成为“助手”而不是“黑手”。绩效改进是以提升绩效为核心的新兴管理理念、方法与工具。为了让这个工具真正为管理者所用，我们认为有必要对“绩效”这一概念做一个深入的探讨，形成“绩效共识”。在本章中，我们从分析绩效的语义出发到阐述绩效公式，梳理了关于绩效的三个核心内涵。

- 绩效首先是成果，是符合一定标准的工作结果。没有结果，一切为零。企业以组织形式存在是为了实现某些共同认可的目标，这些目标的表现形式就是结果。然而，结果并不等同于成果，只有符合了共同认可的某些标准的结果才是真正的绩效。这些标准或是对结果数量上的要求，或是对时间的要求，或是对质量的要求；同时，这些标准也可以是对员工个人的工作结果的要求，或者是对部门或组织的工作结果的要求。
- 绩效是与行为密切相关的。什么样的行为才能够带来期望的绩效结果？我们认为需要符合两个条件：行为与绩效有正相关关系；行为通过价值链的方式驱动绩效目标的达成，单一行为不能产生期望的绩效结果。
- 绩效本身也要有价值，也就是说，为达成绩效目标而投入的成本要低于绩效结果带给组织的价值，即吉尔伯特的“有价值的绩效”主张。

第2章

绩效是可衡量的成果

如果一件事情无法被量化，那么我们对它的认知就无法形成共识，同时对它的表现状态也无法进行客观的评价。

学术研究人员是对事物进行量化的高手，其实普通人也并不逊色，同样是高手。比如，爱是一件很抽象的事物，怎么来量化它？科学家们用荷尔蒙来衡量。在爱情荷尔蒙分泌最多的时候，恋人之间的关系最为亲密；当爱情荷尔蒙持续分泌时，恋情就能长久维持下去。因此，科学家们是站在生物学的角度来定义爱，并通过一种“绝对值”（荷尔蒙分泌值）来测量爱的。普通人对爱的量化手段或许没有那么精确，却非常实际。例如，当妈妈问小朋友“你有多爱妈妈”时，小朋友回答的方式是把双手张开到不能再张开的角度，然后说“这么多”。对小朋友来说，双手打开的宽度就是爱的深度。当女孩被问到“你的男友有多爱你”时，她也许会说“他下班后从不出去，都在家里陪我”或“每个纪念日，他都会给我送礼物”等。对女孩来说，男友与她在一起的时间长度或每一个纪念日是否都送礼物是爱的深度标准。不管是小朋友还是女孩，他们都是在对“爱”这个抽象的概念进行定义与量化，这些定义与量化也体现了他们对爱的理解。与科学家们采用绝对值量化的手段不同的是，普通人采用的是“相对值”的定义与量化手段。

19 世纪英国著名的数学物理学家开尔文勋爵（Lord Kelvin）（一位 10 岁就上了大学的神童）曾经说过：“如果你没法衡量一样东西，没法用可以量化的方式来表达它，那就说明你对它的理解还不够扎实。”从企业管理的角度来讲，“不能衡量就不能管理”①。

KPI：绩效结果的量化指标

在企业中，绩效首先是经营成果，也就是企业在实现战略目标过程中的业绩表现，即 KPI（key performance indicator，关键绩效指标）。在这里，经营结果不是企业中某一个部门或某一项业务的绩效结果，而是作为一个整体的企业在一定时期内所有业务活动的结果。陈春花教授在《经营的本质》一书中曾这样说道：“……经营的目的就是获得顾客的认同和市场的回馈，就是要取得经营成效，实现投入产出的有效性……”从这个角度出发，企业的经营成果具体体现在以下几个方面。

- 与顾客价值相关：客户满意度、客户投诉率与客户忠诚度。
- 与经营规模相关：市场占有率与市场份额。
- 与经营效率相关：经营成本。
- 与赢利能力相关：销售额与利润。

① ［美］罗伯特・卡普兰，大卫・诺顿．平衡计分卡：化战略为行动 [M]. 刘俊勇，孙薇，译．广州：广东经济出版社有限公司，2013.

20 世纪 90 年代，罗伯特 · 卡普兰（Robert Kaplan）和大卫 · 诺顿（David Norton）开展了一项名为“未来组织绩效衡量方法”的研究计划，对当时处于业界领先地位的 12 家公司进行了为期一年的研究。这项研究的成果以《平衡计分卡：驱动绩效的量度》一文于 1992 年在《哈佛商业评论》上发表。平衡计分卡采用了衡量未来业绩的驱动因素指标，在传统财务指标的基础上提出从四个方面来衡量企业的经营成就，分别是：财务、客户、内部业务流程及学习与成长。这四个方面构成了企业经营成果较为全面的绩效内涵，表 2–1 展示了四个方面衡量指标的示例。

表 2–1　平衡计分卡四个方面衡量指标示例

财　务	客　户	内部业务流程	学习与成长
营业收入	市场份额	新产品在销售额中所占的比例	员工满意度
人均收入	客户保持率	新产品上市速度	员工保持度
细分市场销售占有率	客户获得率	开发下一代新产品的时间	员工生产率
新产品占收入的百分比	客户满意度	收支平衡时间	……
单位成本	客户获利率	反应时间	
营运资金比率	品牌知名度	制造周期率	
资产利用率	……	每百万个产品的次品率	
投资报酬率		返工率	
……		……	

平衡计分卡把企业的使命与战略转变为目标与指标，并体现在财务、客户、内部业务流程及学习与成长四个方面。作为一个整体，这四个方面体现的是企业战略目标的达成情况，是企业层级的 KPI。这其中，有些 KPI（如营业收入、细分市场销售占有率、新产品上市速度及制造周期率等）可以直接落到某一个或某几个部门或业务单元，有的 KPI 则不那么明显。从企业层级的 KPI 到部门或业务单元层级的 KPI 存在一个转化的过程。

企业整体绩效目标 KPI 与各部门或各业务单元的绩效目标 KPI 应该是“一盘棋”，各部门或业务单元承接企业整体绩效目标的一部分，同时又互相支持共同完成企业的绩效目标（见图 2–1）。因此，在设定部门或业务单元的 KPI 时，管理者一定是站在“如何能够支持企业达成整体战略目标”的高度，而不是各部门或业务单元的角度。站在企业整体战略目标角度来设定部门 KPI，是各部门或业务单元在设定自己的 KPI 时要坚持的一项原则。

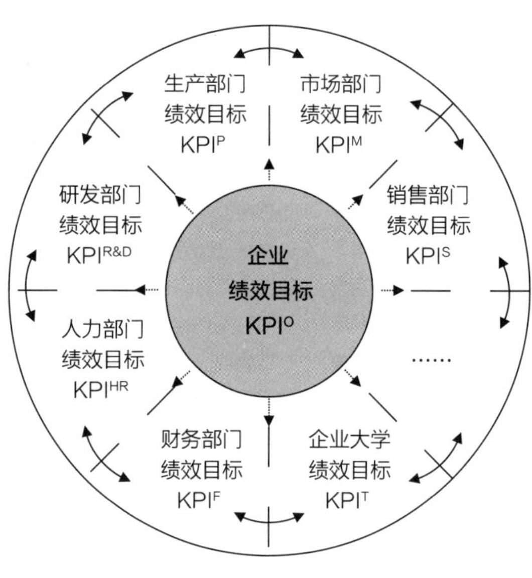

图 2–1　部门 KPI 与企业 KPI

例如，培训部门负责人在设定本部门目标时，考虑的就不应该是“培训部门举办了多少场培训”“全公司共计有多少人参加了培训”之类的 KPI，而是要从培训部门为企业战略目标的实现培养了多少符合要求的员工，或培训部门对核心业务部门 KPI 达成的贡献度是多少等角度来考虑。“办了多少场培训”“有多少人参加了培训”之类 KPI 的背后是“部门本位”思维，说的只是本部门完成了什么事项，而不是这些事项的完成与公司整体绩效目标的实现有什么关联，也未说明本部门是如何支持公司整体绩效目标实现的。因此，既然绩效是企业整体的经营成果，那么无论管理者身处何种职位或何种部门，他们考虑绩效的出发点都应站在企业整体的高度，而不是局限在某一个部门或某一项业务当中。这是对管理者最为基本的要求。

资料夹

平衡计分卡的四个方面

在《平衡计分卡：化战略为行动》一书中，罗伯特·卡普兰和大卫·诺顿详细介绍了平衡计分卡四个方面的衡量内容及相应的衡量指标。

财务方面指标通常与企业获利能力有关，可以显示企业的战略，以及实施和执行该战略是否对改善企业盈利做出了贡献。有了财务指标，企业或业务单元便可根据自身所处的不同发展阶段（如成长期、保持期与成熟期）来制定不同的财务目标。

- 成长期是企业生命周期的初期，这一阶段的产品或服务拥有巨大的成长潜力。企业此时的整体财务目标是收入增长率以及目标市场、客户群体和地区的销售增长率，强调在新市场、新客户、新产品和新服务中增加销售额，并维持适当的收支水平以支持产品或服务的开发。
- 处于保持期阶段的企业或业务单元，其财务目标更强调传统的财务指标，要求管理者使投资产生的收入最大化。
- 进入成熟期的业务单元的财务目标更强调现金流，使现金回流最大化。这一阶段的企业的总体财务目标应该是拥有经营所需的现金流（折旧前），并减少对营运资金的需求。

客户方面指标体现了企业在已经确立的细分市场和客户群体中的经营表现。这方面的核心衡量指标适用于所有类型的企业。这些指标包括：市场份额、客户保持率、客户获得率、客户满意度与客户获利率。除核心指标之外，客户方面还应包括一些特定的指标，以衡量公司提供给目标客户的价值主张。这些价值主张反映了企业所提供产品或服务的特性、与客户之间的关系以及企业的形象与声誉。

内部业务流程方面指标重视的是对客户满意度和企业财务目标影响最大的那些内部流程。内部业务流程有一个共同的内部价值链模式，包括三个主要的业务流程：创新流程、经营流程与售后服务流程。在创新流程方面，企业或业务单元应对客户目前的需求和潜在的需求进行调研，然后开发能够满足这些需求的产品或服务。在经营流程方面，企业或业务单元制造并提供产品和服务给客户。在售后服务流程方面，它们要对售出的产品或服务提供持续的支持。

财务、客户和内部业务流程三个方面的指标确定了企业为获得突破性业绩而必须在哪些方面表现突出，学习与成长方面的指标则为上述三个方面指标的实现提供了基础框架。学习与成长方面可以分为三个主要范畴：员工能力，信息系统能力，以及激励、授权和协作。衡量员工能力的核心指标包括员工满意度、员工保持率与员工生产率，其中又以员工满意度指标最为重要。信息系统能力可以通过精确的、关键的客户信息和内部业务信息的适时可获得性来衡量。在激励、授权和协作方面，企业可以衡量员工提出建议的次数和建议被采纳的次数，关键客户关系和内部业务层面的改进情况，部门和个人目标是否与平衡计分卡上写明的企业目标保持一致以及团队业绩等。

很多人认为在设定部门绩效结果KPI的时候，那些跟业务直接相关的部门（比如销售部门、生产部门等）的KPI很好量化，但是非业务的职能部门或支持部门（比如培训部、人力资源部或设计部等）很难量化，甚至无法量化。在实现企业战略目标的过程中，各部门或业务单元的 KPI 与企业战略目标之间形成了一条“绩效结果价值链”（见图 2–2）。以绩效结果价值链为基础，相关人员通过分析某一部门在价值链中的位置、产出和贡献度等因素就可以制定该部门的 KPI。

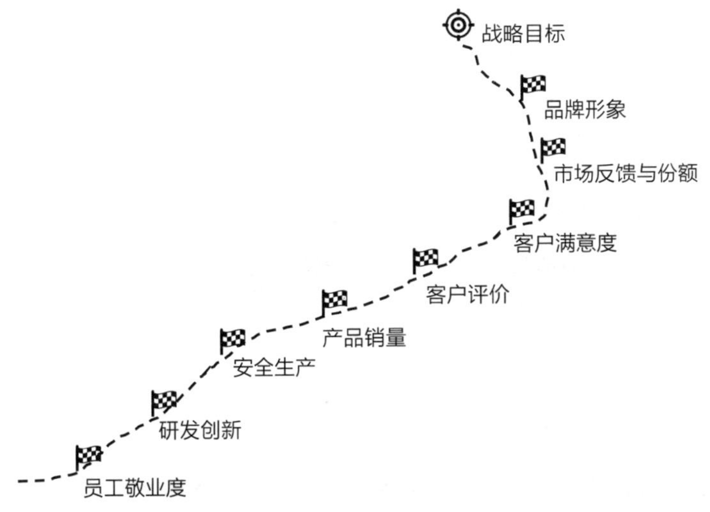

图 2–2　企业绩效结果价值链示例

根据绩效结果价值链，我们可以通过以下三个问题来梳理部门的 KPI。

- 相关性：本部门处于企业绩效结果价值链的什么位置？
- 绩效产出：本部门应该产出什么绩效结果才能发挥自身在价值链中应有的作用？
- 贡献度或标准：本部门的绩效结果对企业绩效目标的贡献度应该有多大？或者说，本部门的绩效结果应该达到什么样的标准？

我们仍以培训部门为例来说明这三个问题（见表 2–2）。

表 2–2 培训部门制定 KPI 应思考的问题

问题维度		具体问题及其答案
相关性	问	培训部门处于企业绩效结果价值链的什么位置?
	答	在绩效结果价值链中，培训部门与“员工敬业度”“安全生产”“产品销量”“客户满意度”等价值点位置相关
绩效产出	问	培训部门应该产出什么绩效结果才能发挥自身在价值链中应有的作用?
	答	培训部门应该培养出具有高敬业度的员工，能够准确执行安全生产操作标准的员工，能够完成销售订单目标的员工，以及能够高效解决客户问题的员工
贡献度或标准	问	培训部门的绩效结果对企业绩效目标的贡献度应该有多大？
	答	培训部门应该培养出以上四类员工各 X^1、X^2、X^3、X^4 位

通过对培训部门在企业绩效结果价值链中所处位置的分析而得到的该部门的 KPI，能真正与企业经营结果挂钩并体现部门价值。其他非业务部门的 KPI 设定也遵循这样的逻辑。在制定具体的 KPI 时，我们可以参考下文资料夹中示例的格式。

资料夹

研发部门绩效结果 KPI 示例①

【指标名称】销售收入（海内外）。

【指标定义】当年产品研发团队管理的产品的销售收入。

说明：

① 青铜器软件系统有限公司 . 研发绩效管理手册 [M]. 2 版 . 北京：电子工业出版社，2012.

销售收入是公司对外销售产品和提供服务所获得的收入，包括产品收入、服务收入和建造工程收入。其中，产品收入是指客户为取得设备而向公司支付的全部价款，包括设备收入和外配套收入；服务收入是指设备销售合同签订后，供应商为用户提供服务所形成的收入，包括向用户收取的安装费、运保费、用户培训费、备件销售收入、保修期外维修维保收入和专项服务收入。

【测量对象】产品开发团队。

【设置目的】反映产品开发团队管理的产品的销售规模。

【统计部门】财务管理部或成本管理部。

【统计方法】销售收入由核算获得。

【计算公式】

月计算公式：当年第 X 月产品开发团队管理的产品的销售收入。

累计计算公式：截至报告期，产品开发团队当年管理的产品的累计销售收入。

【计量单位】万元。

【统计周期及时间】季度。

KBI：工作行为的量化指标

KBI（key behavior indicator，关键行为指标）是企业在实现整体经营结果的过程中，对部门及员工个人（团队）关键工作行为或工作事项履行状况的量化指标。KBI 是与 KPI 相对应的概念，是对那些能够带来期望绩效结果的工作行为的量化与衡量。脱离 KPI 谈 KBI 是“无源之水”，因为行为的结果不明确，行为本身就没有意义；脱离 KBI 谈 KPI 则是“纸上谈兵”，因为结果落不到行为上，往往就无法达成。就部门而言，它的KPI既是完成企业整体业绩目标的KBI，也是员工个人或团队层面KBI所要达成的业绩目标。在这里，我们将重点讨论员工个人或团队层面的KBI。

既然KBI是关于行为的衡量指标，那我们是否可以在设定和量化KBI时只测量行为呢？其实不可以。我们如果只把关注点放在行为上，那么会发现有很多行为是无法测量的。这或许是因为行为本身是隐性而非肉眼可观察的显性行为，也可能是因为在实际工作情境下测量这些工作行为既不现实，成本又太高。比如，对于一名培训课程的设计开发人员来讲，如何根据学员需求、学习内容及学习方式等特点设计课程是非常重要的一项工作行为，也是一项重要的工作能力。但“设计课程”这个行为本身却无法测量，因为它是一个由诸多隐性的思考行为组成的综合工作行为。再比如，对于销售人员而言，定期的客户拜访是非常重要的一项日常工作。然而，企业对其拜访过程中的很多销售动作是无法记录与测量的，这不是因为这些销售动作是隐性的工作行为，而是因为测量的成本太高。因此，对KBI的设定与量化其实是从工作结果入手的，也就是设计完成后的授课材料，拜访结束后的客户意向或可以让销售人员推进到下一个销售环节的“线索”。因此，KBI的设定与量化一定是通过对工作结果的深入分析与理解来完成的。

那么，如何从工作结果的角度来设定和量化员工或团队的KBI呢？首先，我们要考虑的问题是工作结果的哪方面最重要，然后测量能够产生这个最重要结果的工作行为。关于这个问题，吉尔伯特提出了如下三个方面、九个维度。

- 质量
  - —— 准确性：与已经确立的绩效要求相比，工作行为是否存在差异或缺失？

——类别：工作行为结果的低、中、高等级。

——创新性：超出已经确立的绩效要求标准的那一部分的有效性与程度。

- 数量或生产率

——频率：当数量与时间同等重要时，我们就要考虑工作行为的频率。

——时效性：当时间是重要考量因素时，我们要考虑工作行为的时效。

——总量：当数量是重要考量因素时，我们要考虑工作行为的总量。

- 成本

——人力成本：用于购买员工劳动时间的费用，比如工资、福利、保险、税金及日常运营费用等。

——物料成本：用于购买生产资料、工具、场地等支出的费用。

——管理成本：用于组织和管理生产活动发生的材料、人工和劳动资料等的耗费。

对于任何一项工作行为或工作任务的结果，管理者都可以根据以上九个维度进行最恰当的测量。例如，在衡量快递员完成快递工作任务的结果时，我们更看重的是他能不能够准确送达收件地址、按时送达及送件总数，而不会考虑他的送件路径是否具有创新性。因此，对于快递员快递任务 KBI 的设定与量化注重对准确性（质量）、时效性（数量）与总量（数量）的考量，而不会关注其创新性（质量）。再举一个例子，对于服装设计师来讲，在衡量他的工作结果（服装设计图纸）时，我们更看重的是他的设计是不是有新意，能不能引领潮流，会不会受到大家的欢迎。在这里，创新性就是一个重要的测量维度，而不是其他维度。这一点对于研发人员同样重要。比如，对于研发汽车发动机的工作人员来说，如果他研发的发动机能够在不牺牲汽车其他性能的情况下提升零至百公里的加速度，那这个结果无疑是非常具有创新性的。因此，与质量相关的创新性成了衡量研发人员 KBI 的重要指标。

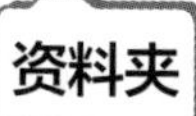

KBI 衡量指标示例

吉尔伯特列举了一些工作岗位（员工）KBI 的示例（见表 2–3）。从这些示例中，我们可以看到，对于一些看似无法测量的工作行为，比如赛马饲养员的工作——常被看作一项“艺术”而无法进行量化，我们从工作结果角度便可对其进行测量。而这样做的关键，首先是定义工作结果的哪方面是最重要的。

表 2–3 吉尔伯特列举的 KBI 示例

岗位角色	期望的工作结果	KBI 衡量指标	衡量维度
电话接线员	顾客电话接听	每次通话平均时长 通话时长 漏接电话 无监督状态下工作情况	频率 频率 准确性 管理成本
服装设计师	款式设计	制造工艺约束 上市季节准备 生产成本 时尚竞争力 价格竞争力	准确性 时效性 生产成本 创新性 类别

（续表）

岗位角色	期望的工作结果	KBI 衡量指标	衡量维度
保险推销员	保险销售	销售额 差旅成本 产品组合	总量 物料成本 准确性
职业学院教师	做好工作准备的学生	工作的种类 工作表现 成功就业的学生数量	类别 准确性 总量
	作业布置	与教学内容相关 内容覆盖度 学生兴趣 与培训的配合度	准确性 准确性 类别 时效性
赛马饲养员	参赛奖品	奖品的大小 获奖的次数 预算执行情况	类别 频率 人力成本
	马厩清洁	卫生标准达标	准确性

其次，我们也可以考虑工作结果的哪个方面能够明确且有效地区分出高绩效与低绩效，然后测量最能产生绩效差异的那个工作行为。例如，对于短跑运动员来说，速度（每秒奔跑的距离，即频率维度）是能有效辨别出优秀短跑运动员与一般短跑运动员的衡量指标，那么速度便是我们要选择的测量维度，而不是准确性，因为跑得快与跑得慢的运动员都不大会由于跑偏了方向而显示出不同的绩效结果。再如，对于销售员来说，销量（总量维度）是区分优秀销售员与一般销售员最重要的衡量指标。

在明确了哪些行为能够产生最重要的绩效结果后，接下来我们要考虑的是工作结果完成到什么程度是可以接受的，也就是衡量工作结果的标准。例如，我们清楚了快递员的快件投递准确性是其 KBI 的一个重要维度，那么准确性的衡量标准是什么，100% 还是可以有一些小误差？这就是在设定工作结果的标准。只有明确了工作结果可以接受的标准之后，KBI 的设定与量化才算是完成了。表 2–4 总结了制定工作行为 KBI 的思考逻辑与相关问题。

表 2-4　制定工作行为 KBI 的思考逻辑与相关问题

思考重点及顺序	相关问题	KBI 示例
对工作结果的要求	工作结果哪方面是最重要的？	快递员 送达地址的准确性 快件送达的及时性 单位时间内送达的物品总量
	工作结果的哪个方面能够明确且有效地区分出高绩效与低绩效？	销售员 一定时间内的总销量
对工作结果的标准	工作结果完成到什么程度是可以接受的？	快递员 错投件数为 0 送件及时率 100% 日投件总数 35 件 销售员 月销售额 20 万元

KPI 与 KBI

下面是在我的实际业务中发生的一则小故事。

某国有银行省级分行的业务负责人坐在会议桌的对面，愁眉不展地介绍当前公司存款业务所面临的压力。他列举了一系列的困难与挑战：全球经济的不景气，其他银行带来的竞争压力，总行给省级分行制定的高于前一年的业绩指标，等等。当我问他“面对这样的情况，你是怎么做的”时，我们的对话如下。

负责人：我统计了所有市级分行的数量，结合它们前一年的业绩表现，按照一定的比例把今年的业绩指标逐一分了下去。

我：也就是说，您把业绩指标进行了分解，然后分给了每一家市级分行。然后，您做了什么呢？

负责人：公司内部系统有各市级分行存款业务的实时更新，我会密切关注相关信息。同时，每月月底各市级分行都有业绩排名，如果到了月底有哪家市级分行的业绩不理想，我会及时跟他们联系，了解情况。

我：如果月底的确有一些市级分行没有完成当月的存款指标，那你会具体做什么？

负责人：我会每半个月看一下业绩完成情况，而不会等到月底去看。

我：那如果半个月到了的时候，业绩情况还是不达标呢，那你会把半个月的周期改成一周检查一次吗？

负责人：可能会吧。

我：那如果一周到了的时候，业绩仍然不达标呢，你又会怎么做？

负责人：每天监督？

我：还会做什么？

负责人：……

从案例中我们看到，这位业务负责人对于绩效的关注点落在了绩效结果上，而不是工作行为上。对于结果，这位负责人采用的是高频次的监控管理，从每月到每半个月，再到每周，甚至到每天。但对于“应该要做到哪些行为才能达成结果”这个问题，他却显得手足无措。这种现象在管理者中不是个例。罗马不是一天建成的，绩效结果也不是一蹴而就的。管理者之所以会出现这种情况，其原因大体有两个。

- 不理解 KPI 与 KBI 之间的关系。很多管理者认为管理就是向员工要结果，至于结果是怎么来的，那是员工自己的事情。这种思维方式很可怕，它带来的后果是，一旦期望的绩效结果没有达到，管理者立刻会将矛头指向员工，认为员工能力不足，而忽视自己作为管理者所要承担的责任。对 KPI 和 KBI 的关系，管理者并不明白：KPI 是 KBI 的结果，只有管好了 KBI 才能带来 KPI。结果虽然重要，但没有过程又哪来结果？
- 管理者对 KBI 的管理要具备更高的管理精度与细度。管理 KPI 要比管理 KBI 容易得多。为什么？因为两者所需要的管理动作不一样。对于 KPI，管理者能做的只是监控，就像故事中的银行业务负责人一样；另外，当 KPI 的最终结果出来时，管理者只能接受，因为到那个时候做什么都改变不了结果了。但 KBI 不一样。要管好 KBI，管理者不仅要能清晰地描绘出哪些工作行为或业务动作是以什么样的内在逻辑关系在一步一步地促进目标的实现，还要能将这些准确无误地传递或教给具体做事情的员工。这无疑是比仅盯着 KPI 数字要结果难得多的事情。

小 结

无测量，不管理。

在绩效改进领域，绩效的内涵既包含成果的一面，也包含行为的一面，相应地，对于绩效的测量也包含结果与行为两个方面。在结果方面，对绩效的测量体现在 KPI 上，即关键绩效指标。作为结果，KPI 首先是对企业经营结果的评价与衡量，比如与顾客价值相关，与经营规模相关，与经营效率相关，与赢利能力相关，与内部业务流程和学习成长相关，等等。从企业结果的 KPI 到部门或业务单元结果的 KPI 存在一个转化的过程，在这个转化的过程中，管理者必须始终站在企业整体的高度，而不是局限在某一个部门或业务单元内制定各自的 KPI。绩效结果价值链是指各部门或业务单元在共同达成企业绩效结果的过程中所处的位置与需要发挥的价值。据此，管理者可以通过三个问题来梳理本部门的 KPI。

- 相关性：本部门处于企业绩效结果价值链的什么位置？
- 绩效产出：本部门应该产出什么绩效结果才能发挥自身在价值链中应有的作用？
- 贡献度或标准：本部门的绩效结果对企业绩效目标的贡献度应该有多大？或者说，本部门的绩效结果应该达到什么样的标准？

在行为方面，对绩效的测量体现在 KBI 上。KBI 是企业在实现整体经营结果的过程中，对部门与员工个人（团队）关键工作行为或工作事项履行状况的量化指标。部门的 KPI 是企业层面的 KBI，也是员工个人或团队层面 KBI 所要达成的业绩目标。对员工个人或团队 KBI 的设定与量化，也需要从工作结果角度出发。在这里，管理者还要考虑这样的问题：工作结果的哪个方面是最重要的？或者说，工作结果的哪个方面能够明确且有效地区分出高绩效与低绩效？通过思考这个问题，管理者可以从质量、数量（生产率）、成本三个方面，以及准确性、类别、创新性、频率、时效性、总量、人力成本、物料成本和管理成本九个维度来制定与量化 KBI。

第3章

管理者的绩效

“你的管理有效吗？”[①]

如果你是管理者，当被问到这个问题时，你会如何回答？有效，没效，还是不知道？这个问题看似简单，但被问到的很多管理者往往不知道该如何回答。有些人可能会反问：“有效的标准是什么？管理的定义又是什么？”文首这个问题有两个关键词，一个是“管理”，一个是“有效”。只有理解了这两个关键词的内涵，我们才能恰当地回答这个问题。接下来，我们就逐一来看看“管理”与“有效”。

管什么

管理大师彼得·德鲁克对管理者工作的本质有过这样的描述：管理者本身的工作绩效依赖很多人，而他又必须对这些人的工作绩效负责。

① 段敏静．解码管理者的绩效 [J]. 现代商业银行，2018（19）：76-81.

通俗地理解，这句话就是说：管理绩效不是靠管理人员自己做出来的，而是通过管理他人的工作绩效来实现的；或者说管理者的关键不在于自己把某一项具体的工作做得有多好，而在于他如何计划、协调、指导和激励团队中的每一个人，让“1+1”产生大于2的效果。由此，德鲁克把管理者的工作归纳为如下五部分主要内容。

- 设定目标：制定业绩目标，明确达成目标的行动方案，沟通并传递目标及其实现方法。
- 衡量结果：建立标准来衡量结果是否已达成（组织及个人层面），根据标准分析绩效状况并进行绩效考核。
- 计划组织：将工作分类、分解，选择和授权相关人员完成工作。
- 沟通激励：建立沟通机制，建立良好的人际关系，设定奖惩制度与措施。
- 发展下属：员工谈话，员工盘点，制订员工发展计划和继任者计划。

如果我们把这五项内容再做进一步的归纳，那么目标、理事和育人这三个方面就构成了管理绩效的全部内容（见图3–1）。

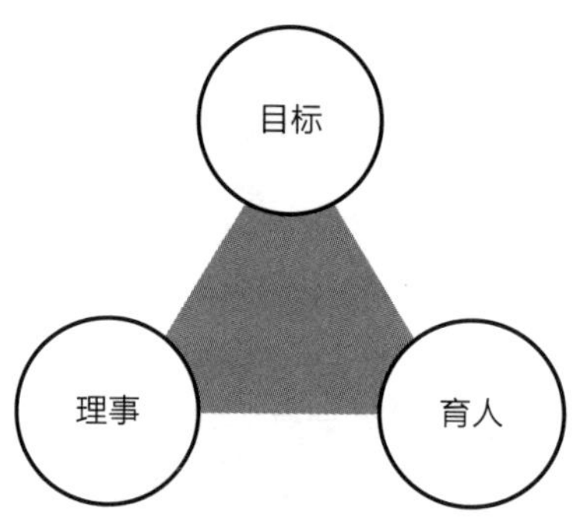

图3–1 管理绩效的三个方面

- 就目标而言，管理者需设定组织的业绩目标，对目标进行分解并明确目标达成的衡量标准。
- 就理事而言，管理者需明确员工要完成的工作内容，说明或指导如何完成工作内容，并组织相关的人、财、物等资源最终完成工作，达成业绩目标。
- 就育人而言，管理者需了解员工的特点、长处与不足，及时进行反馈与辅导，并在工作中提供机会让下属得到知识、技能或个人发展方面的成长。

我们需要指出两点：第一，目标、理事和育人三者之间是等边三角形的关系，也就是说管理绩效体现为这三者之间的平衡；第二，目标的实现离不开理事和育人的共同支持，二者缺一不可，因此目标是“果”，理事与育人是达成目标的两条相互关联的“因”。当前，中国大多数管理者在这三者间的平衡方面做得怎么样呢？我们可以从当下的领导力培训中看出一些端倪。

在当下的领导力培训中，有两种现象值得细细思考。第一，纵观各个层级的领导力培训，单从课程的配置情况来看，关注最多的是管理者的人际技能，比如沟通、激励、冲突、变革及教练等。这些课程内容的本质是以如何建立与上级、下级、平级和团队成员之间的关系为出发点，解决工作中“人”的问题。因为在很多管理者的思维中，绩效问题都是人的问题，比如能动性不够、悟性不高、执行力不强或没有工作动力等，所以，只要人的问题解决了，绩效问题就不存在了。

第二，作为学员的管理者特别喜欢案例。案例是什么？通俗地讲，案例就是成功的经验或失败的教训。用过往的经验来指导将来的工作，似乎是管理者秘而不宣的法宝。通过案例尤其是本行业的相关案例，管理者比较它们与实际工作中的相似之处，或用之或弃之——“拿来主义”

仍然奏效。但是案例往往是个例，其表象即使与管理者当下的情境有相似的地方，其内在逻辑也不一定适用。这就好比同为咳嗽症状，真正的病因或许是感冒，或许是肺炎，又或许是其他更加严重的疾病。案例再成功也离不开其发生的时间、空间和人等特定因素。世上没有两片同样的树叶，管理也绝不存在完全相同的情境。当情境发生变化时，以往成功的做法或许就不那么合适了，甚至会适得其反。

从这两点中，我们可以看到，在目标、理事、育人所构成的三角平衡中，管理者的倾向是更多倚重“人”的维度，而忽略或故意漠视“事”的维度。而且，“人”的维度通常会被过分地拉长。当“人”的维度被拉长到极限时，平衡遭到破坏，三角关系将不复存在，管理者的绩效也无从谈起。陈春花教授在《管理的常识》一书中的一段话也印证了这样的观察：

> 对于很多企业管理者而言，问题就出在他们只关心人的态度和表现，并没有清晰地界定必须要做的事情，以及做事的标准。对于大多数员工来说，应该做什么事情并没有得到清晰的指引，所以只能凭着兴趣和情绪或感情来做，这样的做事方式一定是无法评定和控制结果的。

什么是有效

有效就是有绩效。站在管理者的角度来看，我们可以从效果和效率两个维度将管理绩效做进一步的分解。管理效果指的是工作做完之后的结果，比如工作是否干好，事情做得是否成功，是否达到了预期目标。因此，效果与目标相关联。管理效率则指的是工作完成的过程，比如是否在最短的时间内达成了目标，人、财、物的资源组合是否最优化，是否做到了事半功倍而不是事倍功半。因此，效率是在做事的过程中实现快速、精准与最优化。

这样说起来似乎很简单，但很多管理者在实际工作中却往往不得要领，最常见的情况是管理者往往只看重效果而忽视效率。关注效果很简单，管理者只需把目标定好，再把目标层层分解并传达给各个部门或个人，然后等到截止日期“验收”结果，这件事情就算是完成了。而关注效率则需要管理者自己首先弄清楚“工作应该怎么做才能达到目标”，找到一条把事情做好的“最优路径”，然后把路径与目标同时告知下属，并在下属开展实际工作的过程中及时主动地给予反馈或纠偏。这一系列的动作就是我们通常所说的“工作指导”。这样一比较，我们就会发现评价效果（结果）确实比监控效率（过程）要简单得多。“趋利避害”是人的天性，而这个“利”并不仅仅是利益。很多时候，“容易做”也是大多数人的第一选择。

在实际工作中，我们的管理者是怎么样确保效果（结果）的呢？其一是“人海战术”。比如，让所有人放下手中的工作去干好一件领导认为重要的事情，人多力量大，自然能够达成结果。其二是“不计成本”。比如，“有条件要上，没有条件创造条件也要上”就一个是最形象的说法。其三是“机械劳动”。比如，常常听到管销售的领导对下属说：你天天去拜访客户，天天打电话，时间久了，人家总会给你一个面子，你就会做成一单的。这实际上就是效率低下的机械劳动。其四是“发挥主观能动性”。这里的主观能动性可不是指管理者的能动性，而是下属的能动性。比如，我们常常听到管理者抱怨说：你看张三就是一个执行力超强的客户经理，事情交给他，人家就能主动去找资源把事情办好。李四就不行，同样的事情，他总是做不好，没有悟性，没有做事的办法。这实际上是主观能动性的发挥问题。

以效果为纵轴、效率为横轴，我们可以构建一个管理绩效矩阵（见图 3–2），并用它来衡量日常管理工作是否真的有效。

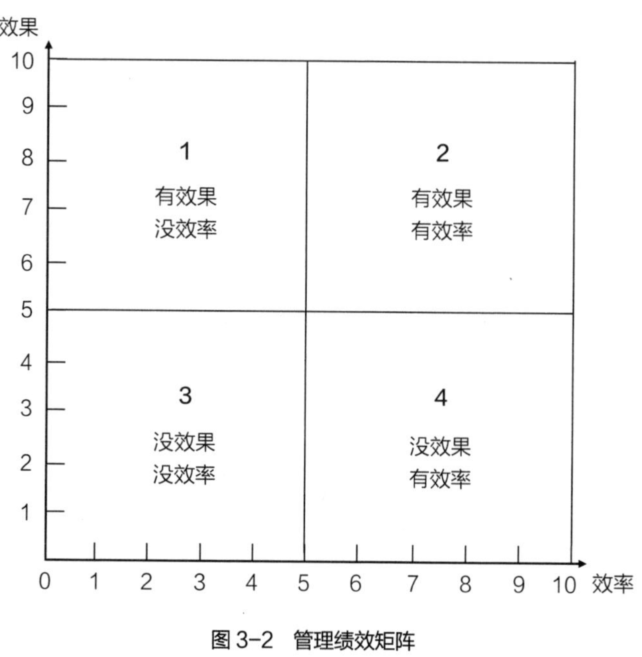

图 3–2 管理绩效矩阵

- 象限 1 是有效果、没效率。在绩效改进工作坊中，大部分管理者反映他们现实的管理状态就是如此，为了实现效果往往牺牲了效率（比如有销量、没利润）。
- 象限 2 是有效果、有效率。这是管理者日常管理工作的理想状态，却不是现实中常见的状态。
- 象限 3 与象限 4 则是管理者需要避免的状态，因为没有效果，一切为零。

很明显，象限 2 是管理者理想的管理绩效状态，但现实的情况是管理者常常处于象限 1 的状态。象限 1 与象限 2 的差别在于效率：效率上去了，管理绩效就达到了象限 2 的状态；效率上不去，管理绩效就停留在象限 1。不可否认，管理者提升管理绩效的方向是从象限 1 到象限 2，而提升的关键在于管理效率（见图 3–3）。如前所述，管理效率是管理目标达成的过程。根据目标、理事、育人三角平衡原理，理事和育人是达成目标的两条途径。因此，提升管理效率的根本在于找到理事和育人的正确方法。那么，管理者到底要具备什么样的能力才能提升效率呢？

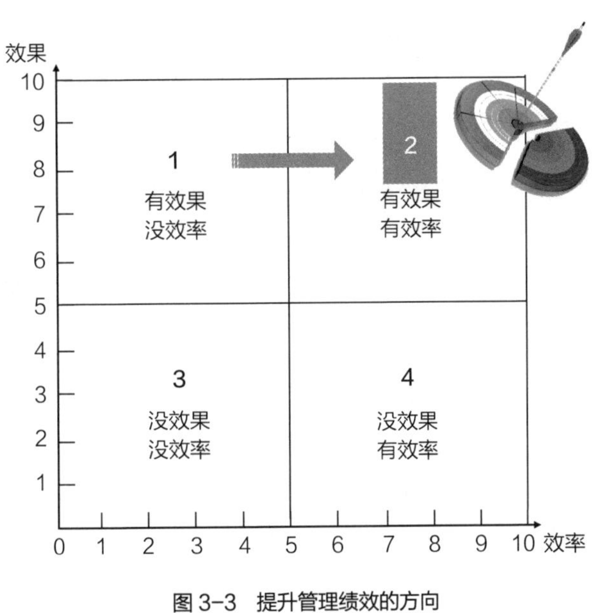

图 3–3 提升管理绩效的方向

管理是化繁为简

管理是化繁为简，而不是化简为繁。这个道理其实很好理解。每一位管理者都是一名团队管理者，只是管理的团队规模不同而已。试想，当你是一名基层管理者时，你管理的团队成员数量肯定是有限的。这个时候，你或许还有时间和精力与团队中的每一个人进行面对面的沟通，对他们进行手把手的指导，有时甚至是亲力亲为地去完成某项具体的工作任务。而随着职位的晋升，你要管理的团队越来越大，人数越来越多，往日的一套工作方式肯定不可行了。那这个时候你靠什么来管理？答案很简单：从对具体事务的指导变成对做某一类事情的方法的指导。这是提升管理效率最核心的方法。化繁为简说起来简单，但能做到的人却不多。

在中国企业中，部分人之所以能从一线员工晋升到管理者，不外乎凭借他们在本职工作中突出的专业能力和工作表现。这些一线优秀专业人才往往会被纳入企业领导力发展项目中的“高潜人才池”（hi-po pool）。在最近一次对一家全球知名汽车制造企业一线经理高潜人才及新任一线经理的专项调研中，我们发现如果从“管理者应该具备的能力要求”这个角度来看，他们中大部分人的能力都有所欠缺，最突出的表现是用“专业思维”来做管理工作。例如，对工作大包大揽，事无巨细地亲力亲为，认为这件事只有自己才能做好；又如，出现一个问题解决一个问题，问题解决后没有总结，对不同问题的共性原因没有研究，没有形成制度性的预防措施，等等。也许你会说，这些是刚刚走上管理岗位的新人都会犯的错误，有了一定管理经验之后就不会这样了，但果真如此吗？我们再来看一个调研。

2015 年《中国经济周刊》对美国 500 强企业 CEO（首席执行官）做了一个调研，在调研中发现了这样一组数据：在当年美国 500 强企业中，外籍（非美国本土族裔）CEO 一共有 75 位，其中印度裔（籍）有 10 位，排名第一；英国裔（籍）9 位，排名第二；中国仅香港与台湾各有 1 位。对于这个现象，有人就从管理者能力素质模型的角度做了进一步的研究，提出了中国职场经理人的优势与劣势：从优势来讲，中国职场经理人有着超强的自我管理能力，比如高效的执行力与持续的学习力等；从劣势来讲，中国职场经理人有如下“三缺乏”。

- 缺乏与他人建立关系的能力，比如一些管理者不善于打造团队、发展团队和借团队之力来做事。
- 缺乏在环境变化的情况下进行自我调整的能力，比如当职位提升之后，一些管理者还按照之前的思维方式与行为方式做事。
- 缺乏思维的高度，比如一些管理者难以跳出现有的管理情景，站在更高、更大的格局上分析当下的管理问题。

我们从以上两个调研中不难看出，不管是“新人”还是“老手”，管理者都有一个通病：喜欢用老办法来解决新问题。实际上，不同层级管理者所需的能力是不一样的，而大多数管理者在职位晋升后却没有升级自己的能力结构。

1955 年，美国著名的管理学学者罗伯特·L. 卡茨（Robert L. Katz）在《哈佛商业评论》上发表了《高效管理者的三大技能》一文。文中指出，管理者无论职位高低都需具备三种能力：技术技能、人际技能与概念技能（见图 3–4）。

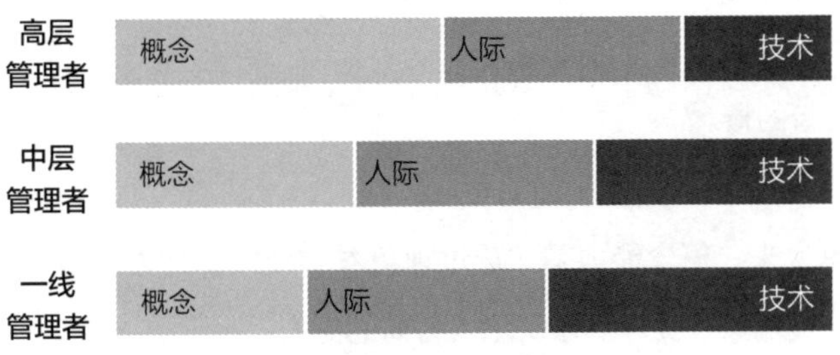

图 3–4　不同层级管理者的三项技能

- 技术技能是一个人熟练完成本职工作所需的某一特定领域的知识与技术。
- 人际技能是与他人或团队良好合作的能力。

- 概念技能是对抽象或复杂情况进行分析、思考、提炼并最终形成概念的能力。

从基层到高层的各类管理者对三种技能的依赖程度是不一样的。首先，不管你在哪一个管理层级，这三种能力都需要具备。其次，人际技能在不同的管理层级具有同样的重要性。最后，随着职级越高，概念技能越来越重要，管理者越需要掌握这项技能并熟练运用到日常工作中。

什么是概念技能？概念技能也可称作概念化思考能力。莱尔·斯宾塞（Lyle Spencer）和辛格·斯宾塞（Singe Spenser）在《绩效考核：美国军方才能评鉴法》（*Competence at Work：Models for Superior Performance*）一书中对此有过这样的定义：概念化思考能力是通过将细节或部分进行整合，透过部分看整体，进而理解当下的情景并解决实际问题的能力。这项能力又可以细化为以下三个能力子集。

- 识别事物呈现模式、事物之间的联系以及复杂情况背后的根本性原因。
- 运用已知概念来分析问题。
- 定义新的概念。

简单说来，概念能力是“透过现象看本质”的能力，是一种思考能力，是分析现象、提炼规律及化繁为简的能力。

找到管理规律，提升管理效率

万物皆有规律，企业管理亦然。管理者只有找到管理规律并在此基础上实施管理活动才能事半功倍。规律是原理，是事物之间的必然联系。它告诉人们事情是什么样，以及为什么会是这样。规律最重要的作用是预测。例如，当 A 发生变化时，由于 A 与 B 之间存在某种必然的联系，那我们预测 B 一定也会随之发生相应的变化。又如，A 的发展过程存在一个必然的路径，当 A 行至 A1 点时，那我们预测它的下一阶段必是 A2 点。在企业管理中，我们可通过三种方式寻找规律。

第一，分类别。这是指把纷繁复杂的个例通过某一项标准进行归类，通俗点讲就是合并同类项。管理者经常做分类的事情。在一次对银行管理者的调研中，参与调研的部分管理者表示他们会将银行企业客户分为存量客户与潜在客户两类，而潜在客户又分为有贷款业务的客户和无贷款业务的客户。乍一听起来，这个分类很清晰，挑不出什么毛病，但细想一下，以客户是否在银行有业务以及有哪一类业务的标准来划分客户类型，更多的是银行本位的思维方式，其背后的潜台词是客户只是银行业务的承载者。在这一分类中，我们看到的是银行的业务，看不到客户的需求。贷款只是企业客户需求的表象，而贷款的需求则可能是行业特性、企业发展阶段、生产周期、销售周期等内在规律引发的——这些才是真正的客户需求。所以说，虽然管理者经常做分类，但以什么样的标准来分类，是以企业本位还是站在客户角度来确立分类标准尚需进行必要的探讨。

第二，画轨迹。轨迹可大可小，可用来描述组织内部的生产管理方式，也可以用来了解组织外部的市场与客户特性。就组织内部而言，流程就是一条做事情的轨迹。比如，一辆汽车的诞生通常需要经过冲压、涂装、焊装与总装四大生产流程。又比如，从汽车制造行业来讲，从车型研发、汽车制造、到市场营销再到汽车金融是躲不开的一条行业价值链。我们再从了解组织外部市场或客户规律的角度来了解轨迹。伊查克·爱迪思（Ichak Adizes）博士在《企业生命周期》（*Managing Corporate*

Lifecycles）一书中以人的生命周期为蓝本描绘出了一家企业从孕育期、婴儿期、学步期直至官僚期一共八个阶段的全生命周期理论。这就是一条企业成长的轨迹。在企业管理中，这一条轨迹可以用来梳理客户尤其是企业客户所处的发展阶段，让管理者提前“预知”企业客户因自身发展规律而产生的潜在需求。还有一种轨迹，是客户与企业的产品或服务发生关系并由一般客户逐渐成为忠实客户的过程，我们可以简称为“忠实客户轨迹”。

第三，找关联。发现两个或两个以上看似无关联的事物之间的内在联系就是找关联。刘润在《新零售：低价高效的数据赋能之路》一书中谈到了一个通用的“销量公式”。这个销量公式也叫作“销售漏斗公式”，不仅适用于线下零售店，也适用于线上新零售。

销售额 = 人流量 × 转化率 × 客单价 × 复购率

这个公式告诉我们，对于一家线下零售商店来说，销售额是与四个因素相关的：

- 人流量：有多少人会经过这家门店？
- 转化率：进店的人中，有多少人会真的购买商品？
- 客单价：在购买商品的人群中，他们购买的金额是多少？
- 复购率：在购买了一次商品后，有多少人会再次进店购买？

如果管理者掌握了这个公式并找到了与销量相关的重要因素，那么“抓销量”就可以分解为“提高人流量”“提升转化率”“提高客单价”“提升复购率”，管理者不仅增加了管理抓手，而且对结果的控制多了几成把握。

那么，怎样才能找到这些管理规律呢？方法有两个。第一是从理论到实践，也就是我们常说的演绎法。管理者研究经典管理理论，将经典的管理理论和方法与实际工作结合起来，在实际工作情境中审视经典管理方法，合适的予以保留，不合适的进行调整，从而形成具有本企业特征的管理方法，再以此来指导具体工作的开展。第二是从实践到理论，也就是我们常说的归纳法，从实际工作经验中找规律。但这并不是对某项工作方法的简单复制，而是从多项工作实践中总结共性，提炼关键点，形成某一类工作的指导方法。

就第一点来说，成功的法宝是读书。管理者要多读书，多读经典管理书籍，多读最新的管理研究文章。俗话说“书中自有黄金屋，书中自有颜如玉”，真正经典的管理理论与方法就在书中，你不读，它是不会自动进入你的脑子里面的。就第二点来说，成功的法宝是总结与提炼。管理者要对所做的工作多总结、多提炼，形成带有一定规律性的方法。俗话说“实践出真知”，但真知自己不会跑出来，而需要通过有意识的总结与提炼才能得到。然而，管理者的现状让人担忧。我们多次在基层及中层管理者的培训班上做过调查，有读书习惯或有总结习惯的人凤毛麟角，问及原因大多是太忙了，没时间。是真的“忙”于工作还是“盲”于工作，我们不得而知。试想既不看书又不总结，管理者如何提升管理的科学性？又怎么能对管理工作游刃有余？

第三种管理风格：精细化管理

管理是一门学问。管理者对这门学问的掌握程度造成了我们在企业中看到的不同管理风格，总结起来大致有三。

第一种管理风格，我们称为“机器式”管理。顾名思义，就是管理者把员工当作机器，严格要求他们机械化地完成每一项工作。这是典型的“福特式管理”模式。在这个管理模式下，员工对工作过程没有自主性，管理者完全控制了工作流程与工作方法，员工要做的就是听命于管理者或他们设定的机械化的工作流程，而且不能出现丝毫的偏差。这种管理模式常常被现代企业管理理念所诟病，但在现实的企业管理中仍不少见。

第二种管理风格，我们称为“放羊式”管理。这种管理风格与“机器式”管理恰恰相反。听听这个情境是不是很熟悉：管理者交给了下属一个任务，目标说明白了，什么时候要完成也说清楚了，然后就让下属放手去干。这个时候，下属会是什么状态呢？我们可以看到两种员工：一种员工是属于那种主动性比较强的人，会自己寻找各种资源来达成目标，这是通常所说的“优秀员工”；另一种员工则需要明确的工作指导，在实现目标的过程中希望得到管理者的帮助、反馈与支持。遇到第一类员工是管理者的幸运，但也正因为有了这样的员工，管理者就寄希望于所有员工都能发挥主观能动性并积极地解决问题，对所有人采取“放羊式”的管理。一旦出现绩效问题，管理者就倾向于把原因归结于员工没有积极性、员工工作动机不强、员工能力不够等个人层面的问题。

如果说第一种管理风格是把员工当作机器来看待，那么第二种管理风格则是把员工当作“神”来看待。在知识经济时代，人才与知识等智力资源成为第一经济要素，人的发展必然带来企业的发展。然而在企业中，人的发展不是孤立的概念，更不是只靠员工个人就能完成的。员工的发展立足于企业，尤其是企业管理者在目标、流程和指导等方面的输入，实现于员工主观能动性的发挥。这就是我们所说的第三种管理风格：精细化管理。要做到精细化管理，在理事方面，管理者不仅要知道“做什么”（目标），更需要知道“如何才能做到”（方法）。同样，在育人方面，管理者既需要明确目标，也需要传授方法，让如何实现业绩目标的路径脱离黑箱的阴影而变得清晰、透明起来。

小　结

管理者的绩效可以从效果与效率两个方面来衡量。效果是结果，衡量目标是否实现；效率是方法，衡量目标实现过程中的路径是否最优、性价比是否最高等。管理者的绩效矩阵由效果与效率两个维度组成，最理想的状态无疑是“既有效果，又有效率”的象限。

从“有效果，没效率”到“既有效果，又有效率”，关键在于管理者找到提升效率的管理方法。所谓管理方法是对某一类事物的工作指导准则。管理者要提升管理效率，就要将自己从看似繁杂且无序的管理个案中抽离出来，从更高的视角俯视全局，提炼共性，找到规律。因此，找规律的能力是管理者最为核心的提升管理效率的能力。规律的最明显特质是预测性，可以通过“声东击西”的方式将那些能对目标的实现发挥作用的发力点前移，提前干预，增加实现预期目标的把握。找规律也有章可循，具体说来，管理者可以通过分类别、画轨迹与找关联三种方法发现管理的规律。

第二部分

什么是绩效改进

绩效改进是一门关于绩效的科学。它研究的对象是广义的绩效，而非仅仅是人的绩效。经过多年的发展，绩效改进领域吸收了众多学科的精髓并形成了其独特的理论背景。总结起来，绩效改进的核心理论背景有三点：行为心理学、教学系统设计及一般系统理论。从管理者的角度来说，了解绩效改进的理论背景是为了弄清楚这个领域深层次的价值观以及绩效改进在实践中的应用规则。

绩效改进领域的学者提出了很多的模型，以此来帮助企业管理者更好地认识与改进绩效。这些模型可分为诊断模型与过程模型。诊断模型回答的是绩效的影响因素，而过程模型回答的是改进绩效的步骤。不论是诊断模型还是过程模型，其本质都是学者对绩效改进的总结性认知。作为企业中实际应用这些模型的管理者，在实际的绩效改进工作中要遵循“有模型，但不唯模型”的原则。

第4章

绩效改进：关于绩效的科学

什么是绩效改进，虽是一个看似简单的问题，但要回答起来却绝不是一两句话就能说清楚的，正所谓“仁者见仁，智者见智”。在美国，绩效改进领域从20世纪50年代发展至今，尽管一些专业协会、资深的从业者及研究者都曾尝试给绩效改进下一个定义，但基于不同的行业、学术及时代的背景，从业者与研究者对绩效改进并没有达成一个统一的、绝对权威的定义。不过，这一现象也是可以理解的。我们必须要明确的是，任何关于绩效改进的定义都是从业者与研究者在一定的时间范围内对这个领域的总结与反思，同时也反映了他们在这一特定阶段内对该领域的一种认识，而这种认识是不断发展的。作为一个新兴的交叉学科，绩效改进为这种认识的发展提供了一个很好的空间。随着绩效改进领域的不断发展及大家对其认识的不断更新，绩效改进的定义也必然是“与时俱进”的。

然而，这种认识的变化也并非无序的、偶然的。相反，虽然各时期绩效改进的定义并不相同，但从纵向的、长期的角度来看，不同的定义之间存在着相互继承性；同时，不同的定义所体现出来的对绩效改进的本质性认识也是一致的。只是随着从业者与研究者经验的不断积累，看待问题的视角不断丰富，他们对“什么是绩效改进”这个问题的回答便呈现出了多维性。

绩效改进的专业术语

绩效改进其实有几个意思相近的专业术语，比如人类绩效提升（human performance improvement，简称 HPI）、人类绩效工程（human performance engineering，简称 HPE）、人类绩效技术（human performance technology，简称 HPT）和绩效技术（performance technology，简称 PT）。在学术研究领域，人类绩效技术是较为通用的说法。比如，绩效改进学术研究领域有一项研究成果，其书名就叫作《人类绩效技术手册》（*Handbook of Human Performance Technology*）。该手册从 1992 年首次出版到 2006 年的第三版，均由专业学者供稿与编撰。而在企业管理实践领域，绩效改进是较为通用的说法。例如，作为在全美乃至国际上都具有影响力的绩效改进咨询人员的专业组织，ISPI 采用了“绩效改进”这一术语。而另一个值得一提的术语是绩效技术，绩效改进领域最初的叫法就是“绩效技术”——通常用于与教育技术的比较。

从本质上讲，绩效技术、绩效改进和人类绩效工程这几个术语没有区别，最终的落脚点都是如何提高个人、团队及组织的绩效。不同的是，这三个术语在语义上各有侧重。

- 人类绩效工程这一术语带有非常强烈的行为主义色彩。“工程”一词的使用体现了绩效改进领域中的行为主义学者的一种意图：通过设计和策划行为人之外的环境因素来提高行为人的绩效。

- 绩效技术则强调了该领域作为一门绩效科学，致力于揭示绩效与其影响因素之间的关系，借助系统的、科学的研究方法分析绩效问题并找到提高绩效的有效路径。
- 绩效改进则属于一个比较中性的术语。在美国，一些开设了绩效技术相关专业的大学通常在专业名称中使用“绩效改进”一词。随着绩效改进概念的深入，美国的一些企业在组织内部也开设了专注于组织绩效提升的职能部门，并以绩效改进来命名。

本书试图站在企业实践的角度帮助管理者了解并掌握有关绩效的理念及提升绩效的方法，因此，我们采用“绩效改进”这一术语。但这并不影响我们从其他术语，尤其是“绩效技术”这一术语入手来全面地介绍这一领域。接下来，我们就从绩效改进的科学性、定义演变以及理论背景等方面来进行深入的了解。

一门关于绩效的科学

什么是科学？《人类绩效技术手册》(第二版) 1995 年出版时，吉尔伯特撰写了序言，并在其中详细阐述了科学一词的内涵，以及它与绩效改进领域的关联。

第一，一门科学有明确的研究主体和对象。比如，心理科学的研究对象是人的思维模式、认知形式与行为方式，管理科学的研究对象是现代商业组织的管理理论与管理实践。作为一门科学，绩效改进的核心研究对象则是“绩效”。对于研究主体，一门科学主要探讨三个方面的内容：

- 研究主体与哪些因素存在关系？
- 研究主体与这些因素之间是什么样的关系？
- 为什么会有这样的关系？

因此，绩效改进领域要回答的问题也是三个：

- 绩效与哪些影响因素相关？
- 绩效与这些影响因素之间是什么样的关系？
- 绩效为什么会受这些因素的影响？

那么在企业中，对于出现的任何一个绩效问题，管理者要弄明白的也不外乎三个问题：

- 绩效结果的产生与哪些因素相关？
- 绩效结果与这些因素之间是正向还是负向的关系？
- 如何消除负向影响，如何强化正向影响？

第二，科学将事情变得简单，而不是越来越复杂。科学的目的是通过对客观规律的描述将纷繁复杂的现象简单化。换句话说，科学研究的是事物运行的规律。既然是规律，就有内在的、相对稳定的运行逻辑。对于规律，科学往往采用简洁的语言并以数学公式的形式进行描述。在绩效改进领域，我们可以通过数学公式的形式理解绩效的内涵，比如吉尔伯特的绩效公式。除了数学公式，模型也是描述客观规律的一种方式。绩效改进领域也有一些基于不同角度的模型，它们被用来描述如何让绩效结果最大化。我们将在第 5 章对这些模型做深入的讲解。对于企业管理者而言，这些公式与模型提供的是一个洞见症结的工具，让管理者在日常工作中能够拨开笼罩在绩效问题表面的重重迷雾，直接且准确地锁定影响绩效结果的关键因素，从而提升管理的有效性与效率。

第三，科学基于实践观察，而不是道听途说。这一点我们将结合第四点一起说明。

第四，科学靠证据引导。这一点与第三点不谋而合。科学靠证据说话，管理同样要靠数据说话。管理者在描述员工绩效问题时往往有一个通病，他们会说：我觉得某某工作积极性不强，能动性不高，缺乏工作动力。“我觉得”的问题就真是问题吗？从本质上讲，“我觉得”是一种感知，不是基于证据的客观观察。《人类绩效技术手册》（第三版）主编、美国印第安纳大学教授詹姆斯 · A. 潘兴博士就曾特别强调，管理者在着手实施绩效改进项目前需要进行“感知分析”，即搞清楚所谓的问题究竟是某些管理者“认为”的问题，还是值得企业真正关注与解决的绩效问题，而搞清楚的关键就是用事实说话。所以，“你觉得”的不是问题，“我觉得”的也不是问题，真正的绩效问题是有数据支持且显示出差距的问题。

第五，科学植根于测量。在这里，测量指的是对绩效及其行为的测量。对绩效结果及其行为表现的测量是进行绩效改进的前提。吉尔伯特提出了三种类型的测量数据。

- 直接测量数据：对于待改进的绩效问题中的绩效结果与行为表现，管理者能从质量、数量与成本三方面获得的直接数据。
- 对标测量数据：具有高绩效表现的人员、团队、组织或行业标杆的绩效结果与行为表现数据是最有价值的，它们可以告诉管理者真正的差距在哪里。
- 经济价值数据：当前的绩效问题造成的经济损失有多少？如果问题得到解决了或绩效达到了预期目标，又能产生多少经济价值？对企业来说，这是非常重要的一组数据，因为它回答了“为什么这个绩效问题值得关注”。

第六，科学用语须要高度严谨。

因此，当绩效改进被视为一门关于绩效的科学时，我们认为：绩效改进是以绩效为研究对象的科学。它的目的是找到绩效与哪些因素相关联，这些因素是如何影响绩效结果的，同时我们如何消除不利因素，强化促进因素。在改进绩效的过程中，我们需要用基于实践观察的数据来说话，而这些数据来自对绩效结果、工作行为及影响因素等的有效测量。

“技术”一词的科学性

绩效改进的科学性，集中体现在“绩效改进技术”这一术语中的“技术”（technology）一词上。然而，此技术非彼技术，它不是我们通常意义上理解的科技领域的技术手段、技术产品或技术创新。《韦氏字典》（*The Merriam-Webster Dictionary*）对“技术”一词是这样解释的：一种问题解决方式，即通过运用专业的流程、方法与知识来完成任务。在绩效改进领域，诸多学者对技术一词的理解与此定义一脉相承。例如，吉尔伯特认为技术是一套体系，即通过应用最佳的专业（知识）与科学（方法）来解决与某一主题相关的问题。[①] 同样，马克·罗森博格（Marc Rosenberg）认为绩效改进领域中的“技术”一词重点说的不是螺丝、螺帽、电线或芯片等具体事物，而是一个系统性的、用来解决问题的流

① Stolovitch H., Keeps E. Handbook of Human Performance Technology [M]. 1st ed.. San Francisco: Jossey-Bass, 1992.

程。[①]《人类绩效技术手册》第一、二版的联合主编哈罗德·斯托洛维奇（Harold D. Stolovich）和埃丽卡·吉普斯（Erica J. Keeps）也认为，技术一词究其本源是对实际生活或工作中的课题采用科学的方式进行研究的手段。[②]总结学者们的观点，我们可以说：作为一项改进个人与组织绩效的技术，绩效改进是通过运用系统的科学研究方法及与绩效相关的科学知识来解决企业中实际存在的业务问题的。

在这里，集中体现绩效改进领域“技术”一词核心内涵的就是对企业中的绩效问题进行“分析—设计—开发—实施—评估”（analysis-design-develop-implement-evalute）的闭环研究。基于这个闭环的模型常被称为ADDIE 模型，是教育技术领域经典的课程开发模型。由此可见，“绩效技术”这一术语体现了教育技术领域与绩效改进领域的传承关系。纵观绩效改进领域诸多的模型，尤其是描述改进流程的模型，其核心都离不开 ADDIE 流程，只不过不同步骤的侧重点不一，关注点不一而已。在第 5 章中，我们将对 ADDIE 模型以及其他绩效改进模型进行详细的说明。

绩效改进定义的演变

对绩效改进定义进行探索，是梳理绩效改进学科形成与发展的历史过程。站在管理者的角度，了解绩效改进定义的演变过程，是为了弄清楚这个领域深层次的价值观以及绩效改进在实践中的应用规则。

绩效改进是一个随着时间的推移而不断加深内涵的概念，其定义的

① Rosenberg M. Human Performance Technology. The ASTD Training and Development Handbook. Washington, D.C.: National Society for Performance and Instruction, 1996.

② Stolovitch, H., Keeps E. Handbook of Human Performance Technology [M]. 2nd ed. San Francisco: Pfeiffer, 1999.

演变恰恰反映了该领域的研究者与从业者对绩效的深入认知以及对绩效改进方法的探索。鉴于篇幅的关系，在这里对所有绩效改进定义进行分析不太现实。因此，我们仅对最具代表性的绩效改进定义进行逐一分析，从中我们可以看到这一概念的内涵和外延在不断深化与扩展。

对绩效改进最早的、成文的定义可以追溯到1978年吉尔伯特在其著作《人的能力》(*Human Competence*：*Engineering worthy performance*)中关于“有价值的绩效”的探讨。他认为：

> 人的能力是一个关于有价值的绩效（W）的函数，即有价值的成果（A）与代价高昂的行为（B）之间的比值。

“有价值的绩效”这一概念，奠定了我们现在对绩效改进领域最本质的认知基础，即绩效是以结果为导向、以终为始并增加价值的结果。这也成了绩效改进领域实践者最核心的应用守则：不论采取什么样的干预手段来提升绩效结果，实施干预手段所付出的成本一定要小于改善后的绩效所带来的价值。这是一条铁的定律。

随后，乔·哈里斯提出：

> 人类绩效技术是一个流程，其中包括对绩效改进项目进行筛选、分析、设计、开发、实施及评估等一系列步骤，旨在以最具有成本效益的方式影响人们的行为与成果。

哈里斯的定义中引入了“绩效改进流程”这一概念，即在改进绩效的实际过程中应该遵循什么步骤，或者说按照什么样的顺序来推进绩效改进项目。不难看出，绩效改进流程就是ADDIE模型在绩效改进领域的应用。这一流程让绩效改进项目变得有章可循，增强了绩效改进的严谨性。如果以绩效改进流程来对照管理者在解决绩效问题时的实际步骤，我们就会发现管理者常常会越过问题分析及干预措施的设计与开发步骤而直接跳到措施实施的部分，也就是“发现问题”便直接“实施干预措施”，而这中间省略的步骤恰恰导致了绩效差距。

资料夹

乔·哈里斯

乔·哈里斯可算得上是误打误撞进入绩效改进领域的。

哈里斯出生在美国亚拉巴马州的塔斯卡卢萨。在亚拉巴马大学上二年级的时候，哈里斯将一门生物课程误报为心理学课程，而这门心理学课程的授课老师正是吉尔伯特。当时的吉尔伯特刚刚完成在哈佛大学的博士后工作。在这门课上，吉尔伯特讲授了程序教学法。学完这门课后不久，哈里斯就转到了心理学专业，学习如鱼得水，每课考试都得 A。他在此之后专注于程序教学法的学习。

从亚拉巴马大学毕业后，哈里斯加入了吉尔伯特的咨询公司，成了一名咨询顾问。在为吉尔伯特工作了几年之后，哈里斯和吉尔伯特各自开始了新的事业：吉尔伯特与吉尔里·拉姆勒一起成立了 Praxis 咨询公司，哈里斯则去了华盛顿特区并成立了自己的咨询公司哈里斯绩效协会（Harless Performance Guild）。后来，哈里斯将公司搬到了佐治亚州的纽曼市。1976 年，哈里斯担任了美国绩效改进协会主席。

哈里斯将他的咨询公司命名为“Guild”（意为协会、行会），其用意是想延续古老的英国贸易协会“师带徒”的传统。绩效协会中的顾问均由哈里斯亲自培训，或者是聘用他认为具有这种资质的其他雇员。

哈里斯最后一次公开亮相是在 2012 年 4 月 ISPI 50 周年的年会上。这次的年会在加拿大多伦多举行。同年 10 月 4 日，哈里斯去世。

1992 年，斯托洛维奇和吉普斯在共同编著的《人类绩效技术手册》（第一版）中给绩效改进下了一个定义，并引入了“系统”的概念：

> 在人类绩效技术领域，所有的努力都是为了给（组织）系统带来变化。这种变化能够让（组织）系统得到提升，并获得其认可的价值。

这个定义第一次明确地将对绩效的关注从个人延伸到了企业组织。对管理者来讲，这一点具有重要的意义。正如第 1 章所讲到的，大多数管理者一谈到绩效，视角往往只放在员工身上，比如员工绩效不高、员工工作不努力或员工主动性不强等。将绩效关注点从个人延伸到企业组织并不是提倡不管理员工个人的绩效，而是让管理者站在更高的角度来看待员工的绩效结果，同时要时刻牢记改进的最终目的是提升企业作为组织的整体绩效。这是最大的“果”，也是以终为始、结果导向最根本的出发点。在斯托洛维奇和吉普斯的定义之后，绩效改进的定义基本上聚焦在三个关键词上：有价值的结果、有步骤的改进流程及系统性思考。

2004 年，范・蒂姆、莫斯利和德辛格（Van Tiem，Mosley & Dessinger）第一次在绩效改进的定义中突出了绩效改进实践对企业业务目标与战略的支持作用，同时明确了绩效改进从业者在其中的作用。2006 年，潘兴在《人类绩效技术手册》（第三版）中再次给出了绩效改进的定义，强调了绩效改进作为一项企业管理实践的意义与目的。

> 绩效改进是一项旨在改进组织生命力的学术研究以及合乎道德的企业实践。它通过设计与开发以结果为导向、全面且系统的有效改进措施来实现提升组织生产力的目的。

与以上定义演变密切相关的，是绩效改进领域不断深化的理论背景。

绩效改进的理论背景

20 世纪 50 年代，绩效改进开始进入人们的视野。在 70 年的发展历程中，绩效改进领域受到其他学科与研究领域的影响，同时也融合了其他学科与研究领域的成果、思想与方法，从而形成了一套完整的认知绩效与改进绩效的思维框架和方法论。在这个过程中，三个学科或研究领域对绩效改进的影响尤为突出，它们是行为心理学、教学系统设计及一般系统理论。

行为心理学

心理学有三大经典“主义”：行为主义、认知主义与建构主义。行为主义就是我们这里所说的行为心理学。对于行为心理学是绩效改进领域一大理论基础这一事实，一些具有培训业从业背景并且考虑向绩效改进顾问转型的人似乎不太能够接受，这也许跟行为主义常常被学者诟病有关系。质疑者通常认为，行为主义是通过某些手段与方法来“控制”或“影响”人的行为，有违人类要求自由的精神理念。当下，培训界兴起一股“共创”的潮流，其理论依据建立在建构主义核心原理之上。随着这股潮流的兴起，以及越来越多企业培训人员拥趸的出现，以行为主义为理论基础的课程设计方法论日渐式微。邓小平说过“不管白猫黑猫，能抓老鼠的就是好猫”，这个朴素的道理在培训设计上同样适用。暂且不说行为主义与建构主义两种设计方法在企业培训方面同样有效，行为心理学对绩效改进领域的形成与发展所产生的根本性影响是业界公认的、不争的事实。

斯金纳是行为心理学最具代表性的学者，同时也是最早对绩效改进理念进行思考的人。作为新行为主义理论的代表，斯金纳提出了“操作性条件反射”理论并将之应用在教学中。简单来说，操作性条件反射理论阐述了一种行为养成模式，即：

外界刺激 → 行为反应 → 结果反馈

也就是说，如果你希望让人做出某种符合期望的行为并形成习惯，那么，通过有意识地设计可以引发这种行为的外界刺激以及这种行为实施后的外界反馈刺激，他就可以养成相应的行为习惯。因此，找到行为的促发点并在行为实施后给予积极反馈来强化行为，是这个养成模式的关键。在当时，斯金纳对传统的学校班级教学非常不满，认为其效率低下，质量不高。他根据操作性条件反射和积极强化的理论，对教学机制进行改革，设计了一套教学机器和程序教学方案。后来，斯金纳的教学理念与方法由绩效改进的先驱们（当时还是培训领域的教学设计师）引入企业培训领域。他们发现在接受了这些设计巧妙的企业培训后，员工学会了知识与技能，但还是达不到期望的工作业绩。于是，他们开始思考究竟是培训设计得不好还是有其他的因素阻碍了员工发挥工作潜能。由此，这些先驱才开始了对绩效的深度思考，进而有了绩效改进这一研究领域。因此，说行为心理学在早期极大地促进了绩效改进领域的形成与发展并不为过。

行为心理学对绩效改进领域的贡献主要体现在两大方面。

其一，绩效是绩效改进领域最核心的因变量，人们对它的理解是从了解行为开始的。就如吉尔伯特的绩效公式所言：P=B→A，行为是绩效的来源，这一点毋庸置疑。如前所述，行为是过程，绩效是结果。管理者在关注绩效结果的同时也要驱动行为过程，而更为重要的是要弄清楚究竟哪些工作行为能够带来最终的绩效结果。有很多管理者常常把这个问题扔给员工去回答，比如他们会说：我不管过程，你只要把结果做出来给我。或者，他们会问：为什么这项工作张三就做得好，你却做不好？最终一通推理后，他们认为这都是因为员工的能力不行、主动性不强、工作动机不足，如此等等。其实，真正应回答这个问题的人是管理者。

其二，行为是可以改变的，但改变是有条件的。根据斯金纳的操作性条件反射理论与强化理论，改变行为的关键有两点：激发行为的促发刺激；行为实施后，对行为表现进行反馈的强化刺激。因此，改变行为的关键是行为实施前与实施后，而恰恰不是行为本身。当知道了实施哪些工作行为能够带来理想的绩效结果之后，管理者接下来要做的有两件事情：第一，梳理清楚在什么情况或条件下这项工作行为最有可能产生，然后创造这样的前提条件；第二，在员工发生行为改变时给予及时的反馈，比如表示认可、公示或给予奖励等。有研究表明，得不到及时与准确的反馈信息，常常是造成员工绩效表现下降的重要原因。试想一下，一名员工对于自己的工作究竟做得好还是差——好到什么程度，差到什么程度，都没有收到任何的反馈信息，长此以往也就只能凭着自己的直觉工作了。所以，站在绩效改进的角度来看，改变员工的工作行为不是通过控制就能实现的，而是通过营造一种工作环境让员工自觉自愿地做你想要他做的事情——好比是管理者搭台，员工唱戏。

教学系统设计

教学系统设计是教育技术领域最为核心的理论。最早的教学系统设计理论可以追溯到20世纪70年代中期的美军军事训练系统设计理论与模型，即IPISD（Interservice Procedures for Instructional Systems Development，联合军种教学系统开发模式）模型[①]。究其本质，教学系统设计是一套用来决定应该教什么以及怎么教的流程。[②]简单地说，就是ADDIE模型。从历史来看，绩效改进领域最早的先驱者都是课程设计师或培训设计师。由此来讲，绩效改进源于教育技术领域，并且继承了该领域最为核心的ADDIE模型。

然而，ADDIE模型并非教学系统设计理论中独有的原理，它描述的其实是一套解决问题的一般步骤。在解决企业培训“教什么”与“怎么教”的问题时，ADDIE模型的步骤是：分析工作任务与学员对象，设计合适的培训形式，开发培训中的素材，在课堂中实施培训，最后评价培训效果。同样，在回答企业中“出现了什么绩效问题”与“如何解决这个绩效问题”时，ADDIE模型的步骤同样适用。

- 分析阶段：识别企业的绩效问题或提升绩效的机会，明确问题解决后或机会抓住后要实现的目标，诊断绩效问题产生的原因，提升绩效的促进因素并弱化阻碍因素，从而提出相应的绩效改进措施。
- 设计阶段：对改进措施进行细化，明确实施条件及效果测量的方式。在这一阶段，管理者通常得到的是改进措施的开发蓝图。
- 开发阶段：依据设计阶段的开发蓝图开发相应的改进措施，并在小范围内进行测试，根据测试结果调整改进措施。
- 实施阶段：将改进措施投入实际应用，并记录实施过程与实施结果。

---

① 参见https：//www.docin.com/p-1225195550.html。

② Dick W. Enhanced ISD: A Response to Changing Environments for Learning and Performance [J]. Educational Technology, 1993, 33 (2), 12-16.

- 评价阶段：评价改进措施的实施结果，对比这一结果与既定目标，并对将来如何调整改进措施提出建议。

在 ADDIE 闭环中，数据收集和分析活动出现了三次。第一次是在分析绩效问题、目标与原因时，收集和分析数据的目的在于弄清楚现状与目标之间是否存在差距，差距有多大，以及是什么原因造成了绩效差距。第二次是在对改进措施进行设计与开发时，这一点尤其体现在对教学型改进措施（如培训项目）的设计上。这时收集和分析数据的目的在于弄清楚改进措施应该满足什么样的要求与标准，以便有针对性地且有效地缩小绩效差距。第三次是对改进措施或整个绩效改进项目进行效果评估时，收集和分析数据是为了验证改进措施是否有效果，以及绩效改进项目是否达到既定目标且有价值。

这三次收集和分析数据的活动就是绩效改进领域的一项原则：循证实践。这也是在绩效改进过程中用事实说话、不靠拍脑袋来做决定的基本要求。

一般系统理论

系统性思考并不是说在想问题时简单地秉持整体观念。部分与部分的关系、部分与整体的关系以及整体与外界的关系是系统性思考的范畴。所以，一个系统是一个各部分相互关联与影响的复杂整体，仅看部分不够，仅看整体也不够。一家企业就是一个围绕某项业务或服务的价值转换而集合的系统。

在绩效改进工作坊，我们曾请学员以小组为单位用图画的形式描绘一下他们眼中自己所在公司的样子。不出意外的话，我们都会得到一张与组织结构图非常相似的图（见图 4–1）。

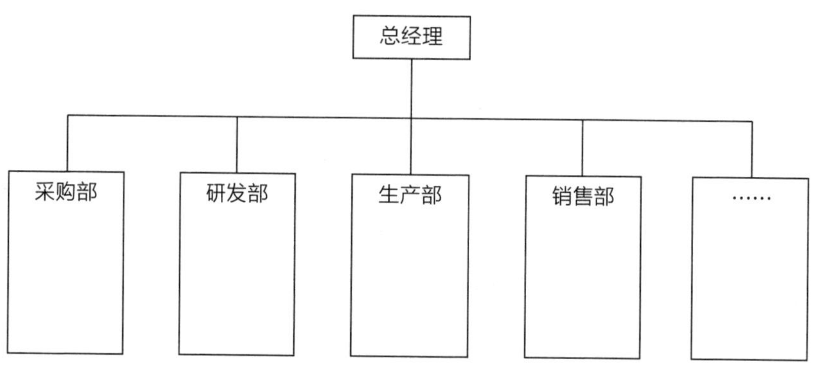

图 4–1　传统视角下的组织结构图

在这张图中，你看到了什么，看不到什么？第一，这张图有着非常明显的从上至下的纵向关系，也就是组织内部的上下级汇报关系。这是很多管理者在绘制这张图时最真实的想法。第二，这张图没有体现部门之间的横向关系，也就是业务流程。第三，在这张图中，企业作为一个有机的组织系统缺少了两个很重要的元素：产品或服务在企业内部迁移与转化的过程，以及企业的最终服务对象（客户）。也就是说，企业存在的目的不明确（客户未知），企业各部门之间的关系也不清晰。

吉尔里·拉姆勒与艾伦·布拉奇（Alan Brache）认为，企业作为一个有机的系统包含三个层级。第一层是组织层。在这个层级，我们看到企业作为一个整体与市场的关系（见图 4–2）：其最核心的输出是为市场提供产品与服务，为股东提供收益。这里的重点是企业与外部环境（比如市场、客户、股东等）之间的关系。

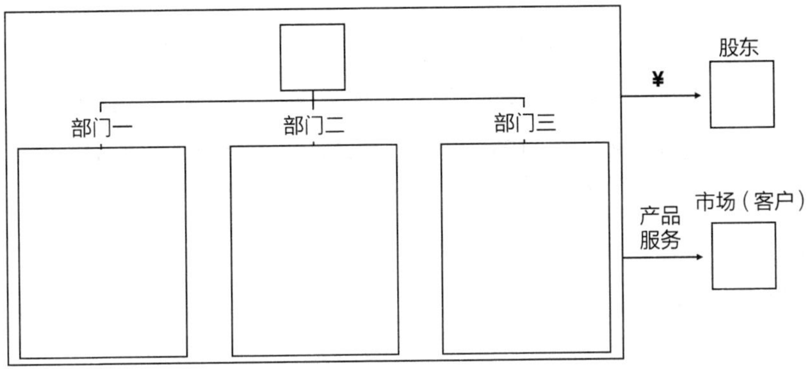

图 4-2　组织层级视角下的企业结构图

第二层是流程层。在明确了企业与外部环境的关系之后，我们回到企业内部，可以发现产品与服务经过了从研发到生产、从销售到配送、从售前到售后等一系列工作流转过程（见图 4-3）。我们可以看到，企业内部原本独立的各部门通过业务流程建立了横向关联，而这些业务流程包括产品研发流程、生产流程与销售流程等。

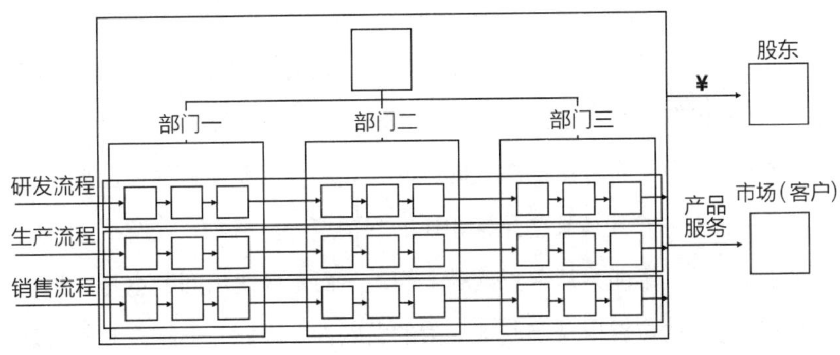

图 4-3　流程层级视角下的企业结构图

第三层是工作层，或者称为员工层。在这个层级，我们看到了员工与流程之间的关系：流程在每个部门流转的环节决定了员工的岗位职责与工作内容，反过来，流程也是由不同岗位的员工实施的（见图 4-4）。员工就像是“长在了”流程上：这一画面对熟知生产流程的人来说很容易理解。比如，在肉眼可见的汽车生产流水线上，技术工人就像是被安置在了固定的位置，做着固定的工作，流水线上的车在不停地走，但工人却始终在他该在的位置。对于看不见的流程，其实也是一样的。工作层其实体现的是员工与岗位职责和工作内容的关系，而这种关系是由流程层的诸多业务环节决定的。

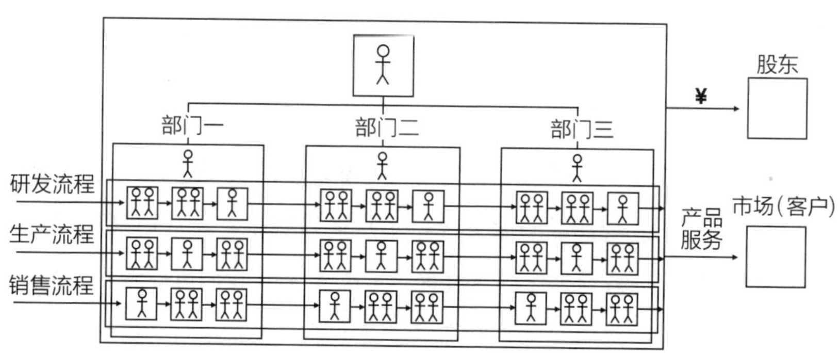

图 4-4 员工层级视角下的企业结构图

如此一来，从系统性思考的角度出发，我们得到了一张企业的全景图，其中不仅有组织、流程、员工与市场，而且有它们内在的逻辑关系。当用这张图来分析企业中的绩效问题时，我们会发现问题往往出现在图中的某一点上，尤其是某些元素相连的交错点上。但是，在解决这个问题的时候，我们不能只从单点问题上切入，而是要跳出问题本身看到它在企业系统中的位置以及与其他元素的关联性。因此，系统观对于管理者有两个方面的启示：第一，在分析绩效问题的时候，管理者不能只看点不看面，比如只看到员工个人的问题，而看不到与员工密切相关的工作流程；第二，在解决绩效问题的时候，管理者同样也不能只看点不看面，头痛医头，脚痛医脚，以为问题得到解决了，其实不过是将深层次的问题掩盖起来了。

谈到系统性思考，在绩效改进领域有一句非常著名的话，也是拉姆勒和布拉奇在《流程圣经：让流程自动管理绩效》（*Improving Performance: How to Manage the White Space on the Organization Chart*）一书中提到的：如果让优秀的人去对垒差的系统，那么系统将毫无悬念地每次都获胜。这也是我希望每一位管理者都应该反省的：我们花太多的时间去“修理”好员工，而没有时间去修理出问题的系统。

资料夹

组织系统的基本规则

拉姆勒和布拉奇在《流程圣经：让流程自动管理绩效》一书中总结了企业作为组织系统的六项基本规则，现摘录如下：

- 要理解绩效，就要对企业构成（投入、流程、产出和客户等）建模及文档化。虽然把组织描绘成一种文化、一个权力系统或一种人性会十分有意思，但在某种程度上，我们有必要清晰地描述出组织是“做什么”及“怎么做”的。
- 作为一个系统，组织要么适应，要么死亡。幸存者的成功就在于其对外界环境（客户需求、竞争对手的行为和经济起伏）与内部环境（成本上升、效能低下和产品开发时机）适应的速度和效率。
- 当组织的某个部分已经达到最优时，整个组织往往只是次优。
- 在系统中，拉动任意一个杠杆，都会对其他部分产生影响。你不能像炒菜时加佐料那般独沽一味地靠单方面的改组、培训、自动化来提升系统。因为这每一个举动都是在改菜谱，而不是在调味。
- 无论是否被系统化地管理着，组织本身都是一个运行着的系统。如果组织没有得到系统化的管理，那么组织管理的有效性会大打折扣。

- 如果让优秀的人去对垒差的系统，那么系统将毫无悬念地每次都获胜。这也是我希望每一位管理者都应该反省的：我们花太多时间去“修理”好员工，而没有时间去修理出问题的系统。

小结

从本质上说，绩效改进是一门关于绩效的科学。它研究的对象是广义的绩效，而并非单指“人的绩效”。所以，从这个角度来说，绩效改进可以研究个人的绩效、团队的绩效、部门的绩效、流程的绩效乃至整个组织的绩效。

绩效改进是一个随着时间推移而不断深化的领域，其定义的发展演进恰恰反映了绩效改进“与时俱进”的特质。自 1978 年吉尔伯特提出“有价值的绩效”这一概念起，绩效改进经过 40 多年的发展，最终形成了包含绩效成果、基于 ADDIE 模型的系统性改进方法以及系统性思考三个核心内容的定义。而这三个核心内容又体现了其他学科对绩效改进领域理论体系的影响。其中，有三个学科或研究领域对绩效改进的影响尤为突出，它们是行为心理学、教学系统设计以及一般系统理论。

行为心理学对绩效改进最大的影响在于对“绩效”的理解。基于行为心理学来理解绩效，首先要明确工作行为是绩效的来源。这一点在吉尔伯特的绩效公式（P=B→A）中已经表现得十分明确。同时，对于如何影响人的工作行为，进而改变人的工作行为，行为心理学也给出了一个答案：要么改变能够激发工作行为的刺激，要么改变工作行为实施后的反馈。换句话说，就是通过调整、设置或改变期望工作行为实施前后的刺激来引导员工改变旧有的工作行为。

教学系统设计对绩效改进的最大影响是绩效改进“继承”了教学系统设计领域的 ADDIE 模型。ADDIE 模型常被用来决定教学设计中“教什么”与“怎么教”的问题。在绩效改进领域，ADDIE 模型帮助回答绩效在哪里出现了问题，以及如何解决绩效问题。

一般系统理论对绩效改进最大的影响是将对“人”的绩效认知延伸到了对“流程”与“组织”的绩效认知。在组织层，企业作为一个整体与外界发生关系，这包括为市场提供产品与服务以及为股东提供收益等。在流程层，企业内部的各个部门通过研发流程、生产流程和销售流程等一系列流程发生横向的关联。在工作层（或称为员工层），员工在看得见或看不见的流程中按照要求完成工作内容，实现预设的工作目标。

第5章

绩效改进模型

所谓模型，是人们对自己所观察到的现实世界中的事物或现象等进行概括和提炼后形成的概念性描述与说明。从某种意义上讲，模型就是人们对一个事物运行规律的认知与总结。在绩效改进领域，模型虽然并非用来阐述某种宇宙间事物的定律，但代表了从绩效或绩效改进的角度看待世界的一种结果。换句话说，这里所讲的模型是用来说明我们对绩效的认知结果的，以及我们要如何做才能使个人或企业释放出最大的绩效潜力，达到其预设的最优值。在绩效改进领域，模型分为两种类型：一类是诊断模型（diagnosis model），它回答的是“绩效在哪些方面出现了问题”；另一类是过程模型（process model），它回答的是“应该以什么样的步骤来改进绩效”。

诊断模型

顾名思义，诊断模型是用来识别绩效问题及其原因的。通常来说，只有在分析绩效现状及绩效差距出现的原因时，我们才会使用诊断模型。总的来讲，诊断模型有两个典型的类别：一种是站在员工绩效的角度，分析哪些因素对员工个人绩效有影响及各个因素之间的关系；另一种是站在组织绩效的角度，分析企业的整体绩效受到哪些因素的影响及它们之间的关系（见表 5–1）。

表 5–1　诊断模型概览

角　度	诊断方法	代表性模型
员工绩效	员工与环境	吉尔伯特的行为工程模型 威尔的威尔绩效模型
	输入 → 转化 → 输出 → 结果 → 反馈	拉姆勒的人力绩效模型
组织绩效	员工层、流程层与组织层	拉姆勒的绩效九变量模型

以员工绩效为出发点

第一类诊断模型是以员工绩效为出发点，描述的是哪些因素会影响员工个人绩效的提升。此类诊断模型最具代表性的是吉尔伯特的行为工程模型（Behavior Engineering Model，缩写为 BEM）（见图 5–1）。

吉尔伯特认为，行为是绩效的来源。要想让员工实施能够带来期望绩效结果的工作行为，如下两个方面缺一不可。

- 工作环境是否具备支持该项行为产生的外在条件？
- 员工自身是否具备实施该行为的知识与技能、潜能及动机等内在条件？

环境因素	**信息** ▪ 针对员工绩效的及时反馈 ▪ 对期望绩效的描述 ▪ 对如何达成绩效的清晰指导	**资源** ▪ 根据员工特征科学设计的工具与物料	**激励** ▪ 基于绩效表现的恰当物质激励 ▪ 非物质激励 ▪ 事业发展机会
员工因素	**知识与技能** ▪ 以绩优员工为模板设计的培训项目 ▪ 岗位安排	**潜能** ▪ 为达到员工最佳绩效产出的、灵活的工作时间安排 ▪ 体格形态 ▪ 适应能力 ▪ 员工甄选机制	**动机** ▪ 员工工作动机测评 ▪ 招募能够适应工作环境的员工

图 5–1　行为工程模型

行为心理学家斯金纳曾发明过一套心理实验装置，用来研究如何让动物习得行为习惯，进而研究操作性条件反射理论。这套实验装置看起来像一个盒子，因此也被称为“斯金纳箱”（Skinner Box）。吉尔伯特的行为工程模型有着非常明显的操作性条件反射理论的痕迹。因此，该模型中的六大因素也被称为影响员工个人绩效的“六个盒子”。由此出发，吉尔伯特设计了一份员工绩效快速诊断问卷（见表 5–2）。当员工绩效表现不佳时，管理者可以利用这个快速问卷来做初步的诊断。

通过对这些问题的回答，我们总结了管理者在这六个方面容易犯的管理错误，形成了管理者自查表（见表 5–3）。

除了吉尔伯特的行为工程模型，另一个较为典型的且从员工个人绩效出发的诊断模型是威尔绩效模型（Wile's Model）。1996 年，大卫 · 威尔在整合一些绩效模型的基础上提出了这一模型。在该模型中，当员工个人出现绩效差距时，管理者可以从两个路径进行绩效分析：员工自身和

表 5–2　基于行为工程模型的员工绩效诊断问卷

影响因素		诊断问题	答案
环境因素	信息	员工是否知道与绩效标准相比，他们的工作做得怎么样？	是 / 否
	资源	员工是否拥有相应的工具与设施来开展工作？	是 / 否
	激励	给予员工的激励是建立在员工工作表现基础上的吗？	是 / 否
员工因素	知识与技能	员工是否拥有足够的知识与技能来开展工作？	是 / 否
	潜能	员工是否具备相应的智力与体力来开展工作？	是 / 否
	动机	员工是否愿意为了获得相应的激励而工作？	是 / 否

表 5–3　管理者自查表：导致员工绩效不达标的常见管理错误

影响因素		常见管理错误
环境因素	信息	■ 不告诉员工工作做得怎么样 ■ 给予“工作做得怎么样”的误导信息 ■ 将对员工的工作期望隐藏起来 ■ 给予员工很少、甚至不给予任何工作指导
	资源	■ 在设计工作工具之前不咨询或参考使用者的意见 ■ 将工具的设计者与使用者隔离开来
	激励	■ 干得好的人和干得差的人获得同样的报酬 ■ 干得好的人却受到惩罚 ■ 不提供非物质奖励
员工因素	知识与技能	■ 对员工的培训没有计划性，随机进行 ■ 让没有受过讲师训练的主管来进行培训 ■ 把培训内容弄得很复杂 ■ 培训内容与员工工作没有关系
	潜能	■ 把工作时间安排在员工状态不佳的时候 ■ 让不具备某一项工作能力的人去做非常需要这项能力的工作
	动机	■ 工作让人看不到未来 ■ 工作环境让人感到不愉悦

员工之外。与员工自身相关的因素包含知识与技能和天赋能力两大方面；而员工之外的因素又可以分为无形的环境与有形的资源两大类，共包含组织系统（流程）、激励、认知支持、工具与物理环境五大方面。绩效改进领域的学者普遍认为，威尔绩效模型既可以用来诊断产生绩效差距的原因，也可以用来确定绩效改进措施。[①]在知识与技能、天赋能力、组织系统（流程）、激励、认知支持、工具与物理环境七个维度，威尔分别列举了一些可以实施的改进措施，为管理者提升员工个人绩效提供了初步的建议（见图 5–2）。

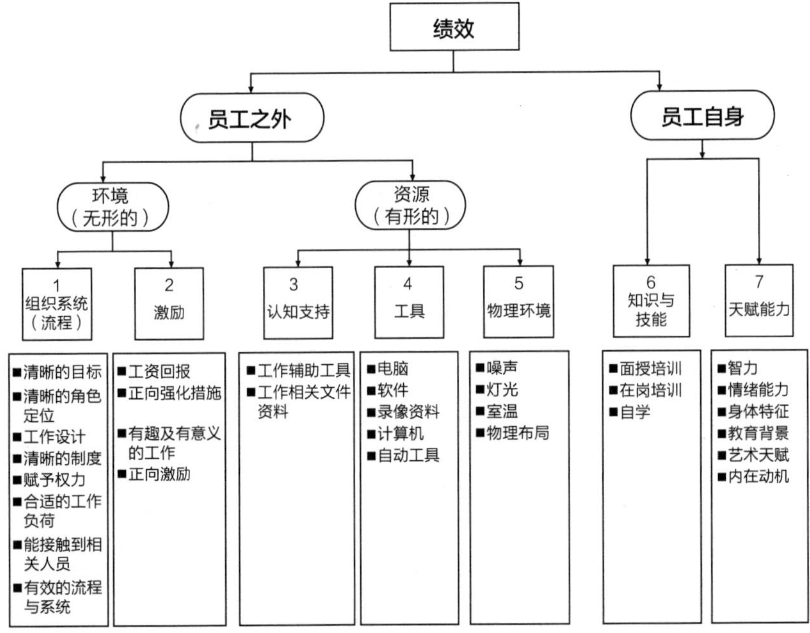

图 5–2　威尔绩效模型

① Wilmoth, F., Prigmore C., Bray M. HPT Models: An Overview of the Major Models in the Field [J]. Performance Improvement. 2010. 41(2), 14–22.

不论是行为工程模型还是威尔绩效模型，其本质都是从员工和工作环境这两个方面来分析与员工个人绩效相关的因素。当站在员工的角度来思考影响员工绩效的因素时，我们也可以从工作流程来考察。吉尔里·拉姆勒的人力绩效模型就是这一视角的代表。从工作流程维度进行考察，是建立在一般系统理论中关于反馈环的描述之上的。这个反馈环包含输入、转化、输出、结果与反馈五个重要因素（见图 5–3）。

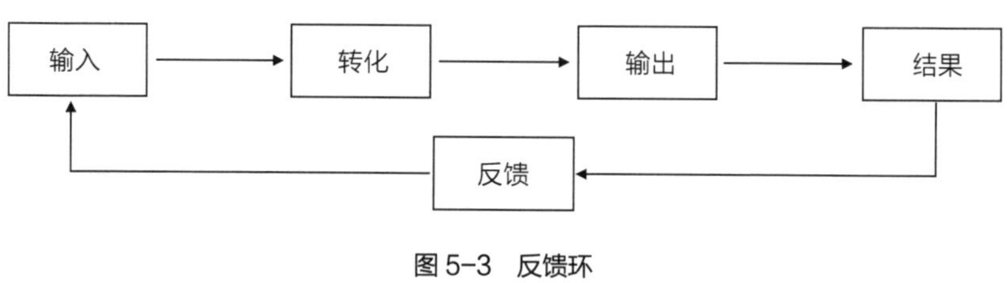

图 5–3　反馈环

基于反馈环，拉姆勒认为员工的绩效表现将受到工作投入、员工、工作产出、结果评价与工作反馈五个方面的影响（见图 5–4）。

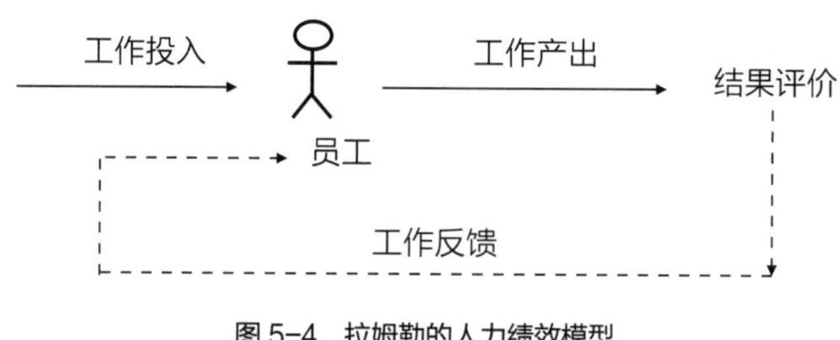

图 5–4　拉姆勒的人力绩效模型

- 工作投入是指原材料、表单、任务单及客户需求等，此外，还包括员工所能获取的资源、与工作任务相关的支持系统和作业规范等。
- 员工是指将投入转化为产出的个人或团队。他们的工作过程就是从投入到产出的转化过程。
- 工作产出是指员工按照工作目标与要求为组织生产的产品或提供的

服务。

- 结果评价是指管理者对员工提交的产品或服务按照绩效标准做出评价，以及由此给员工所带来的积极或消极的影响：积极的影响包括奖金、赏识及更具挑战性的工作，消极的影响包括批评、处罚及缺乏意义的工作。
- 工作反馈是指管理者在员工完成工作的过程中告诉他们“做了什么”“做得怎么样”之类的信息。

流程的每一个节点都存在影响员工绩效的因素，总结起来形成了六类关键因素，包括绩效标准、工作支持、绩效评价、反馈、知识与技能及个人能力。针对每一类关键因素，拉姆勒都设置了关键问题，以此来诊断这类关键因素是否有缺失（见图 5–5）。

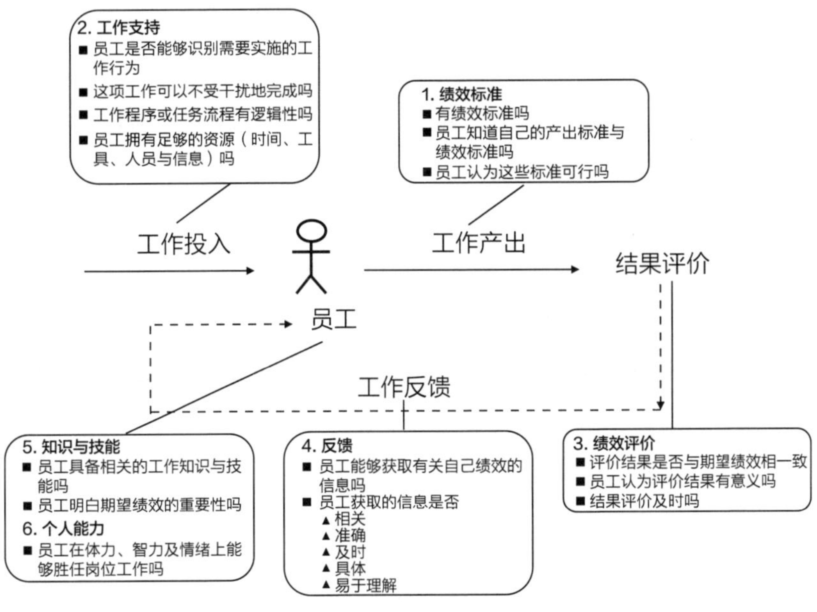

图 5–5　人力绩效模型诊断问卷

以组织绩效为出发点

与第一类诊断模型从员工视角出发有所不同，第二类诊断模型从企业整体视角出发，分析企业中影响不同层级绩效的关键因素。这类诊断模型的典型代表是拉姆勒与布拉奇的“绩效九变量模型”（见表 5–4）。

表 5–4　绩效九变量模型

绩效层级	绩效需求		
	目　标	设　计	管　理
组织层	组织目标	组织设计	组织管理
流程层	流程目标	流程设计	流程管理
岗位（员工）层	岗位目标	岗位设计	岗位管理

在这个矩阵式模型中，纵向是组织绩效的三个层级，即岗位（员工）层、流程层与组织层；横向则从目标、设计与管理三个方面体现了各层级的绩效需求。拉姆勒与布拉奇对目标、设计与管理的内涵做了如下说明。

- 目标：组织、流程与岗位（员工）各层级都需要有明确的标准，以反映客户对产品与服务的质量、数量、及时性和成本的期望。
- 设计：组织、流程与岗位（员工）各层级的结构中需要包括必要的构件和配置，以便目标能有效达成。
- 管理：组织、流程与岗位（员工）各层级都需要管理实践来确保目标实时更新并持续达成。

另一个以组织绩效为出发点设计的诊断模型是唐纳德·托斯蒂

（Donald Tosti）和斯蒂芬妮·杰克逊（Stephanie Jackson）的绩效三层级模型。这个模型的结构与“绩效九变量模型”非常相似。在这个模型中，绩效三层级包括组织层、员工层与工作层，分别从条件、过程与产出三个方面来分析绩效要求（见表 5–5）。

表 5–5 托斯蒂和杰克逊的绩效三层级模型

层 级	条 件	过 程	产 出
组织层	战略目标与组织结构 ■ 使命、战略 ■ 外部业务驱动 ■ 部门职能划分 ■ 预算或决定管理	系 统 ■ 集中度 ■ 操作一致性 ■ 灵活度	组织层面结果 ■ 投资者满意度 ■ 社会利益相关者满意度 ■ 衡量成功的标准 ■ 目标与使命的一致性
员工层	工作氛围 ■ 公司（个人）价值观 ■ 管理（领导） ■ 团队规范 ■ 职业道德与正直	人员要求 ■ 知识与技能 ■ 工作辅助（参考） ■ 招聘机制	激励与反馈 ■ 员工满意度 ■ 奖励与认可 ■ 期望
工作层	环境与资源 ■ 物理环境 ■ 工具、物料与信息 ■ 支持人员（服务） ■ 资源可及性 ■ 工作负荷与工作需求	方 法 ■ 职能分配 ■ 工作流程，工作程序 ■ 重复性或缺口	产品与服务 ■ 客户满意度 ■ 生产水平 ■ 产品质量

过程模型

与诊断模型的视角不同，当说到过程模型时，我们考虑的是如何分析与解决绩效问题。这里的过程就是解决绩效问题所采取措施的先后次序。如前所述，绩效改进领域中的过程模型有着非常明显的教学设计领域 ADDIE 模型的痕迹。最早的绩效改进过程模型可以追溯到乔·哈里斯的“前端分析模型”，而 ISPI 所提出的人类绩效技术模型（ISPI-HPT Model）则是最具有代表性的过程模型。

资料夹

ADDIE 模型的起源

2003 年，时任美国印第安纳大学教学系统技术系教授的迈克尔·莫伦达（Michael Molenda）写了一篇文章专门探讨 ADDIE 模型的来源。这篇文章的题目叫《寻找难以捉摸的 ADDIE 模型》(*In Search of the Elusive ADDIE Model*)，发表在 ISPI 的会刊《绩效改进》上。莫伦达被誉为美国教学设计领域的“活历史”，对美国教育技术和教学设计的发展史非常了解。

ADDIE 模型是教学设计的经典模型。在教学设计领域，无人不知道 ADDIE 模型，却没有人能够说清楚 ADDIE 模型到底源自何处。作为教育技术历史专业课的授课教师，莫伦达经常被学生或业界人士问道：“ADDIE 模型到底是从哪里来的？来自商业界、学术界，还是军方呢？”鉴于此，莫伦达写了这篇文章，试图说清楚该模型的源起。

莫伦达首先从教育技术、教育专业或培训专业等相关领域的字典和百科全书中查找“ADDIE”词条，查无结果。接下来，他又从介绍教育技术或教学设计发展史的书籍中查找，结果也没有找到。再接下来，他在教科书中进行查找，还是查无此条。不得已，他又从众多介绍教学设计模型的文章中查找，但还是一无所获。最后，莫伦达教授与学界和业界的专业人士进行交流，希望找到 ADDIE 的来源，然而最终也没有定论。

莫伦达认为，ADDIE 是一个口语词或俗语，人们用它来描述教学设计系统化的设计过程。与其说 ADDIE 是一个模型，不如说它是一个标签。在教学设计领域，ADDIE 几乎等同于教学系统开发这一专业名词。同时，它指代的是一系列具备系统开发流程特征的教学设计模型，这些模型都可以用 ADDIE 这个概括性术语来统称。关于 ADDIE 模型的特征，莫伦达认为它首先是一个线性模型，从分析到评估需经过先完成前一步再进入下一步的线性顺序。其次，ADDIE 模型也具有重复与迭代的特征。比如，当完成分析阶段进入设计阶段时，设计者需要对分析阶段的成果进行验证与补充，这时就形成了从设计到分析的一个回环。这个回环在每个阶段都存在，最后形成了一个闭环的 ADDIE 模型。这是 ADDIE 模型最本质的两个特征。

ADDIE 模型理念在教学设计领域最早有记录的应用，是 20 世纪 70 年代美国军方将其用于指导教学设计。当时，佛罗里达州立大学的教育技术中心与军方的一个部门合作开发了一套教学设计模型，名为“联合军种教学系统开发模式”。这套教学设计模型包含五个阶段，分别为分析、设计、开发、实施与控制。虽然这五个阶段的英文单词首字母的缩写（ADDIC）不是 ADDIE，并不能被引用为 ADDIE 模型及其缩写名的来源，但这一段历史是当时可以查到的 ADDIE 模型理念最早的实用案例。之后，众多学者的文献中都提到了与 ADDIE 类似的模型，但都没有非常明确地用到“ADDIE”这个缩写词。

1996 年，莫伦达本人曾在一篇学术论文中与同系的詹姆斯 · A. 潘兴教授和查理 · 赖格卢特（Charles Reigeluth）教授一起明确地应用了 ADDIE 模型并对这一术语进行了详细的解释。这篇文章讨论了教学设计领域关于系统性教学设计策略已有的业界共识，而且明确提出将 ADDIE 作为教学系统开发的概括性术语。同时，在这篇文章中，三位教授将 ADDIE 这一术语应用在了新的领域——绩效改进，将绩效改进领域和教学设计领域的改进措施选择与实施流程进行了对比，指出改进措施的选择与实施也需要且必须经过分析、设计、开发、实施与评估的过程（见图 5–6）。这就是 ADDIE 模型在绩效改进领域应用的一种形式。

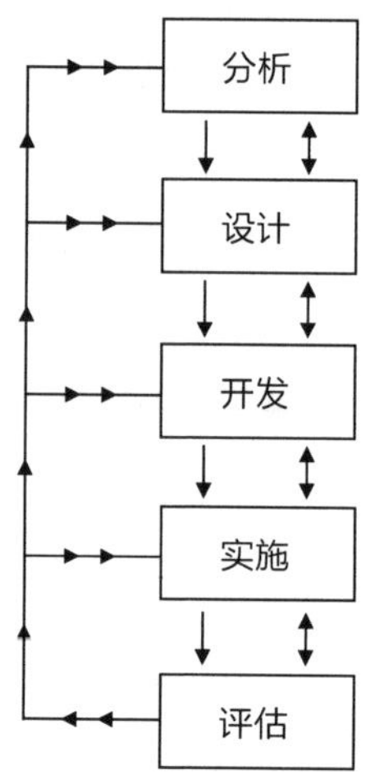

图 5-6 ADDIE 通用模型[①]

在文章的最后，莫伦达指出 ADDIE 模型是一个概括性术语，对于其中五个阶段并没有进行非常具体的说明。但是，这并不影响 ADDIE 模型理念被教学设计及绩效改进领域的学者和业界人士接受。而在这两个领域中出现的类 ADDIE 模型，都是一些学者或业界人士基于 ADDIE 模型理念的改良或细化。

过程模型的五个特点

过程模型通常都具有如下五个特点。[②] 就某个具体的过程模型而言，

① Molenda M. In Search of the Elusive ADDIE Model[J]. Performance Improvement, 2010, 42（5）, 34-37.

② Wilmoth, F., Prigmore, C. & Bray M. HPT Models：An Overview of the Major Models in the Field[J]. Performance Improvement, 2010, 41（8）, 14-22.

它不一定完全具备这五个特点，但每一个过程模型都具备这五个特点中的一部分。

- 大部分的过程模型本质上都是线性模型。模型的提出者都会遵循某一条路径来解决绩效问题。这条路径通常始于某种形式的绩效分析或差距分析，在经过原因分析、改进措施选择及改进措施实施后，终于对绩效问题解决效果的评估。
- 过程模型的每一个步骤描述的不是某项单一的活动，而是对这一类活动集的描述。例如，绩效分析步骤包含了一系列的分析活动：组织现状分析、环境分析与绩效差距分析等。再如，改进措施选择步骤也是由一系列的活动组成的：改进措施筛选与改进措施设计等。
- 所有过程模型都是由差距分析来驱动的。差距分析即绩效差距分析，绩效差距指的是绩效现状与期望绩效之间的差距。差距分析是定义绩效问题的重要过程，它帮我们明确绩效到底有无问题，问题有多严重。
- 改进措施选择是过程模型中不可或缺的一个步骤。改进措施的选择与实施是缩小绩效差距最关键的步骤，它的范围很广，形式很多。没有一个绩效问题是由单一原因造成的；同样，缩小绩效差距也不是单靠某一项改进措施就能够完成的。因此，改进措施选择环节的结果是一组改进措施而非单一改进措施。
- 许多过程模型都有反馈回环。反馈回环指的是在改进措施实施之后，通过观察与记录改进措施实施结果，评价实施结果是否达成预期目标，最终反馈于模型最初的绩效分析步骤，完善并提高分析与解决绩效问题的能力。

绩效改进领域的过程模型有很多，限于篇幅，我们不能一一详细介绍，在此只概述两个非常有特点的过程模型：ISPI-HPT 模型与罗伯特·梅格（Robert Mager）的绩效分析流程图。

ISPI-HPT 模型：典型的过程模型

作为美国绩效改进领域的专业组织，ISPI 集合了绩效改进领域和教学设计领域的众多专业人士。同时，该协会也发行分别针对从业者与研究者的专业期刊，其中针对研究者的学术期刊在美国高校绩效改进专业的教学与研究中具有较高的认可度。

作为绩效改进从业者的组织，ISPI 代表了从业者对绩效改进的认知与实践。ISPI-HPT 模型（见图 5–7）也是建立在企业实际操作的基础上的，因此，ISPI-HPT 模型在企业绩效改进的实际操作中具有很强的代表性。

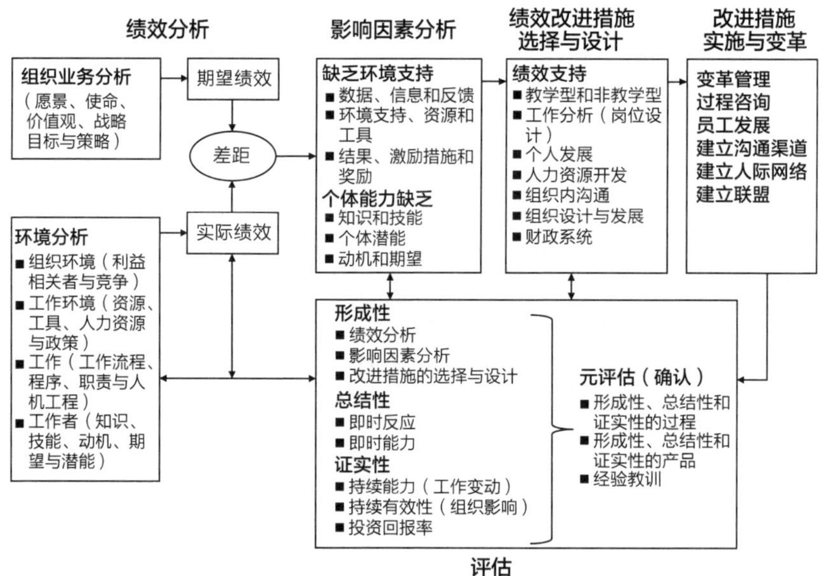

图 5–7　ISPI-HPT 模型

ISPI-HPT 模型是典型的过程模型，由绩效分析、影响因素分析、绩效改进措施选择与设计、改进措施实施与变革及评估五个部分组成。从过程模型的五个特点来看，ISPI-HPT 模型基本上具备了过程模型的全部特点（见表 5–6）。

表 5–6　ISPI-HPT 模型特点分析

过程模型特点	ISPI-HPT 模型
线性模型	■ 整体上，从绩效分析到评估呈线性推进模式 ■ 评估步骤不仅是发生在改进措施实施之后，而且在绩效分析、影响因素分析及绩效改进措施选择与设计三个步骤里均含有评估动作，从而确保了这三个步骤的结果的有效性
活动集	每一个步骤下面均包含一组活动，如： ■ 影响因素分析步骤包含了对环境支持和个体能力的分析 ■ 评估步骤包含了形成性、总结性、证实性与元评估（确认）等一系列评估活动
由差距分析来驱动	■ 绩效改进始于对期望绩效与实际绩效之间的差距分析 ■ 差距分析实际上是对组织业务与环境两方面的分析
改进措施选择	■ 改进措施的选择与设计是其中的主要步骤 ■ 改进措施包含教学型与非教学型两个类别
反馈回环	从分析到评估再到分析，构成一个完整的改进闭环

绩效分析流程图：兼具诊断与过程双功能

我们在前面提到过，绩效改进领域是从教学系统设计演变而来的，这一领域中的部分学者与从业者都具有教学设计或课程设计的背景。因此，在绩效改进领域早期的过程模型中，我们常常能看到教学系统设计的痕迹。

梅格是教学设计领域举足轻重的人物，他的代表作《准备教学目标》

（*Preparing Instructional Objectives*）是每一位教学设计从业者的必读之作。之后，梅格将视角转向绩效改进领域，提出了绩效分析流程图。早期的绩效分析流程图始于绩效差距的确定。在确认该绩效差距对组织存在影响且需要得到解决后，从"是否因员工技能不足而导致"角度出发的绩效差距原因分析便分为两条路径：一条沿着绩效差距是因员工技能不足而导致的这一判断来一步一步地找到与培训相关的改进措施，从而解决绩效差距；另一条则沿着绩效差距不是因员工技能不足而导致的这一判断，通过对工作环境中其他因素的探究来找到问题根因并解决问题。围绕"员工技能是否缺失"的假设推进绩效分析流程，具有非常明显的教学设计背景和思维方式。

之后，梅格对绩效分析流程图进行了优化，明显摆脱了以"员工技能是否缺失"为出发点分析绩效差距的影子。梅格将绩效分析划分为七个步骤，其中前六个步骤都以问题的方式来引导绩效分析的流程（见表5–7），从而形成了后期的绩效分析流程图（见图5–8）。

表5–7 绩效分析各步骤的思考问题及目的

步骤	思考问题	目的
1	（绩效）问题是什么	明确绩效问题
2	问题是否值得解决	确定绩效问题的重要性
3	能否进行快速修补	寻找快速的、能够改善某些工作环境因素的解决方案
4	对绩效结果的处理是否合适	排除绩效结果激励方面的不利因素
5	员工是否知道如何完成	排除员工知识、技能等方面的不利因素
6	是否有其他线索	排除其他工作环境和员工等方面的不利因素
7	选择并实施方案	实施解决方案

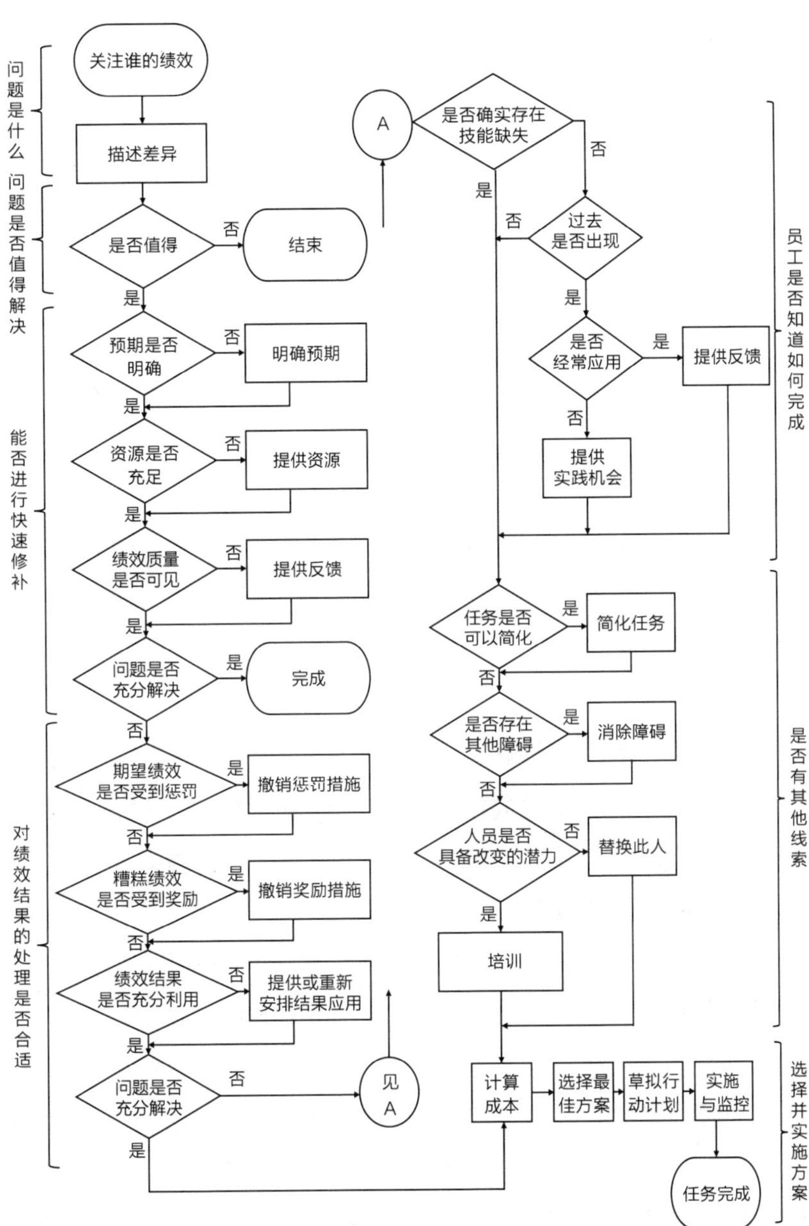

图 5-8 后期的绩效分析流程图

不管是早期的还是后期的绩效分析流程图，其中的每个关键点均以“是”与“否”的问题回答方式进行判断，进而决定流程中的下一个步骤将如何推进。“是”与“否”的判断其实是在分析绩效差距产生的原因。虽然分析原因的思路不完全一样，但这一点在前后期两个模型中都有充分的展现。因此，该模型既提供了绩效分析的步骤及其先后次序，也提供了绩效差距原因诊断的关键问题，兼具诊断与过程的双重作用。

小 结

绩效改进模型的实践指导意义大于理论研究意义。这些模型体现的是绩效改进视野下业界对绩效的一种认知结果。总的来说，绩效改进领域有两大类模型：诊断模型与过程模型。

诊断模型常被用来分析“绩效在哪些方面受到了影响”。它可以从员工角度出发来分析影响绩效的因素，也可以从组织角度出发来分析影响绩效的因素。就员工角度而言，吉尔伯特的行为工程模型非常有代表性地分析了哪些因素对员工的绩效表现存在影响；就组织角度而言，拉姆勒的绩效九变量模型则从员工层、流程层与组织层三个方面、九个维度分析了影响组织绩效的因素。诊断模型有一个特点：既可以作为诊断绩效差距原因的工具，也可以作为设计绩效改进措施的依据。威尔绩效模型就是一个典型的例子。

过程模型常被用来回答“改进绩效有哪些步骤”。过程模型的原型都是 ADDIE 模型，具备五个共同的特点：线性模型、活动集、由差距分析来驱动、改进措施选择及反馈回环。ISPI-HPT 模型是一个典型的过程模型，包含了过程模型的五个特点。梅格的绩效分析流程图也是一个过程模型，兼具绩效差距原因诊断的功能，非常有特点。其他过程模型因看问题的视角不同而有差异，但都具备过程模型的部分特点。

在企业管理实践中，使用绩效改进模型应该坚持“有模型，但不唯模型”的态度。也就是说，我们可以以经典模型为指导来分析绩效、改进绩效，也可以在理解绩效问题本质的基础上，结合经典模型创造出符合当下企业情境的指导模型。

第6章

绩效改进与企业培训

培训是一项重要的绩效改进措施，也是管理者非常喜欢使用的一种管理工具。当销售业绩不达标时，培训员工；当团队凝聚力不够强时，培训员工；当员工对企业文化认同度不高时，还是培训员工。这么多的管理问题真的都是培训可以解决的吗？不尽然。当培训做完了，问题却没有得到解决时，管理者又得出了“培训无用”的结论。这一现象周而复始，让业务经理与培训经理都非常地为难。

培训能且只能解决 KSA 问题

培训到底能够帮助管理者解决什么问题呢？培训即培养 + 训练，是通过培养或训练的手段让受训者学会某项知识，掌握某项技能，认同某种观点。我们从这个定义中可以看出：培训解决的是与人相关的问题，具体地说，是行为、认知和情感这三个与人相关的层面的问题（见图 6–1）。当员工遇到 KSA 问题，也就是说在知识（knowledge）、技能

（skill）与态度（attitude）三个方面存在缺失或不足时，培训是弥补短板的可选项。也就是说，当员工不知道做、不会做或不认可（不愿遵循）某种做法时，管理者可以通过培训的方式来解决这些问题。

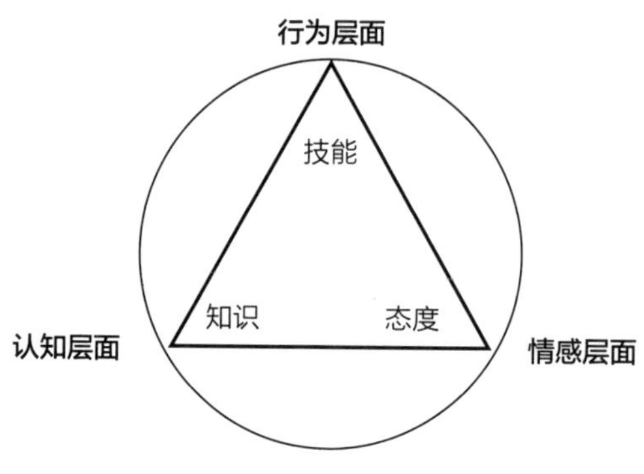

图 6-1　培训解决三个层面的问题

下面，我们以管理者的领导力培训为例，来说明培训如何解决与员工知识、技能和态度相关的问题（见表 6-1）。

表 6-1　领导力培训的三个层面及主要培训内容

培训层面	培训维度	主要培训内容
认知层面	知识	■ 领导力的定义 ■ 领导力与管理核心概念 ■ 经典管理理论与模型
行为层面	技能	■ 管理者常用的管理工具 ■ 不同管理工具的适用情境 ■ 不同管理工具的实际应用
情感层面	态度	■ 职业经理人职业发展路径 ■ 管理者角色定位 ■ 管理者岗位职责 ■ 企业领导力素质模型

- 对知识的培训是认知层面的。在领导力培训中，关于知识的培训通过阐释清楚领导和领导力的定义，来帮助管理者建立对领导力内涵的认知。同时，与管理相关的模型或概念等也是管理者在领导力认知层面需要掌握的内容。
- 对技能的培训是行为层面的。在领导力培训中，关于技能的培训通常以管理技能为切入点，把掌握并熟练使用各项管理工具作为管理技能培训的重点。例如，辅导员工是一项很重要的管理技能，管理者将通过角色扮演、案例分析和情景模拟等方式来演练辅导员工时的对话，掌握辅导流程，训练辅导行为。
- 对态度的培训是情感层面的。在领导力培训中，关于态度的培训旨在帮助学员认清管理者在企业中的角色定位、岗位职责及组织对管理者的能力要求等，将管理者放在团队领导者与组织领导者的高度，促使他们调整原有的心态与思维方法，从而接受新的管理知识与管理技能并最终应用到实际工作中。

通过员工培训提升绩效的可能性只有 15%

既然培训是管理者常用的改进员工绩效的手段，那么通过员工培训提升绩效的可能性有多大呢？答案是只有 15%。通过吉尔伯特的行为工程模型，我们可以对培训与改进绩效的关系管中窥豹。在行为工程模型中，影响员工绩效的因素有两个方面、六大维度，其中一个就是当员工在知识与技能方面缺失或不足时，员工的绩效将受到一定影响。因此，从理论上讲，在影响员工绩效的众多因素中，知识与技能占六分之一的比例（16.7%）。也就是说，通过培训来提升员工的知识与技能，进而提升绩效的有效性从理论上讲只有 16.7%。那实际是怎样的呢？拉姆勒在

《流程圣经：让流程自动管理绩效》一书中对影响员工绩效的因素有过这样的描述：

> ……在我们的经验中，绩效改进机遇大多存在于环境要素中。即使岗位、行业和国家不同，我们也发现，80%的绩效改进机遇存在于环境要素中，15%~20%的绩效改进机遇存在于（员工的）技能和知识领域，只有不到1%的绩效问题源于个人能力不足。我们的发现与戴明[①]的观点相一致，他说只有15%的绩效问题是员工的问题，而另外85%都是管理层的问题。

吉尔伯特从另一个角度也印证了同样的观点。他认为，在对照行为工程模型来诊断员工绩效到底出现了什么问题时，管理者对六个因素的诊断是有顺序的（见图6–2）。也就是说，管理者应该首先从环境因素中寻找绩效问题的症结及解决措施，同时应该按照信息 → 资源 → 激励的顺序来查找，然后再从员工因素中的知识与技能、潜能和动机方面寻找原因与解决措施。吉尔伯特认为这是一条最为高效的路径。这是因为，从提升员工绩效的角度来看，改变员工动机与提供充足、准确的工作信息也许同样重要，但从实施措施的难易程度、结果的有效性及投入与回报等方面来看，改变员工动机的措施远不如提供工作信息经济、有效。这其实是在说要想提升员工绩效，改变工作环境远比改变人有效、快速。

既然通过培训提升绩效的可能性只有15%，那么为什么管理者还对培训乐此不疲呢？我们认为大致有三个原因。

---

① 爱德华兹·戴明（Edwards Deming），世界著名的质量管理专家，提出PDCA循环概念，又被称为戴明环。

环境因素	信息 ①	资源 ②	激励 ③
员工因素	知识与技能 ④	潜能 ⑤	动机 ⑥

图 6-2 诊断员工绩效问题的顺序

- 相比组织层面的其他绩效改进措施（如流程再造、激励制度改造、建立反馈机制、建立工作标准与工作指导等），组织培训与实施培训的操作流程较为标准化，同时涉及的面没有那么广。在管理者的概念里，企业组织层面的绩效改进是一个咨询项目，耗时长、费用高且牵涉的人和部门很多。相比而言，培训就要简单一些。但事实并非如此。
- 管理者倾向于从员工身上找原因，或者即使他们知道主要原因是出在企业组织系统上，惯性思维也会驱使他们从员工身上找原因。因为他们往往认为：与改变一个组织相比，当然是改变人要简单一点。但现实结果是，即使培训改变了人，如果企业内的工作环境没有发生改变，他们在实际工作中也还是会回到老样子。
- 培训部门工作的需要。培训部门的主要工作就是做培训，这是他们工作业绩的主要表现，也是他们存在的主要意义。

在跟大多数企业内做培训的专业人士交流时，我们发现他们当中的大部分人对自己企业的业务内容与业务流程等并不是特别了解——既

“不懂业务”，又不具备绩效顾问的咨询能力，因此这些人很难站在业务伙伴的角度来帮助业务部门分析绩效问题，并给出对症的方案。在很大程度上，对于如何解决绩效问题，他们只能站在培训者的角度提出解决方案，因此培训效果不理想也就在所难免。

培训不是改变 KSA 的唯一手段

如果通过诊断，我们发现员工在知识与技能方面的不足是绩效问题的主要成因，那么培训是否就是唯一的选项呢？我们知道，培训可以用来解决员工不知道做、不会做或不认可（不遵循）某种做法的问题，此时我们就一定要安排培训吗？也不尽然。梅格认为在确定了是由于员工的知识与技能不足而导致绩效差距时，管理者还需回答以下几个问题。

- 员工是否以前会做这些工作，而现在不做了？
- 如果员工以前会做这些工作，那么现在不做是否因为以前做的机会多，而现在做的机会少？
- 让员工做好这项工作是否有更简单的方法？
- 员工是否具备做好这项工作的潜能？

以上问题的不同答案会导致不同的改进措施。从表 6–2 中我们可以看到，只有在员工之前没学过、没做过且现在也不会做的情况下，培训才是真正有效的绩效改进手段。

为什么把培训作为一项绩效改进手段时要慎之又慎？答案很简单，因为培训不便宜。通常来讲，培训的成本包含直接成本与间接成本两个方面。其中，直接成本指的是为组织实施培训而直接付出的各项有形费

表 6-2 诊断培训作为改进绩效措施的问题清单

<table>
<tr><th>问 题</th><th>答案</th><th>措施建议</th></tr>
<tr><td rowspan="2">员工是否以前会做这些工作，而现在不做了？</td><td>是</td><td>考虑其他措施</td></tr>
<tr><td>否</td><td>考虑正式培训</td></tr>
<tr><td rowspan="2">如果员工以前会做这些工作，那么现在不做是否是因为以前做的机会多，现在做的机会少？</td><td>是</td><td>提供实践机会</td></tr>
<tr><td>否</td><td>建立反馈机制，提供反馈</td></tr>
<tr><td>让员工做好这项工作是否有更简单的方法？</td><td>是</td><td>■ 重新设计工作流程与内容
■ 提供在岗培训方式</td></tr>
<tr><td>员工是否具备做好这项工作的潜能？</td><td>否</td><td>■ 重新安排工作岗位
■ 解除雇佣合同</td></tr>
</table>

用，具体包括如下四项。

- 场地设备费，如培训场地及培训所需硬件设备的租赁费用等。
- 薪资，如培训讲师费用、培训设计人员费用。
- 教材费，如培训使用的教材与教具等的成本。
- 差旅费，如学员与讲师的住宿、交通及餐饮等方面的费用。

间接成本指的是企业为安排员工参加培训而付出的无形费用，包括如下四项。

- 时间成本，如参训学员花在培训上的时间。
- 薪资福利，如参训学员未工作但企业仍需支付的工资、奖金与福利等。
- 机会成本，如学员因为参加培训而失去的在日常工作岗位上可能创造的价值。

- 培训设备的隐形成本，如一般培训设备的折旧与保养费等。

我们不妨用一个国际通用的公式来计算一下培训的成本。这个公式是这样的：

会议成本 = 2A × B × T

其中，A 是参会人员平均时薪的三倍，B 是参会人数，T 是会议时间（以小时计算）。以一次 15 人参加的、2 天共计 13 小时的培训为例，假设参加培训的人员是各部门的骨干员工，平均时薪为 100 元，我们可以计算出这次培训的成本：

2×（100×3）×15×13=117 000 元

真是不算不知道，一算吓一跳！而这个数字还没有包含如培训场地、灯光、空调、打印等成本支出。另外，随着培训时间增长，参训学员增多或学员职位升高等，培训的成本也将成倍增长。

培训应与其他手段形成“组合拳”

以上内容是不是说明管理者不应该采用培训的方式来提升员工绩效？当然不是。管理者可以采用培训这一方式来提升员工绩效，但它不应成为管理者手中唯一的“抓手”。首先，提升员工知识与技能的方式有很多种，培训只是其中的一种方法。其他方法包括提供工作辅导工具与在岗培训等。其次，如果针对某一类绩效问题，培训的确是改进绩效的最佳方式，那么培训也应与其他手段形成“组合拳”，以此来达到提升绩效的目的。

让我们来看下面的例子。

案　例

21 世纪不动产®是美国的一家房地产中介服务机构，它在全美拥有 6 000 家门店。每一位获得“房地产经纪人资格证”的销售顾问在加入 21 世纪不动产®公司之后，都需要参加一次为期 5 天的入职培训。在入职培训中，新的销售顾问通过角色扮演或者实际操练等方式学习房地产销售的技能。在通过培训后，新的销售顾问就可以直接参与到实际的工作中来。然而，没有足够经验的他们在寻求房屋买卖机会的时候常常摸不准门道。虽然每家门店都会有一些经验比较丰富的资深销售顾问，但是由于工作繁忙，他们往往也顾不上帮助新顾问解决工作中遇到的问题。由于频繁受到顾客的拒绝，在公司又得不到任何支持，新的销售顾问感觉备受打击，很快就失去了工作信心。根据 21 世纪不动产®内部的调查结果，新入职的销售顾问在工作第一年中的离职率高达 30%~40%。门店经理饱受人员流失之苦，向总部请求再次培训新的销售顾问，以迅速提升他们的销售能力。

针对门店经理们提出的请求，总部培训部门的员工进行了认真思考。他们认为，每一位新入职的销售顾问都经过了 5 天的入职培训，现在再进行一次培训不一定能够真正解决问题。因此，总部培训部门针对区域总监和门店经理展开了调研。在访谈中，当被问到新销售顾问到底存在哪些问题时，区域总监和门店经理们不停地提到新销售顾问其实需要的是办公室里有这么一个“人”：能不断地激励他们，倾听他们的需求，指引他们在工作中的业务操作，帮助他们不断地精进销售技能，同时也帮助他们更好地应对被客户拒绝的情况。对于新销售顾问为何频频离职，被调研者认为他们普遍缺乏信心，没有坚持的毅力，同时也没有相关专业人士指导他们把业绩“从零开始”做起来。

基于调研的结果，总部培训部门认为新的销售顾问的确缺乏销售技能，但他们更需要的是一套能够支持其发挥销售潜能、稳定销售信心、持续产出销售成果的“绩效支持体系”。因此，总部培训部门提出了以下改进措施，从最初单一的培训项目逐渐形成了一套完整的绩效系统解决方案。新的方案包括以下五个主要部分。

第一，《新销售顾问职业发展计划》。该计划包括以纸质材料、视频和音频为主的由销售顾问进行自主学习的《销售顾问指导手册》，以及用于由资深销售顾问扮演的销售教练对其进行定期辅导的支持材料。《销售顾问指导手册》指引销售顾问在自学的过程中阅读书面材料、观看视频、收听音频或进行实地销售技能演练。手册中包含了房地产销售流程中的五个主要步骤，即寻找目标客户、获得代理权、组织市场活动、与买家沟通及达成交易。销售顾问根据手册要求对这五个关键步骤进行自学。同时，按照手册预先制定好的时间表，销售顾问与销售教练开展了定期的辅导对话。

第二，《销售教练指南》。这个指南用于指导销售教练开展辅导对话。在辅导对话中，销售教练需要与销售顾问分享工作经历，鼓励销售顾问多多练习销售技巧，给予销售顾问及时的反馈并帮助他们树立信心。该指南以房地产销售流程的五个主要步骤为基础，让教练在辅导对话中给予销售顾问针对性的指导，让他们快速融入房地产行业。

第三，销售教练的选择流程和相关工具。在挑选教练人选时，门店经理可以参照一份包含 15 个问题的“教练选择标准问卷”，以回答问题的方式来挑选合适的教练人选。这 15 个问题主要涉及教练候选人在时间、技能、对教练身份认可等方面的成熟度，以帮助经理们判断他们是否能够成为合格的销售教练。

第四，针对销售教练的激励机制。由于销售教练要花费很多的时间来帮助新入职的销售顾问，他们理应得到一定的经济补偿。为此，总部培训部门整理了一份经济补偿方式汇总表，供各门店经理参考。门店经理可以在结合本店实际经营情况的基础上，挑选最合适的补偿方式。总的看来，门店经理们倾向于采用以下两种常用的补偿方式：

- 向被辅导的新销售顾问收取固定的费用，以此作为对销售教练的经济补偿。
- 从被辅导的销售顾问的前几次成交的订单中提成，以此作为对销售教练的经济补偿。

第五，新销售顾问职业导入机制。除了对新销售顾问进行销售技能方面的辅导与培训之外，销售教练还承担着引导他们快速融入房地产行业的责任。每一位销售教练都拿到了一张叫作“职业导入方法列表”的单子，上面列举了一些帮助新销售顾问快速融入房地产中介行业的办法。销售教练要通过各种方式让每一位新销售顾问加深对“房地产销售人员”身份的认同感。

我们从这个案例中看到，新销售顾问确实存在销售知识与能力上的不足，给予相关培训是一项必要的措施。但培训解决的只是知识与技能的不足，并不能促进绩效的提升，即销售业绩的提升。因此，在给予培训的同时，总部培训部门更重要的工作是要建立一套完整的销售绩效支持体系，这样才能全面且更有把握地达成业绩提升的目标。

小 结

从本质上讲，培训是企业中的“育人”工程，其目的是通过赋予员工新的知识体系、工作技能与价值观念，让他们能够做到之前做不到的事情。培训最为理想的结果是受训人员在参加培训后有真正的行为改变。这种改变是通过赋予员工能力、改变员工思想意识等方式来引发的，其着力点是改变人本身。如同教育一样，培训是面向未来的，是对员工长久的、持续的培养，是企业的“长线投资”。

绩效改进从本质上讲是绩效系统的打造工程，其着力点不仅仅是“人”，还包括人以外的看得见与看不见的流程、组织架构和管理机制等。从人的角度来说，绩效改进最终是要改变员工固有的工作行为与习惯，让他们接受并采用新的工作行为与习惯。所以，落到人的层面，绩效改进的理想结果是人的行为改变。但与培训不一样的是，这种改变不仅仅是依靠对人的赋能来达到的，更多的是依靠改变或调整员工的工作环境，从外至内引发员工的行为改变。因此，其改变的着力点是改变工作环境，进而改变人。同时，绩效改进是着眼当下的，是对当前困扰企业的绩效问题进行及时的识别与分析，并提出解决的办法。

在绩效改进领域，绩效改进与培训是包含与被包含的关系，培训只是提升员工与组织绩效的一种手段，并不是绩效改进的唯一手段。

- 首先，培训能且只能解决影响员工与组织绩效表现的众多因素中与员工的知识、技能和态度相关的那一部分因素。

- 其次，通过培训提升员工绩效的可能性从理论上讲只有 16.7%，而实际上更低，只有 15%。
- 最后，当培训确实是解决员工与组织绩效问题的有效方式时，它也应与其他绩效干预措施共同发挥作用。

第 7 章

绩效改进与绩效管理

绩效改进与绩效管理是一回事吗？答案是否定的。但大多数人，包括很多管理者都认为它们是同一件事情。有一次，我在培训行业峰会上与新认识的朋友谈起绩效改进。一听到这个词，对方马上说：“哦，绩效啊，我知道，就是让我们天天头疼的绩效管理。不过我不负责这个。”结果，话题到这就进展不下去了。绩效改进与绩效管理两者的核心都是绩效，但一个是改进，一个是管理，对绩效作用的方式与目的有着不同的侧重点。在本章中，我们试着从对绩效的定义、对组织的作用以及对管理者的能力要求等方面来讨论绩效改进与绩效管理。

对绩效的定义

作为不同的专业领域，绩效改进与绩效管理均是围绕“绩效”一词做文章的。

在绩效改进领域，绩效既是行为，也是结果。总的来说，绩效是由行为带来的、符合一定标准的工作结果。那么，绩效管理领域对“绩效”一词的定义是什么呢？赫尔曼·阿吉斯（Herman Aguinis）是美国乔治·华盛顿大学商学院的教授，著有《绩效管理》（*Performance Management*）一书，他在书中对绩效做了明确的定义与描述。他认为，绩效是与员工个人相关的工作行为表现，但并不包含工作行为所带来的结果。也就是说，在绩效管理领域，员工的工作行为本身就是绩效。

我们可以看到在对“绩效”一词的定义上，绩效改进与绩效管理既有相通之处，也有本质不同。相通之处在于两者都认可绩效的行为属性，认为绩效是由员工的工作行为产生的，因此对绩效的最根本定义都离不开“工作行为”。但是，绩效改进同时认可绩效的结果属性，以结果为导向来甄别有效或无效的工作行为。

基于对绩效的理解，绩效管理与绩效改进这两个领域对绩效的内涵都进行了不同的公式化定义。在绩效管理领域，阿吉斯认为绩效就是员工的工作行为表现，从这个角度出发，员工绩效表现的好坏由员工自身的三个因素决定：陈述性知识（declarative knowledge）、程序性知识（procedural knowledge）以及工作动机（motivation）（见表 7–1）。

表 7–1 影响员工绩效的三个决定因素

陈述性知识	程序性知识	工作动机
事实 原则 目标	认知技能 心理运动技能 运动技能 人际交往技能	是否付出工作努力 努力的程度 努力的长久性

由此，我们可以得出一个关于绩效的公式：

（员工）绩效 = 陈述性知识 × 程序性知识 × 工作动机

在这里，陈述性知识是事实性的信息，包括工作任务要求、工作原则与工作目标等。程序性知识是员工不仅知道“做什么”，而且知道“怎么做”，它包含一些与认知、心理、运动、人际交往等相关的技能。工作动机则是对工作行为不同倾向的选择，具体包括以下三个方面。

- 是否付出努力（如“我愿意工作”）。
- 努力的程度（如“我愿意尽最大的努力工作”，或者“我把工作完成了就好”）。
- 努力的长久性（如“我再坚持工作一会儿就放弃”，或者“不管发生什么事情，我都会努力到底”）。

阿吉斯进一步说明，在这个公式中，绩效不是各个部分相加就等于整体，而是三个因素相互影响的综合结果。也就是说，如果员工想要得到好的绩效表现，那么公式中的任何一项因素都不能为“0”；一项为“0”，则绩效为“0”。例如，某零售商店的销售顾问有着丰富的销售经验，懂得如何与顾客交谈、如何发现顾客的喜好以及如何向顾客推荐合适的商品（程序性知识）。同时，他对于这家零售商店的商品也非常了解，比如对商品的原料、功能、用途、尺寸以及促销政策等了如指掌（陈述性知识）。然而，他却没有意愿去向顾客销售商品（工作动机），比如当顾客进店时，他不去主动介绍，也不回应顾客的询问。可想而知，他的绩效一定是不高的。因此，员工想要做出绩效，这三个因素都不可或缺。

在绩效改进领域，我们之前曾提到过吉尔伯特的绩效公式，而乔·哈里斯从“哪些因素支持员工的绩效结果”的角度提出了另一个绩效公式。哈里斯认为，一个具备正常工作能力的员工要做出业绩，他需要：

- 知道如何去做（知识与技能）。
- 愿意去做（内动机与外激励）。
- 拥有资源去做（工作环境中的工具、设备和物资等）。

基于此，哈里斯提出了如下的绩效公式：

招聘（selection）
+知识与技能（skills/knowledge）
+动机与激励（motivation/innovation）
+环境支持（environment）
=绩效（performance）

这个公式背后有一个根本假设：没有一个正常人会在一大早起来就对自己说“我今天不打算好好工作，我也要让我身边的人过得不顺心，等到晚上回到家时让自己感觉非常糟糕，因为今天什么事情都没干”。然而，他要想做好工作就必须得到上述三项重要的支持。

其实，哈里斯的绩效公式还有优化的空间。在这个绩效公式中，（通过招聘而来的）具备正常工作能力的员工与三项绩效支持之间是加总的关系。也就是说，即使其中某一项绩效支持缺失或准备得不够充分（例如，知识与技能不太够或者工作动机不太强），只要具备其他两项或一项，还是能达成绩效结果的。然而在实际管理中，我们认为这四项绩效支持只要有一项不具备，绩效结果就为“0”。例如，员工有知识、技能、动力，但没有合适的资源做支撑，绩效结果就会很差，甚至为零、为负。

所以，这四项绩效支持之间也是相互影响的关系，并在相互作用之后最终影响绩效结果。那么，哈里斯的绩效公式可以优化为：

绩效（P）= 招聘（S）× 知识与技能（S/K）×
动机与激励（M/I）× 环境支持（E）

从以上的分析我们可以看到，绩效改进与绩效管理对“影响绩效的决定因素有哪些”这个问题的回答不尽相同（见表 7–2）。在绩效管理中，绩效是员工的工作行为，影响绩效的决定因素与人相关，即员工自身具备的陈述性知识、程序性知识以及工作动机。在绩效改进中，绩效既是行为也是结果，影响绩效的决定因素明显从员工本人延伸到了员工之外，工作环境中有形与无形的支持对员工的绩效表现也有影响。同时，绩效改进关注的不仅仅是“人”的绩效，而是由“人”延伸到了组织整体，包含了组织绩效、流程绩效与员工绩效三个层级。

表 7–2 绩效改进与绩效管理对绩效定义的对比

项目	绩效管理	绩效改进
内涵	绩效是行为本身，不包含结果	绩效既是行为，也是行为的结果
影响因素	绩效 = 陈述性知识 × 程序性知识 × 工作动机	绩效 = 招聘 × 知识与技能 × 动机与激励 × 环境支持
维度	员工	员工 → 流程 → 组织

对组织的作用

这里的组织指的是企业。阿吉斯认为，在企业中，绩效管理是一个持续地识别、衡量与发展员工个人及团队绩效的过程，而且，管理者在这个过程中要确保个人和团队的绩效表现与组织战略目标相一致。基于这一定义，绩效管理在企业中应服务于六个目的，即战略支持、行政管理、信息告知、员工发展、组织运营维护和文档记录，我们重点介绍下前四个目的。

- 战略支持目的（strategic purpose）。绩效管理的首要目的是帮助企业高管层达成战略业绩目标。通过将组织目标与员工个人目标相连接，绩效管理强化了那些有助于达成企业战略目标的员工个人行为。
- 行政管理目的（administrative purpose）。绩效管理的第二个目的是当管理者需要对某一位员工做出某项决定时，绩效管理系统可以提供有效的信息以供参考。这样的决定包括薪资调整、职位晋升、合同续止等。
- 信息告知目的（informational purpose）。绩效管理是管理者与员工进行沟通的重要工具。首先，员工通过绩效管理可以及时获知有关自己工作情况的反馈信息，知道自己需要提升的方面。其次，管理者通过绩效管理的手段让员工了解到：为了达成企业战略目标，管理层对他的期望是什么，以及他工作中的哪些部分是最重要的。
- 员工发展目的（developmental purpose）。通过持续的绩效管理，管理者可以以反馈的形式对员工进行辅导。这样不仅有助于管理者及时识别员工在绩效表现方面的优势与不足，也有助于员工更好地了解自己，从而更有针对性地发展自己。

从上述四个目的中我们不难发现，绩效管理主要是在企业和员工的关系上发挥作用，不论调整两者的关系是出于战略支持目的、行政管理目的、信息告知目的还是员工发展目的。这与绩效管理领域对“绩效”

一词的定义基本一致。换句话说，在绩效管理领域，绩效是员工的工作行为，与人相关。因此，绩效管理对于企业的作用主要体现在释放员工的潜能上，通过将员工目标与企业目标校准，记录员工工作情况，反馈员工工作表现以及发展员工能力等方式校正员工的工作行为，提高员工的工作产出。

近年来，绩效管理领域出现了越来越多的用 OKR（目标与关键成果法）代替 KPI 的呼声，同时有很多中国企业也在进行着由 KPI 向 ORK 的转变。在这样一种新的绩效管理实践中，核心点就是通过新的绩效管理方式激发员工的内在动机，从而获得较高的工作价值回报。例如，在《绩效使能：超越 OKR》一书中，该书作者就对绩效管理的发展历程做了一个梳理。他从“员工动机状态”与“激发效果”两个维度进行分析，认为传统的绩效管理 1.0 或 2.0 都是通过给予员工外在动机刺激来提升员工的工作表现，激发效果较弱；而绩效使能，即绩效管理 3.0，是刺激员工的内在动机，能够获得较强的激发效果。因此，他给绩效使能下的定义为：绩效使能是指以激发员工内在动机为目的，充分满足员工自主、胜任和关系三种基本需求，从而释放其创造性的新型绩效管理方式，也就是绩效管理的 3.0。诚如该书作者所说：“这个定义，重点只强调了一件事情，即‘激发员工内在动机’。”

与绩效管理相比，绩效改进的作用点从员工延伸到了组织流程、组织结构、工作工具等工作环境中。员工内在动机是绩效改进理论框架中一个重要的内容，与工作环境、员工的知识与技能一起成为改进组织绩效或员工绩效的重要手段。而这样的改进框架与绩效改进对绩效一词的定义及内涵的理解是密不可分的。从这个角度来讲，与绩效管理一样，绩效改进认可通过激发员工内在动机来提升员工和组织绩效的作用，但绩效改进同时也强调通过改变员工之外的工作环境，提供更完善的工作平台来引导员工朝着组织期望的方向努力，进而达成组织期望的绩效结果。

对管理者的能力要求

绩效管理与绩效改进对管理者的能力要求体现在要完成的事情以及做事情的过程当中。我们先来说说绩效管理。

阿吉斯提出了一个通用的绩效管理过程，其中包含了以下六个主要步骤。

- 前提条件（prerequisite）：了解组织的使命及其战略目标；对工作任务进行分析，明确工作内容要点、工作完成步骤以及员工所必需的知识、技能和能力的储备。
- 绩效计划（performance planning）：分析工作结果及工作行为，并制订相应的员工发展计划。
- 绩效执行（performance execution）：员工执行绩效计划，管理者观察并记录绩效表现，更新绩效计划内容或提供绩效支持资源和强化措施。
- 绩效评价（performance assessment）：管理者与员工共同对员工的绩效表现进行评价。
- 绩效考核（performance review）：管理者与员工进行绩效面谈，共同讨论员工的绩效表现并给予反馈意见。
- 绩效计划更新与重新制订（performance renewal & recontracting）：根据本阶段的绩效考核结果与反馈制订下一阶段的绩效计划。

在实际操作中，企业的绩效管理流程与以上流程大致相同，只是在细节侧重上有所不同。在这个过程中，管理者需要完成两项非常重要的工作：绩效辅导与绩效面谈。曾有实战经验非常丰富的人力资源管理专家表示，成熟企业的绩效管理工作 70% 以上都是绩效辅导与绩效面谈[①]，可见这两项工作对于管理者做好绩效管理的重要性。

首先，让我们来看一下绩效辅导。绩效辅导是一个持续的过程，而不是一劳永逸的事情。绩效辅导包括管理者与员工讨论有关工作进展情况、潜在的障碍和问题、解决问题的办法和措施、员工取得的成绩与存在的问题以及管理者如何帮助员工。绩效辅导既是一个给予员工绩效反馈意见的过程，也是一个帮助员工成长的过程。

在绩效辅导中，管理者需要做到以下几点。

- 给予建议。让员工知道如何提升自己的绩效，包括“需要做什么”以及“怎么做”两部分内容。
- 提供指导。管理者应该告诉员工需要学习和掌握哪些知识与技能才能更好地完成工作。同时，管理者应该给员工提供信息，让他们知道通过什么渠道能够获得这些知识与技能。
- 给予支持。让员工能够获得及时的帮助。
- 给予信心。让员工能够持续地提升工作绩效，并对自己的绩效负责。
- 激发潜能：让员工为将来能够承担更复杂、更重要的工作职责不断地提升综合能力；既要满足员工达成短期业绩目标的需求，也要着眼员工长期发展的目标。

要做到以上几点，管理者需要掌握的技能或实施的管理行为包括以下几点。

① 邓玉金 . 绩效管理的 8 节实战课 [M]. 北京：中信出版集团，2019.

- 目标设定。能够与员工共同制定目标，将组织战略目标与员工个人目标相结合，激发员工完成目标的内在动力。制定目标后，能够持续地跟踪并给予反馈意见，确保目标的达成。
- 有效沟通。能够建立良好的员工沟通机制，定期就员工当前的绩效表现进行回顾与分析。
- 员工激励。能够对员工的正向绩效给予及时的、恰当的物质与非物质奖励。
- 绩效记录。能够系统地观察并记录员工日常的工作行为与工作表现。
- 问题诊断。能够利用数据准确地分析员工绩效表现不佳的原因。
- 发展员工能力。能够采取多种手段与方式给员工提供能力与职业发展的机会。

表 7–3 总结了管理者在绩效辅导中要达到的目的以及要实施的管理行为。

表 7–3　绩效辅导

主要目的	管理行为
给予建议 提供指导 给予支持 给予信心 激发潜能	目标设定 有效沟通 员工激励 绩效记录 问题诊断 发展员工

接下来，我们来说说绩效面谈。绩效面谈是绩效管理中至关重要的一个环节，是管理者与员工之间对工作情况的沟通与确认，以发现工作中的优势与不足，并针对不足制订改进方案。绩效面谈有几类形式，比

如初期的绩效计划面谈、中期的绩效指导面谈和末期的绩效考评总结面谈。通过绩效面谈，管理者要达成以下目的。

- 对员工的绩效表现达成一致的看法。
- 让员工意识到自己的优势与不足。
- 让员工明确下一步需要改进的方面。
- 制订员工绩效改进计划。
- 明确下一个绩效管理周期的绩效目标与绩效标准。

要做好绩效面谈，管理者需要具备一些技巧，比如倾听的技巧、表达的技巧、提问的技巧、给予反馈的技巧、维持良好谈话氛围的技巧等。

通过前文的阐述，我们已经明确了绩效改进是一个发现、分析和改进绩效问题的过程。绩效问题不仅表现在员工层面，还表现在工作环境层面。管理者要想有效地解决绩效问题，切实地提升绩效表现，不仅需要明确地定义期望的绩效结果，量化绩效评价的标准，更需要通过收集与分析绩效数据，结合经典的改进模型来找到并缩小绩效差距。在这个过程中，提炼管理实践和寻找管理规律是最为重要的。

同时，管理者自身的绩效包括效果与效率两个方面。从现实来看，管理多处于“有效果、没效率”的状态。而要将管理现状从“有效果、没效率”变成“有效果、有效率”的双效状态，管理者需要找到提升效率的方法。这些方法归根结底也是找到管理规律。

前文提到过美国管理学学者卡茨提出管理者必备的三种能力，即技术技能、人际技能以及概念技能。那么，以卡茨提出的管理者必备的三种技能为参照，我们不难发现管理者要做到并做好绩效管理中的绩效辅导与绩效面谈，所需要的多为人际技能，尤其是在关系建立、有效沟通、反馈与激励等方面。而管理者要做到并做好绩效改进所需要的多为概念技能，比如定义绩效结果、量化绩效结果以及收集和分析绩效数据，以便从对数据的分析与思考中形成解决绩效问题的方案。

小结

绩效改进与绩效管理是从两个不同的方面对绩效发挥作用的。具体来讲，绩效改进侧重的是对绩效现状的影响，而绩效管理侧重的是对员工绩效结果的管理。两者之间的不同源于人们对绩效内涵的理解存在差异。从绩效管理的角度来讲，绩效是与员工个人相关的，是员工的工作行为表现，而不是工作行为的结果。换句话说，员工的工作行为就是绩效。因此，绩效管理对员工绩效的管理重点是提升员工的陈述性知识与程序性知识（“做什么”与“怎么做”），并激发员工的内在工作动机。而激发员工的内在工作动机是管理员工绩效的重中之重，这一点从当前对绩效管理由 KPI 到 OKR 转变的呼声中可见一斑。OKR 作为新的绩效管理实践，其核心就是激发员工的内在工作动机，由内而外提升员工个人的绩效。

从绩效改进的角度来讲，绩效不仅是工作行为，更是工作结果。绩效改进对绩效内涵的理解已经从“人的因素”延伸到了“工作环境因素”。也就是说，绩效不仅仅是员工个人的事情，更是组织的事情。因此，绩效改进对于绩效现状的分析是从工作环境与员工两个角度来切入的，既重视员工个人对绩效结果的影响，也注重工作环境对绩效结果的影响。同时，在对待员工与工作环境方面，绩效改进更看重对环境的改变与重构，由外而内引导员工发生改变，从而提升员工及组织的绩效表现。

基于对绩效的不同定义，绩效改进与绩效管理对组织发挥的作用不同，对管理者的能力要求也不同。总的来说，绩效管理通过调整企业和员工的关系，让管理者发挥人际技能来实现管理绩效结果的目的；而绩效改进通过促进工作环境和员工的良性互动，让管理者发挥概念技能来实现改进绩效结果的目的。

第三部分

如何改进绩效

改进绩效是一个过程。这个过程又遵循一定的步骤。

首先，绩效改进主体包含三个层次。所谓绩效改进的主体是指在企业中改进绩效的切入点。绩效改进主体的三个层次包括：目标、组织能力与员工能力。目标是企业发展的方向与期望；组织能力是企业作为一个整体所拥有的大于员工个人的协调、规范、调动与激发员工的能力；员工能力则是员工个体所带来的基于知识、技能、经验等素质而形成的工作能力。绩效改进的切入方式是从目标到组织能力再到员工能力的自上而下的方式。

其次，改进绩效是有步骤且不可随意跃级的。简单地说，改进步骤是从问题到原因，从原因到措施，从措施到评估。总结起来有五个具体的步骤：

- 识别绩效问题。
- 界定绩效差距。
- 诊断绩效根因。
- 实施改进措施。
- 评估改进成果。

以下将对这五个步骤做详尽论述。

第 8 章

绩效改进的主体与路径

常常有人问：绩效改进到底是要改进“谁”的绩效？

要回答这个问题，不妨让我们再回到管理者对绩效的理解。我们发现，管理者在谈到绩效主体（“谁”在承担着实现绩效目标的责任）时，指向往往很明确，也很单一：员工是承担绩效目标的主体。或者说得更明确一些，是人在承担着实现绩效目标的责任。比如，业绩目标是靠人实现的，绩效考核也是对人的考核。人是绩效主体，这个观点对，但不全对。

我们曾提到，在绩效改进早期的专业术语中常常有“人类”这样的字眼，比如“人类绩效提升”“人类绩效工程”“人类绩效技术”。现在，专业术语中与人相关的词逐渐消失，变成了“绩效改进”或“绩效技术”，这背后其实是有原因的。对于是否要在绩效改进、绩效提升、绩效技术等术语前加上“人类”一词，学者们还产生过争论。主张不加“人类”一词的学者认为，绩效改进作为一门技术，它的焦点是“绩效”而不是“人的绩效”。绩效改进源于对“如何提升人的绩效”这一问题的回答。然而，随着绩效改进领域的深入发展，尤其是一般系统理论被引入后，绩效一词的外延已经从“人的绩效”延伸到了“部门绩效”“流程绩效”“组织绩效”等概念。而“人类”一词限定了绩效改进适用的范围，会让使用这门管理技术的人认为该技术只针对人的绩效提升。基于这个原因，越来越多的人倾向于使用不带“人类”一词的绩效改进术语。

绩效改进主体

企业是一个系统，它的生存与繁荣有三个不可或缺的部分，如图 8–1 所示。我们以拉姆勒和布拉奇的企业系统视图为例来说明这三个部分，它们同时也是绩效改进主体的三个层级。

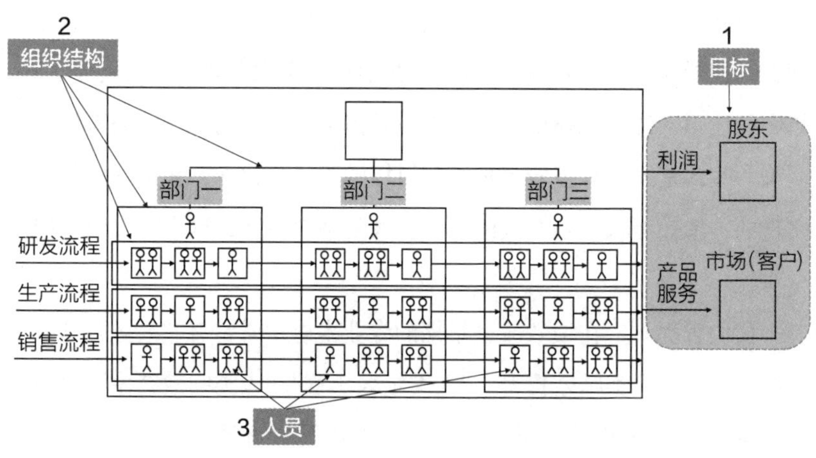

图 8–1 企业系统的三个组成部分

首先向外看，企业是以满足某项或多项市场需求为目的的有机体。外界对企业的需求即企业的目标，这个目标可以是销量、市场份额、市场美誉度、利润、客户满意度等。目标构成了绩效改进主体的第一个层级。

其次向内看，企业是通过纵向的层级架构与横向的业务流程串联起各个职能部门的有机整体。如果把企业看作一个“巨人”，企业中的各部门各自承担一部分机体功能，那么自上而下的层级结构以及部门内外部的业务流程就是这个“巨人”的神经系统与循环系统。组织结构构成了绩效改进主体的第二个层级。

最后往深看，企业最基本的细胞就是员工。这里的员工不仅仅是处于基层的一线员工，也包括中高层管理者。员工构成了绩效改进主体的第三个层级。

那么一个企业能否成功，与绩效改进主体的这三个层级密切相关：

企业成功 = 目标 × 组织能力 × 员工能力

在这里，目标决定了企业的方向，即要做什么以及不要做什么。相比较而言，企业知道并能坚持自己不要做什么比要做什么更为重要。企业目标自上而下的传递与自下而上的实现则需要企业具备组织能力与员工能力（见表 8–1）。

表 8–1　组织能力与员工能力的表现形式

组织能力的表现形式	员工能力的表现形式
■ 组织架构与管理体系 ■ 奖惩机制 ■ 企业文化 ■ 业务流程与工作流程 ■ 工作环境与生产资料 ■ 员工培养体系 ■ ……	■ 价值观 ■ 知识经验 ■ 工作技能 ■ 心理素质 ■ 身体素质 ■ ……

组织能力指的是企业作为一个整体调动、协调、规范、激发身处其中的每一个员工围绕战略目标开展工作的能力。它是各部门与各流程共同发挥作用而形成的合力。组织能力不能被简单地理解为每一位员工能力相加的结果，它不是“1+1+1+……+n”的结果，而是组织集合每个员工个人能力形成的高于员工个人能力加总的能力。组织能力往往通过体系化的方式呈现出来，比如企业文化与制度执行、业务流程与工作流程、组织架构与管理体系、员工培养体系、工作环境与生产资料等，其中既有有形的能力表现形式，也有无形的能力表现形式。

与组织能力不同，员工能力指的是员工将个体所具备的知识、技能、经验等素质转化为开展工作的能力。这包括员工的价值观、工作技能、知识经验、心理素质和身体素质等。

目标、组织能力与员工能力之间是一种逐级向下承接、逐级向上支持的关系（见图 8–2）。

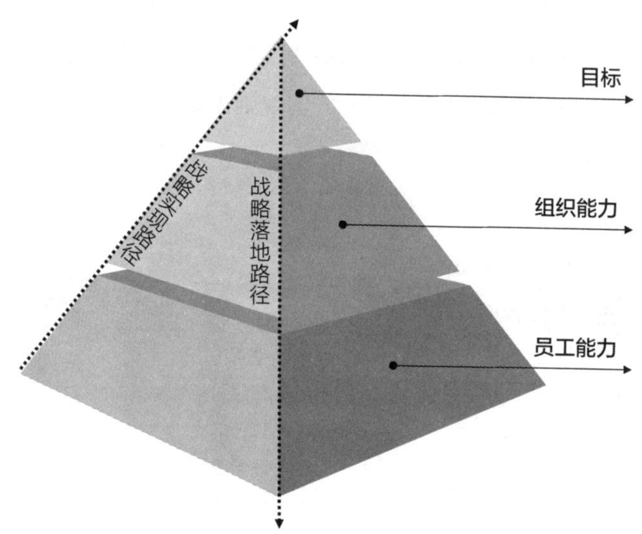

图 8–2　目标、组织能力与员工能力关系图

- 企业与员工共同承担实现企业目标的任务。在企业层面体现为组织能力，在员工层面体现为员工能力。
- 在目标实现的具体过程中，企业作为员工的集合体，首先通过组织能力的形式来承接实现战略目标的任务。只有企业具备相适应的组织能力，目标才能顺利地向下一层级落实。也就是说，企业需要在组织能力层面具备与目标相适应的组织架构与管理体系、企业文化、业务流程与工作流程等。
- 员工作为实现目标的最小分子，是在组织能力健全并与战略目标匹配的情况下，通过发挥个人能力来完成既定工作目标的。

也就是说，目标的实现是不能越过组织能力直接跳到员工能力的。而现实的情况是，管理者为了实现战略目标，往往越过组织能力建设而直接将员工推向了实现目标的“第一线”。例如：

案 例

某医疗集团（以下简称“集团”）的主要客户是全国各省市的主流医院，其中一项主营业务是为医院客户提供金融解决方案。集团根据客户的资金需求及现金流量预测，设计定制化的方案，协助医院将有限的资金进行合理的配置，从而为医院建设与设备更新提供有力的资金支持。一直以来，由于客户的特殊性以及为客户融资的金额巨大，集团基本“半垄断”了这一业务市场，竞争对手极少。

截至 2019 年年底，集团对融资租赁业务并未进行严格的分区域销售管理，而是由 5 个业务团队承担覆盖全国的销售任务。每个业务团队都有 20~40 个人，团队之间竞争激烈，各自为政。由于没有严格划分销售负责区域，各业务团队都可以做全国的业务。基本上，只要谁手中有某地区的客户资源，谁就可以去那里开拓市场；客户资源在哪里，业务团队就去哪里。同时，由业务特殊性造成的“半垄断”状态导致行业竞争对手很少，各业务团队不是在跟竞争对手抢业务，而是在跟其他业务团队抢业务。集团常常会出现为了抢某地区的某个客户，不同业务团队相互竞争的内斗现象。而且，由于各业务团队以客户资源为导向，不愿意花时间去没有客户资源的地方开拓市场，又导致了某些地区销售资源高度集中，其他地区则无人关注的情况。

这种内部竞争的状况不仅存在于客户端，也存在于集团内部。首先，各业务团队在内部会互相争夺资源，甚至出现恶性竞争的情况。例如，通过个人关系或其他手段获取集团内部的资源倾斜政策（比如可给予客户更高优惠的政策）。其次，各业务团队作为一个整体与集团在某些方面存在信息不对称甚至对立的情况。例如，由于各自为政，大量的客户资源掌握在业务团队手中，尤其是骨干成员手中，集团对客户资源的把握度既不够深入也不够广泛。再次，做同样的业务，有些团队做成了，有些团队做不成，除了客户资源因素以外，业务方法与流程上有哪些关键因素是值得借鉴与固化的，业务团队出于个人利益或小团体利益的考虑不愿意分享，组织层面的集团管理者也对此一无所知。最后，一些有意培育市场的战略规划会遭到机会主义者的狙击，从而进一步削弱了集团对于市场的掌控力。例如，某业务团队花了两年时间培育了一个之前无人问津的区域市场，当需求终于出现时，另一个业务团队通过把控人脉资源、让渡部分佣金等不正当竞争手段迅速完成“虎口夺食”，导致前一个团队多年的努力功亏一篑，进一步加剧了集团内部“机会主义”行为的流行。

到 2019 年年底，随着市场越来越规范及竞争对手越来越强大，为了保持市场份额并持续增加市场份额，集团决定改变现状，对现有销售模式进行改革。改革的主要措施就是严格执行分区域销售管理，即重新划分各业务团队的销售区域，并规定不允许跨区抢单，各业务团队以本团队所辖销售区域的销售业绩为基础进行绩效考核。该项举措一经推出，销售团队管理层与各业务团队纷纷表示"压力山大"，主要的问题包含如下几个方面。

第一，销售区域如何划分？这是业务团队最为关心的问题。如果以各业务团队以往的业绩表现来划分，将已经深耕的、有客户基础的市场划为各团队的所辖区域，那么不仅各团队的销售区域存在重叠的现象，而且从集团角度来看，历史产出比较少的"待开发区域"如何分配就成了难题。

第二，对于不熟悉的"待开发区域"，如何开发以及提升成交量？之前的销售资源基本上是各业务团队在熟悉的、有客户资源的地区开发的，不熟悉的、没有客户资源的地区既无人关注，也无人有开发经验。因此，对于如何开发这一类地区的新客户，集团没有可供借鉴的业务流程与操作方法，也未对各业务团队可能存在的最佳实践进行沉淀与整理。

第三，各业务团队能力不一，业绩差距也较大，如何进行能力培养？之前集团对于销售业务员的培训均放手给各业务团队，未形成全面的培养体系。因此，集团对于如何培养业绩较差的团队成员，以及如何快速提升所有业务团队的平均业务水平没有有效的措施。

第四，业绩是否有下滑的风险？这是销售团队管理层最为担心的问题。虽然之前的销售管理模式存在诸多漏洞，但从绩效结果来看，业绩还在持续提升。然而，新的市场环境带来的不确定性与残酷性迫使集团做出改变，向更规范的管理体系靠拢。但按区域进行市场开拓与销售能否保持现有的业绩水平，谁的心里都没底。

我们在这个案例中看到了，在实现企业目标的过程中组织能力与员工能力不对等的情况。换句话说，在销售模式改革之前，集团实现业绩目标的主要原动力来自员工能力。在这里，员工能力体现为业务团队的整体能力：只要哪个团队有客户资源，哪个团队的业绩就优秀；只要哪个团队内部管理得好，哪个团队的整体业务能力就强。不仅客户资源停留在员工能力层面，优秀的、值得推广的业务流程与操作方法也停留在员工能力层面。最后导致的情况是，业务团队单兵作战能力超强，集团组织能力薄弱，权力被架空。

在这种情况下，当集团管理层试图进行战略转型并打破原有的销售模式时，很多问题就暴露出来了。例如，培养体系不健全，业务模式不清楚，集团能够提供给各销售团队（尤其是弱势团队）的支持有限，客户资源没有划归到集团层面，配套的激励机制没有跟上，等等。如果集团只是从员工能力层面入手重新规划销售区域，而没有在组织能力层面进行相关体系建设，改革之路将困难重重。

案例中的这种情况并不是个例。在企业中，组织能力与员工能力失衡最常见的例子是：当一个员工离职时，他在工作岗位上沉淀的工作智慧、总结的工作方法以及掌握的工作资源就一并随着他的离职而流失了。这对于组织来讲是巨大的损失。然而，这又何尝不是组织能力不够健全导致的呢？对于管理者来讲，引导员工发展、提升员工能力固然重要，但发展组织能力、建立组织机制更是不容忽视的重要工作内容。从实现部门、业务单元乃至企业业绩目标的角度来说，业绩目标并不是靠某一个团体、某一个层级就能实现的，而是靠从目标到组织能力、再到员工能力形成的综合绩效主体来实现的（见图 8–3）。

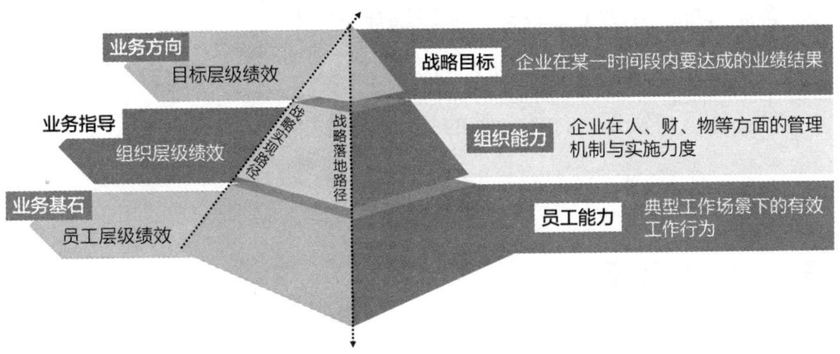

图 8-3 绩效主体的三个层级及其核心内容

- 在目标层级，目标是核心，它指明了业务发展的方向，规定了企业在某一时间段内要达成的绩效结果。
- 在组织层级，组织能力是核心，它反映了在业务朝着既定目标发展过程中企业所需要提供的组织支持，即企业在人、财、物等方面的管理机制与实施力度。
- 在员工层级，员工能力是核心，它奠定了业务基石，具体表现为员工在典型工作业务场景下要实施哪些有效的工作行为才能获得绩效结果。

对管理者而言，管理不同层级的绩效，工作要点大不相同。

- 对于目标层级绩效，管理者的工作重点是分解目标，即对目标进行有效及有意义的分解，将静态的目标转变为动态的、可干预的目标驱动因素。
- 对于组织层级绩效，管理者的工作重点是建设组织能力，即健全或完善企业从上至下的组织结构，从前至后的业务流程和管理流程，以及各部门或业务单位的运营与管理机制，让企业的组织能力适配企业目标，并为员工发挥效能提供合适的平台。

- 对于员工层级绩效，管理者的工作重点是发展员工能力，即让员工具备施展与实现目标相一致的工作行为的能力。

绩效改进路径

套路是指应对某种情况的方式与方法。做事有套路的人，往往在遇到某种情况时会从已经形成的习惯性思维出发，并且条件反射般使用所掌握的方法来应对不确定的局面，这不仅体现在思维方式上，也体现在行为模式上。套路往深了讲，其实也是某种做事规律的体现。例如，当领导要找下属谈话并对他近期的工作表现提出意见时，领导通常会先与下属简单寒暄一番，营造一种轻松的氛围，然后说出本次谈话的目的。接下来，领导会用摆事实的方式明确指出下属工作表现的优缺点，再听听下属对优缺点的回应意见，最后与下属达成一致，明确将来如何在工作中避免缺点和发扬优点。这其实就是一个给予下属反馈意见的套路。

那么绩效改进也有套路吗？让我们先来看一个关于登山的案例。

案　例

如果我问："假设你现在打算去登山，你要做的第一件事情是什么？"有人回答"买登山服"，有人说"买登山器械"，有人认为"得先了解如何到达山脚"……答案有很多。仔细看一下这些答案，我们会发现不论是买登山服还是买登山器械，或是先了解如何到达山脚，都建立在一个前提假设之上，那就是要去登山的人已经知道了自己要登的是哪座山，但我的问题中并没有提及要登的是哪座山。

再想想，如果选择登的山与你想象的不同，是不是会让你的登山准备有所不同？例如，你选择攀登四川的四姑娘山或选择爬北京的香山，会准备同样的登山服装吗？显然是不一样的。又如，如果选择攀登四川的四姑娘山，你现在人在成都或在北京，你会准备同样的交通工具到达山脚吗？答案还是不一样的。所以，思考"如何登山"有三个关键点：

- 我要去登哪座山？
- 我现在在哪里？
- 我要怎么做才能登上山？

"我要去登哪座山"是明确登山的目标。有了登山目标之后，接下来你要看看"我现在在哪里"，也就是明确"我"当前的地理位置，也就是现状。有了目标，也有了现状，你就可以开始思考"我要怎么做才能登上山"了。这时，你就要考虑选择什么样的交通工具去山脚，准备什么样的登山服，需不需要登山工具，是否需要提前进行体能训练，等等。这就是如何解决登山问题的思考套路。

如同登山一样，思考"如何解决绩效问题"有四个关键点，如图 8–4 所示。

- 我们期望达成的理想结果是什么（目标）？
- 我们现在做得怎么样（现状）？
- 我们离理想结果还有多远（差距）？
- 我们要如何做才能缩小差距？

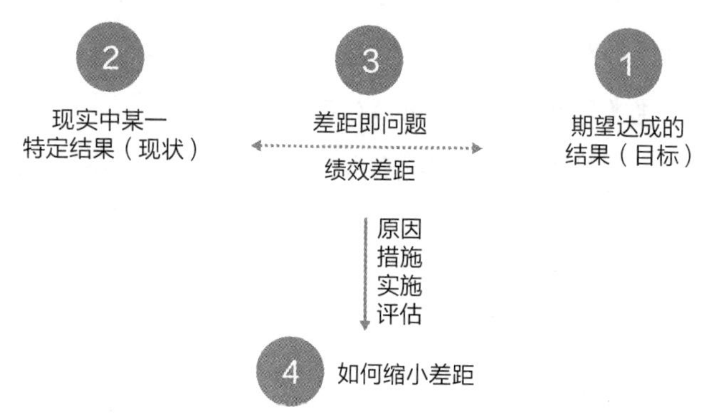

图 8-4 思考“如何解决绩效问题”的关键点

从这四个问题中我们看到，解决绩效问题是一个从分析目标与现状到明确绩效差距，再到缩小绩效差距的过程。这就形成了一张绩效改进路径图。

识别绩效问题

绩效改进始于对绩效问题的识别。什么样的问题是绩效问题？什么样的问题是值得管理者关注并解决的问题？哪些是真正的绩效问题？哪些又是伪问题？以什么为参照来识别绩效问题？这些问题都是在“识别绩效问题”阶段需要回答的。

界定绩效差距

界定绩效差距是明确绩效问题的重要性以及问题解决过程中的工作

重点。差距是目标与现状之间的差距，那么对差距的界定就始于对绩效目标的分析与分解。目标制定的是否合理？目标应该怎么分解及分解到什么程度？影响目标达成的核心影响因素有哪些？这些核心影响因素的实现程度如何？这些是在“界定绩效差距”阶段需要回答的问题。

诊断绩效根因

诊断绩效根因是一个针对绩效差距进行绩效数据收集与分析的过程。在这个过程中，收集什么样的数据？从哪里收集数据？如何收集数据？如何确保绩效数据的有效性与一致性？根据什么样的绩效差距原因诊断框架来组织数据收集与分析的过程？这些都是在“诊断绩效根因”阶段需要回答的问题。

实施改进措施

实施改进措施其实就是在企业中进行一场或大或小的变革。在这场变革中，我们既要关注“事”的部分，也要关注“人”的部分。事的部分指的是绩效干预措施的制定、优化与推行。例如，根据原因分析结果应该制定什么样的干预措施？在人、财、物有限的条件下，哪些措施是优选项？如何将措施推行下去？这些问题都是实施改进措施阶段的“硬性”部分。而人的部分指的是那些与干预措施息息相关的员工，不论是执行者还是被影响者，理解、接受并最终实施干预措施的过程。例如，他们对干预措施会有什么反应？他们需要什么样的支持来接受并实施干预措施？他们在实施改进措施过程中会经历什么样的心路历程？公司要如何做才能让他们适应这样的改变？这些问题是实施改进措施阶段的“软性”部分。但能否恰当地处理这些问题将直接影响到干预措施的落地与效果。

评估改进成果

评估改进成果包含三个主要内容：对结果的评价，对过程的反思以及对成果的固化。虽然评估的对象是当下的绩效改进项目，但其目的是提高将来处理类似绩效改进问题的胜算。对结果的评价是指评估改进的结果是否达成了预期目标，以及绩效改进项目本身是否给企业带来了价值。过程反思是对项目实施过程中的亮点与不足的思考，比如绩效分析过程、绩效分析指标、项目成功的关键因素、相关利益人管理等。成果固化则是对项目产出或成果进行系统化、制度化的固定。

小 结

绩效改进主体有三个层级：目标层、组织层与员工层。在目标层，企业的目标是核心；在组织层，组织能力是核心；在员工层，员工能力是核心。这三层主体构成了企业成功的三个关键要素：

企业成功 = 目标 × 组织能力 × 员工能力

具体来说：

- 目标是企业的发展方向。
- 组织能力是企业作为整体在组织架构、组织流程、组织学习、组织管理等方面具备的能力。
- 员工能力是员工个人或团队将知识、技能及经验等内在素质转化为具体工作行为的能力。

在实现目标的过程中，企业首先以组织能力的形式承接实现战略目标的任务，之后再向下传递到员工，通过发挥个人能力完成既定工作内容。因此，对于管理者而言，不同层级的管理要点大不相同。对于目标层级绩效，管理者的工作重点是对目标进行有意义的分解，找到驱动目标实现的关键因素；对于组织层级绩效，管理者的工作重点是建设组织能力，从组织结构、业务流程、管理流程、激励机制及运营机制等方面搭建组织平台；对于员工层级绩效，管理者的工作重点是发展员工能力，让员工具备施展既定、有效工作行为的能力。

改进绩效有套路，其思考路径是从目标到现状，从差距到解决方法。解决绩效问题有五个步骤：第一，识别绩效问题；第二，界定绩效差距；第三，诊断绩效根因；第四，实施改进措施；第五，评估改进结果。这个路径形成了绩效改进的闭环。

第9章

识别绩效问题

问题的解决始于对问题的识别，这就好比要想射箭就得先找到箭靶。那么，到底哪些才是值得管理者关注并解决的问题？哪些是真正的绩效问题？哪些又是伪问题？以什么为参照来识别绩效问题？这些都是在“识别绩效问题”阶段需要回答的问题。

什么是绩效问题

在企业经营中，管理与领导两个词经常通用。同样，管理者与领导者两个词也常常互用。然而，事实上，研究领导力的学者对“什么是管理”、“什么是领导”、“管理者干什么”以及“领导者干什么”的定义是不一样的。虽然关于管理者与领导者的讨论不是本书的重点，但厘清管理者干什么与领导者干什么是进一步讨论在企业中如何解决绩效问题的前提。

陈春花教授曾特别阐述过管理者与领导者之间的差别（见表9–1）。

她认为领导者首先需要承担的责任是保障组织有明确的发展方向（战略目标）。同时，领导者要在明确方向的前提下组建合适的、能够支持企业实现战略目标的团队，并随着不断变化的外部环境调整方向、优化团队。而管理者需要且只需要对绩效负责，主要做以下三件事情：解决企业在达成战略目标过程中所遇到的问题，保持团队稳定，确保企业的规章制度等得到贯彻与执行。

表 9-1 领导者与管理者的差异[①]

领导者	管理者
订立方向 构建团队 促进变革	解决问题 保持稳定 按章行事

由此可见，解决问题是管理者日常工作中最为核心的一项职责。只有面对企业经营现实，识别、分析并解决了绩效问题，管理者才真正履行了最本质的职责。

在与管理者交流的过程中，不少人常常向我们抱怨让他们感到头痛的问题实在是太多了。例如：

- “我们公司是集团新成立的子公司，而子公司的业务聚焦的是新兴市场，之前集团的人才储备中没有这些专业人才。所以，在从集团调派过来一些‘老人’之后，我们公司大部分的中、高层管理者都是从其他公司挖过来的。但是，这些人对我们公司的文化和价值观不太认可，很难融入进来，导致我们对很多问题的看法不一致，工作

① 陈春花．管理的常识：让管理发挥绩效的 7 个基本概念 [M]. 北京：机械工业出版社，2016.

推进很慢。”

- “今年总行对营业网点结构提出了改造要求，同时加大了销售任务。但网点现在面临的情况很严峻，主要表现为：营销人员工作积极性很差，没有主动营销意识；外拓队伍的人员水平参差不齐；在产品定位上贪大求全；营业网点厅堂里的服务人员呆板松散，等等。”
- “今年集团要求我们推进已有住宅物业项目的多元化收入的增长。我们之前一直在做物业服务，对怎么管理住宅小区已经积累了很多的经验，但现在要对小区需求进行深度经营开发，我们团队自身的经营能力不强，没有市场拓展的经验。这是我们目前最大的问题。”
- ……

诚然，管理者日常面临的问题五花八门，有的是业绩目标不达标，有的是市场环境不好，有的是员工主动性不强，有的是团队能力不足。但是，仔细观察一下管理者描述的问题，我们可以发现两个特点。第一，对问题的描述很笼统。在描述问题时，管理者常用的是“不够”“不足”“形式严峻”“问题很大”等模糊且定义不清楚的语言。比如，营销意识指的是什么，有哪些表现；不足是跟什么标准相比而显得不足，参差不齐的参照线在哪里。管理者总是用形容词、副词等来说明问题，说来说去也说不到点子上。语言缺乏精准性体现的是管理缺乏精细度。第二，说的不是问题，而是原因。仔细研究管理者描述的问题，你会发现他们根本就不是在说问题，而是在说原因，尤其是他人的、客观的、“我”力所不能及的原因。比如，工作推进很慢是因为价值观不统一，销售任务完成不了是因为营销人员的主动性不强，多元化收入不能增加是因为团队没有市场开拓的经验，等等。其中也有管理者在描述问题的时候说的是应该要采取的措施，但更多管理者都是在说原因。

如果这些都不是问题，那真正的绩效问题是什么？解决问题的首要条件是能够识别出真正的问题，什么才是管理者需要关注的真正的绩效问题？我们先来看一个案例。

案　例

国际石油公司（化名）是全球五大石油公司之一，它在美国拥有三个调度中心。其中，中央调度中心位于加利福尼亚州的洛杉矶市，有11名调度员与1名配送主管。调度员负责为那些无法使用“自助油品下单系统”的加油站提供信息支持。这些加油站通过电话向调度员下单，调度员则根据电话沟通的油气产品规格与配送时间段要求，制订配送计划并向油品配送中心下单。配送司机在接到订单后，规划配送路线并装载符合各加油站油品混合规格要求的产品，逐一配送至各加油站。

中央调度中心全年营业、24小时无休，所有调度员实行三班轮换。在高峰时期，每班调度人员要处理来自加油站或配送司机的约600通电话，约合10通电话／小时／人。在所有的来电中，加油站的电话占60%，多为咨询信息或者要求变更订单；另外40%的电话则来自配送司机，寻求一些建议或帮助。

因为加油站是24小时营业，所以油气产品的配送时间分为四个时段，调度员须尽力在加油站要求的特定时间段内安排配送。出于安全考虑以及经济预防措施的强制要求，每次配送到加油站的油品必须全部卸载。如果无法全部卸载，配送司机则必须将所有油品悉数运回油品配送中心，之后按照当日的配送日程表重新调整油品规格，准备为下一个加油站配送。当这种情况发生时，那些日销量较大或者油箱承载量太小的加油站就很有可能在下一次安排配送之前耗尽汽油。

中央调度中心新上任的调度经理发现，近期配送司机运送出去的油品被悉数运回的次数明显增加，同时来自加油站的客户抱怨次数也呈显著上升的态势。不仅如此，调度员在工作中也出现了这样或那样的问题，比如：

- 缺乏团队合作精神；
- 缺勤率高；
- 有时会在电话中对加油站客户发脾气；
- 在油品运出之前不会确认订单；
- 不能很好地解决客户提出的问题；
- 对待加油站客户没有礼貌。

在前文中，我们对绩效进行了定义，强调绩效首先是结果。在企业中，绩效是与企业经营结果相关的表现，是战略目标落实到企业或部门的 KPI。调度中心是国际石油公司的配送部门，也是售后服务部门，对它的业绩考核有四个方面：一是油品配送的准确性，即配送的油品要符合客户的要求；二是油品配送的时效性，即配送的油品要在客户规定的时间内送达；三是油品配送的成功率，即配送的油品既符合客户的要求又在规定时间内送达；四是客户的满意度。从这四个方面来看，目前调度中心出现的问题中只有前两项是国际石油公司落实到调度中心的 KPI 业绩指标，同时是调度中心作为配送、服务部门必须要达到而未达到的绩效结果。因此，这是调度中心出现的部门层面的绩效问题。

其次，绩效是工作行为，是员工个人或团队在实现企业整体绩效结果过程中对关键工作行为或工作事项的履行状况，也是可以量化的指标。在上述案例中，调度员缺勤率高是员工层面表现出来的绩效问题。而调度员表现出来的其他行为或状态，有些可能是导致以上部门层面或员工层面绩效问题的原因，有些可能是这些问题的表现，还有一些则可能只是经理的“感觉”。表 9–2 对这些问题进行了分类分析。

表 9–2 调度中心问题描述归类

问题描述	类 别
■ 配送出去的油品被原封不动退回来的次数上升 ■ 客户抱怨次数上升	组织（部门）层面绩效问题
■ 调度员的缺勤率高	员工层面绩效问题
■ 调度员缺乏团队合作精神	现象
■ 调度员没有遵守工作流程，在油品运出之前不会确认订单 ■ 调度员在接待客户时，会发脾气或者不礼貌，同时不能很好地解决客户提出的问题	（造成客户抱怨上升可能的）原因

因此，真正的绩效问题是什么？偏离企业经营结果要求的问题才是真正的绩效问题。换句话说，在企业经营表现上，现实状况与既定目标产生的差距就是真正的绩效问题。这也是管理者真正需要关注并解决的问题。

真问题与伪问题

在实际管理工作中，真问题往往与伪问题混杂在一起。所谓伪问题，指的是管理者在描述时以罗列症状、对原因进行主观分析或不经过分析直接给出措施和建议等为主要形式的问题。因此，将问题与症状、原因、措施等概念区分开来，是管理者需要具备的基本能力。首先，症状是一种现象，是问题产生后我们可以观察到的表象。这就好比同是发烧，有可能是流行性感冒引起的，也有可能是急性肺炎引起的，还有可能是其他疾病引起的。发烧只是现象，现象并不代表疾病本身，也不代表问题本身。其次，问题是目标与现状之间的差距。这一点我们在前文已经说明了。那么，差距是可以通过测量由数据来体现的。打个比方，当我们感冒去医院看病的时候，医生通常会开一张血常规化验单。拿到化验结果后，医生会查看几个关键指标的数值（如白细胞计数等），通过将这几个关键指标的化验数值与标准数值进行对比，确认是什么类型的感冒以及病情的严重程度，这个过程就是在找差距，并且是用客观的数据来说明差距的存在以及差距的大小。再次，原因是导致差距的可测量因素。导致绩效差距的原因是多方面的，也是多层次的。在分析原因时，不仅要关注客观的、外部的原因，还要更多地关注主观的、内部的原因。最后，措施是针对找到的原因采取的方法与手段。

在如何对待症状、问题、原因与措施等方面，我们发现管理者有一些“有趣”的表现。其一，将症状当作问题，“见风就是雨”说的就是这种倾向。其二，在描述问题时常常说的是主观感受，用“我觉得”三个字开始陈述问题非常普遍，更谈不上说用客观的数据来证明或说明差距。其三，对原因的分析常常落到客观原因，比如大环境不好，竞争对手太强，政府管控很严格等。如果硬要从主观上找原因，原因又都是别人的而不是自己的。其四，直接对症状采取措施，出现这种情况往往是由于管理者过于依赖之前的管理经验，看到了相似的问题症状，马上就把之前奏效的那一套拿出来，照本宣科。

有一位管理者就曾经跟我们说过自己的一段经历。这位管理者之前是公司负责 PC（个人计算机）销售的负责人，基于多年的工作经验将 PC 销售业务做得非常好。正因为有了如此好的业绩表现，公司将他派到了手机销售业务部门。当时，手机销售业务处于业绩下滑的状态。这位管理者“新官上任三把火”，直接将之前在 PC 销售业务领域的“最佳实践”照搬到手机业务领域，结果却收效甚微。后来，他经过自我反省认识到，虽然 PC 销售与手机销售都是销售业务，但商品不一样，面向的人群与销售的场景都发生了改变，销售逻辑与管理流程自然也就不一样。要想提升手机的销量，缩短目标与现实之间的销量差距，管理者还是需要厘清问题并找到原因之后对症下药。这位管理者的经历不是个例。

一项措施对某个绩效问题有没有效果是有一定边界的。这个边界就是由我们常说的“天时”与“地利”构成的（见图 9–1）。天时指的是问题发生的时间，而地利就是问题发生的空间。当一项措施解决了过去的某一个问题时，它就是在当时特定的天时与地利边界中适用的最佳实践（以往的最佳实践有效区域）。而随着天时与地利的改变，适用边界也在变化（扩展的干预措施适用范围）。因此，老的办法不一定能解决新的问题，新的问题需要在新的边界里面寻找答案。

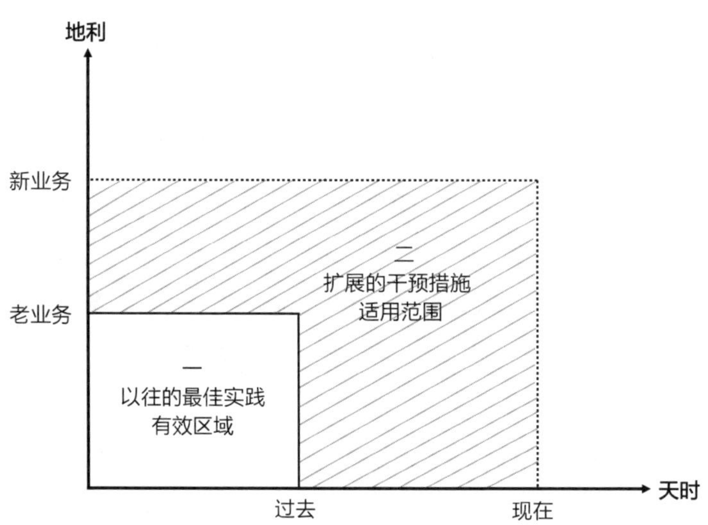

图 9–1 绩效问题措施的适用边界

绩效问题定义公式

《现代汉语词典》对“问题”一词的定义主要有两种：第一，问题是要求回答或解答的题目，这时问题等同于英文中的“question”一词，比如学生考试时需要在试卷上回答的题目；第二，问题是需要研究讨论并加以解决的矛盾、疑难，这时问题等同于英文中的“problem”。“problem”来源于希腊语中由前缀 pro-（向前）和动词 ballein（投掷）组成的复合动词 proballein（向前投掷）派生的 problema。那么，“problem”的字面意思就是“被向前投掷的东西”，理解为现实（是什么）和理想（应该是什么）之间相差的结果，而且需要现在或将来采取行动。

综合所述，我们可以对绩效问题下一个公式性的定义（见图 9–2）。

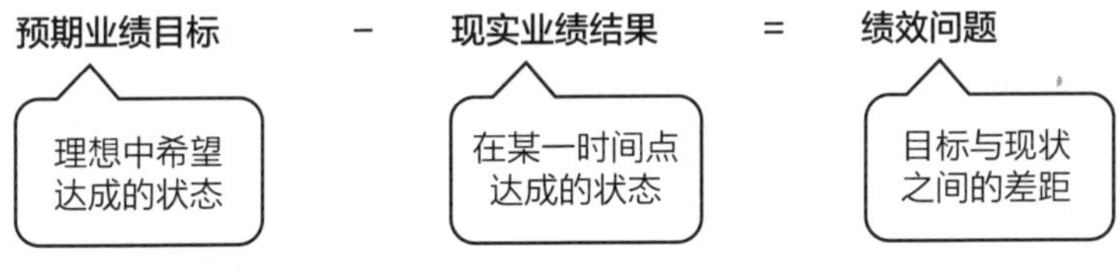

图 9–2 绩效问题定义公式

从以上公式中，我们可以归纳出绩效问题的三个特征。

- 绩效问题是现实业绩状态与理想业绩状态之间的差距。
- 有差距才有问题，没有差距就没有问题。
- 差距是可量化的。

从差距的角度来定义，企业中的绩效问题有两种表现形式。第一类绩效问题是绩效现状与基准目标值之间的差距。在这一类问题中，基准目标值是企业基于历史数据或行业平均水平而设定的目标，也就是企业维持正常运营需要达到的基本业绩要求，而现实的绩效状态低于该业绩要求。这类问题也被称为“已发生型绩效问题”（见图 9–3）。在企业中，这类问题最为常见，比如当季销售额下降，客户投诉率上升，产品研发进度落后于计划，生产流程时长超过行业标准，等等。解决这一类问题的目标是将绩效现状拉回至基准线或之上。

第二类绩效问题是绩效现状与高于基准线的目标值之间的差距。从严格意义上来说，企业当前的运营状况并没有出现重大的问题，而是企业基于自身发展的需求提出了更高的、超过历史正常水平或高于行业平均水平的绩效目标；或者是企业进入一项全新的业务领域而制定的新的发展目标。因此，此类绩效问题并不是我们通常意义上讲的问题，而是企业朝着未来更高目标发展而设定的新的业绩要求，所以也被称为“超越型绩效问题”（见图 9–4）。

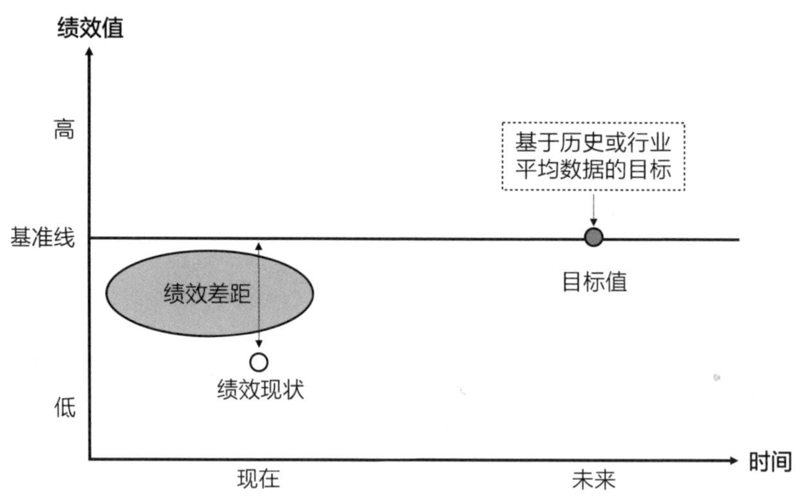

图 9–3 已发生型绩效问题

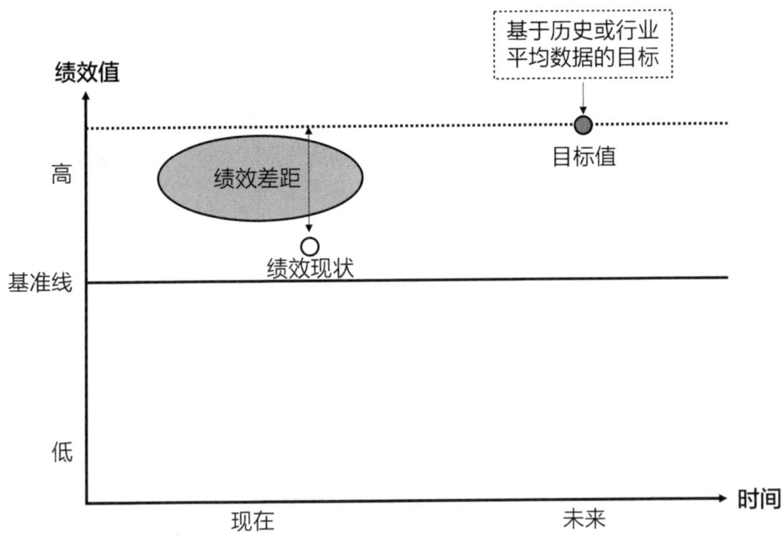

图 9-4 超越型绩效问题

管理者在解决这两种绩效问题时的侧重点是不一样的。对于已发生型绩效问题，改进的重点是“诊断”。就像医生给病人看病一样，管理者通过诊断分析找到导致问题产生的主要原因，然后对症下药，消除病因，将绩效水平拉回到基准值。对于超越型绩效问题，改进的重点是“规划”。这就好比是中医养生，注重的是调整机体的整体性能。管理者需围绕新的绩效要求对组织能力与员工能力进行重新构建，找到达成新业绩目标的驱动因子，从而实现超越式发展。

资料夹

绩效改进在企业中的适用情境

绩效改进只是解决绩效问题吗？其实不然。在《人类绩效技术手册》一书中，潘兴教授曾总结过绩效改进作为一门技术在企业中的三种适用情境：解决绩效问题、提升当前的绩效水平以及实现未来的绩效要求。

表 9-3　绩效改进适用的三个情境

解决绩效问题	提升当前的绩效水平	实现未来的绩效要求
■ 库存积压 ■ 客户投诉 ■ 交付延迟 ■ 员工旷工 ■ 员工流失率高 ■ 机器停产时间增加 ■ 产品质量不达标 ■ 生产安全事故 ■ 员工身心健康问题	■ 降低成本 ■ 增加产出 ■ 提升投资回报率 ■ 提升企业文化或工作氛围 ■ 改进流程 ■ 降低单位成本 ■ 缩短交付周期	■ 进入新的业务领域 ■ 收购竞争对手 ■ 进入新的市场 ■ 扩大客户规模 ■ 延长生产线 ■ 企业合并

第一种情境，解决绩效问题。这是绩效改进适用最多、大家认知最深的一种情况。这种情况往往是指某一企业或组织遇到了导致其运营处于同行业平均水平之下的亟待解决的绩效问题，比如，企业生产能力非周期性、非行业性的骤降，员工频繁跳槽而导致的员工队伍的不稳定，生产线上员工操作不当而导致的生产安全问题，售后服务人员被投诉率的激增，销售人员业务量的急剧下降，等等。当这种情况发生的时候，我们需要分析导致绩效下降的原因，并针对原因设计不同的干预措施加以实施，以期解决企业所面临的绩效问题。需要指出的是，在实际的操作中，导致绩效下降的原因往往是多层次的，因此绩效改进的干预措施也往往不是单一性的，而是多个干预措施共同作用的结果。

第二种情境，提升当前的绩效水平。这通常是指企业在运营过程中处于正常的状态，并没有亟待解决的重大绩效问题。但对处于行业领导者地位或致力于成为领导者的企业来说，要保持领先的地位或赶超同行，管理者则必须以高于行业的标准来指导本企业的运营与发展。这是企业或组织不断自我提高的一种要求。在这种情况下，绩效改进的介入可以帮助企业或组织明确什么是高于行业平均水平的标准，并将这个标准具体化为可用个人、团队及组织绩效来衡量的、可实现的目标，然后根据这些目标设计和实施干预措施，以达到预期的结果。

第三种情境，实现未来的绩效要求。这种情况是最具挑战性的。因为在这里，我们面临的并非一个具体的、能够清楚表述的绩效问题或绩效改进的要求，而是对未来将要发生的绩效表现的一种预测。因这种预测隐含未来的不确定性，一些既定的绩效改进方法（比如定义预期的绩效结果）操作起来就有很大的难度。在这种情况下，管理者需要用到的绩效定义和绩效分析的技能与前两种情况相比，将有很大的差别。

以上的三种情境正好体现了绩效改进中“改进”二字的内涵。

改即改变，改变不良的绩效状态，使之达到理想的绩效状态。也就是说，当组织出现绩效问题时，比如预期销售业绩目标没有达成，员工离职率超出行业标准，安全事故频发等。管理者可以应用绩效改进工具来分析究竟是企业运营中的哪些环节出现了偏差。在找到绩效根因之后，管理者再设计绩效干预措施，解决当前的绩效问题。

进即更上层楼，也就是让企业的绩效结果越来越好。在这种情况下，企业当下的运营与管理并没有出现大的问题，但企业的外部环境发生了变化：经营环境发生了变化，行业趋势随着新技术的出现也发生了改变，国家政策的开放让更多的竞争者进入了同一阵地而使得竞争日趋白热化。这时，管理者通过运用绩效改进工具从“修炼内功”做起，将企业运营中的资源、工具、反馈、流程、薪酬、激励等环节进行优化组合，使之成为互相支持的整体，从而让企业内部的管理更加合理，更有利于员工发挥潜能；企业由“向内而生”最终达到“向外扩展”，在竞争之中立于不败之地。

小 结

识别问题是解决问题的开始。在管理实践中，管理者面临的问题五花八门，而这些问题中有些是真正的绩效问题，有些则是披着“问题”外衣的伪问题。真正的绩效问题，与企业经营结果相关，是战略目标落实到企业或部门的 KPI。因此，绩效问题首先表现为企业层面的实际经营结果与期望业绩目标之间的差距；其次，绩效问题表现为员工层面的实际工作行为与期望工作行为之间的差距。不管是企业层面的绩效问题还是员工层面的绩效问题，都是可以量化的绩效差距。因此，差距是定义绩效问题的关键。

差距是现状与目标之间的差距。目标不一样，绩效问题的表现形式也不一样。企业中的绩效问题有两种表现形式。当目标设定在维持企业正常运营需要的基准线时，现状偏离目标就导致了第一类绩效问题：已发生型绩效问题。这时，现实的绩效状况没有达到基准值的要求，解决问题的目标是将绩效现状拉回至基准线或之上。当目标设定在高于企业正常运营需要的基准线时，当下企业的经营状况并未出现重大失误，企业遇到的也并非通常意义上的“问题”，而是为了实现更高的绩效要求，这一类问题被称为超越型绩效问题。

不论是什么类型的问题，识别和改进绩效问题都是为了更好地量化和缩短现状与目标之间的差距。

第10章

界定绩效差距

根据绩效问题定义公式，我们知道问题是目标与现状之间的差距：有差距就有问题，没有差距就没有问题。绩效改进路径中的第二步“界定绩效差距”无疑是要从目标入手，因为只有明确了目标，我们对现状的判断才有参照物，才能得出差距。然而，界定差距虽然是从工作目标入手，但其根本目的却不是工作目标，而是工作重点。

拉姆·查兰（Ram Charan）在其著作《高潜》中对工作目标与工作重点的区别做过如下阐述：

> ……需要特别提醒的是，工作目标与工作重点并不是一回事。在我看来，工作目标是你希望达成的绩效结果。工作目标有时是你自己定的，有时是别人为你定的…… 工作重点是达成目标的路径和步骤。为了达成目标，要做以及能做的事很多，你要结合企业内外部的情况，综合分析，判断什么事是最重要的。

在界定绩效差距的过程中，我们的目的是通过对目标的分析与分解，找到对目标的实现具有决定性作用的因素，并让它成为绩效改进的工作重点。古希腊哲学家阿基米德曾经说过："给我一个支点和一根足够长的杠杆，我可以撬起整个地球。"所谓支点，就是能够让投入产生最大价值效应的那个点。如果我们把管理者计划采取的绩效改进措施看作"绩效杠杆"的话，那么解决绩效问题的关键就是找到对目标达成起关键作用的那些绩效支点。管理者只有在这些支点上实施干预措施，才能实现以最小行为投入获得最大绩效价值的干预效果，进而获得事半功倍而不是事倍功半的改进结果。

在界定绩效差距的过程中，管理者需要回答以下问题：

- 目标制定得是否合理？
- 目标应该怎么分解，分解到什么程度？
- 影响目标达成的核心因素有哪些？
- 这些核心影响因素的实现程度如何？

从目标入手

界定绩效差距是从界定业绩目标开始的。关于目标，有两个经常困扰管理者的问题：

- 目标是否合理？这不仅是管理者会问的问题，更是执行这些目标的具体员工常常会问的问题。在实际工作中，我们常常听到人们在分析绩效不达标的原因时提到"目标定得太高了""目标不合理"之类的理由。
- 目标该怎么分解？管理者都会分解目标——将部门目标分解为各业

务团队目标，将团队目标再分解为个人目标。但目标分解到这个层面是否就可以了呢？怎么做才能切实保障绩效目标达成呢？这些也是困扰管理者的问题。

目标是人们希望事情达到的理想状态。在每年的年底或年初，各家公司都要开始制定新一年的业绩目标。那么，业绩目标从哪里来？如何制定较为合理的业绩目标？通常来讲，制定业绩目标的方式有四种：参考历史数据、参考行业数据、参考直接竞争对手数据或者数据建模。

- 参考历史数据是指以本企业上一年度的业绩数据为基准线，在此基础上增加一定的百分比而形成本年度的业绩目标。
- 参考行业数据是指以本行业的平均业绩表现或业绩表现的上、下区间值为参照，再结合本企业的实际情况而形成本年度的业绩目标。
- 参考直接竞争对手数据是指以直接竞争对手的业绩表现为基准线，制定相当于或高于竞争对手的本年度业绩目标。
- 数据建模是指以影响业绩表现的客观因素为变量因子形成数据模型，预判某一时间段内的趋势与走向，从而制定目标。

下面，我就以一个案例来说明这四种方式的差异。

案例

1994 年，中国体育彩票（以下简称“体彩”）在中国正式发行，发行机构每年都会对当年的销售总额进行整体规划，并将其下发到各个省、直辖市及自治区，由它们完成每年的销量目标。那么，每年全国体彩销量目标以及各省、直辖市及自治区的体彩销量目标应该如何制定呢？发行机构至少可以从四个方面入手。

参考历史数据。以前一年全国体彩销售总额以及各省、直辖市及自治区的体彩销售总额数据为基础，增加合理的百分点，从而得到当年的销量目标。这种方式是跟自身相比：各地如果想要挑战一下自己，那么可以将增长百分点调高一些；如果想按部就班，那么可以基于往年的平均增长百分点进行调整。

参考行业数据。参考彩票行业的年均销量以及年均销量增长率。由于中国的彩票行业起步较晚，相关的数据不多，发行机构可以参考国外彩票行业的相关数据。需要注意的是，这样的数据是否适合中国彩票行业的特征是一个有待商榷的问题，但这至少是一个切入点。

参考直接竞争对手数据。在中国彩票行业，福利彩票（以下简称“福彩”）是体彩的主要竞争对手，它的年均销量以及年均销量增长率的相关数据对于体彩来说是非常有价值的。首先，福彩的年度销量体现了彩票客户群体人数这一基本数据；其次，除了自然增长因素之外，福彩的年度销量增幅体现的是彩票市场的空间以及彩民群体的扩张速度。以福彩的数据为参考，从体彩与福彩的年度销量比值差距中，我们可以相对客观地得到体彩年度销量目标的范围。但是，如果想得到更为准确的体彩销量预测数据（销量目标），则需要从第四种方式入手。

数据建模。第三种方式虽然可行，但准确性不高。这是因为福彩与体彩在产品上有着非常大的差异，两者的客户群体也并非完全重合。基于产品的特殊性，体彩的大量潜在客户是体育爱好者（如足球、篮球爱好者），而福彩的目标客户并不指向这一群体。要想建立体彩销量预测模型，有几个因素必然要在模型中体现。以一个省的年度销量预测为例，这几个因素包括该省年均GDP（国内生产总值）、个人年均收入、常住人口数、彩民人数、体育爱好者人数等，管理者通过这些因素在模型中的变化幅度来预测下一年度的销售总额。这种方式相较于以上三种方式是最为科学、最为精确的，也最耗费时间与精力。但从长远来看，这样的工作是非常值得的，它可以大大减少“拍脑袋做决定”的情况。

不难看出，从参考历史数据到数据建模是一个由易到难的过程，也关乎目标的合理性。参考历史数据是一个跟自身相比的过程，也是大多数管理者在制定本部门乃至企业目标时常常采用的方式。数据建模则是基于市场容量的目标制定方法，是将自己与市场做比较的过程。采用哪种方式制定目标取决于企业管理的科学程度：当对企业历史表现数据有较深入的分析，以及对市场表现数据有较全面的掌握时，目标制定的过程将趋于科学，目标则趋向合理。

目标分解的目的

有了目标，接下来是对目标进行分析，进而分解。通常来讲，业绩目标来自企业战略分解，即从公司层面提出总的业绩目标，分解到各部门或业务单元，再分解到各科室或作战单位，最后分解到个人。从本质上讲，这是一个将目标“由大到小”进行拆分的过程，是管理者的一门基础必修课。如果这个过程都完不成的话，那么管理者是不及格的。但从绩效改进的角度来看，对目标的分解不能止步于此。

对于管理者而言，目标分解的目的有两个：可管理的与可实现的。所谓可管理的，是从管理者自身角度出发的。也就是说，当目标分解完后，对于目标由谁来完成、完成多少以及完成的进度，管理者就有了一个全盘的视角，并依据分解后的目标进行追踪、监督、评价与奖惩，从而对目标实现的阶段情况与总体情况做到心中有数。上述提到的企业每年进行的目标分解基本上就属于这个范畴。所谓可实现的，是从目标本身角度出发的。也就是说，目标能否实现究竟与哪些因素相关，它们之间是什么样的关系，管理者应该把人、财、物等资源放在哪些关键因素上，才能事半功倍地达成目标。在这里，与目标实现相关的因素并不是指员工有没有努力、市场环境好不好、竞争对手强不强等，而是指把一件事情做好的内在客观规律——不管是谁来做，在什么时候做，在什么市场环境下做，只管做好这件事情本身的内在规律。

基于可管理的与可实现的两个目的，管理者在目标分解过程中需找到两类对应的指标。要实现可管理的目的，管理者需将目标落实到结果指标上；要实现可实现的目的，管理者则需将目标落实到过程指标上。

结果指标与总量性分解

结果指标是在一定周期内对绩效目标是否完成以及完成程度的反映。例如，2020 年 1 月至 12 月，某化工企业全年高端化工产品在某类特定市场的销量目标是 2 500 万吨。“2 500 万吨”既是业绩目标，也是以一年为周期的结果指标。当一年结束时，企业将以“2 500 万吨”的标准来评估当年的销量目标完成情况。通常来讲，以年为单位来追踪目标，周期太长，时效性太差。因此，绩效目标会以时间轴为基础进行进一步的细分。以“销量目标 2 500 万吨”为例，2 500 万吨的销量总值可以按照季度进行拆分，比如第一季度 500 万吨，第二季度 700 万吨，第三季度 800 万吨，第四季度 500 万吨。如果工作做得再仔细一点，管理者可将每季度的销量目标以月为单位进行拆分，或者再拆分到每一周；又或者，按时间分解之后再把目标分解至销售人员，量化成每个人每月、每季度以及每年的销量目标。不管是按照时间进程来分解还是按照人头来分解，或者是按照“时间进程 + 人头”来分解，这种对目标进行分解的方式都好比是把一个完整的大西瓜切成两大半，再把两大半切成八小块，直至所有人都有份为止。我们将这种目标分解方式称为总量性分解。

总量性分解是对绩效目标在数量上、程度上或时间进程上进行递减式分解，其目的是阶段性地反映期望达成的工作结果。对目标进行总量性分解可以让管理者得到结果指标。通过总量性分解，管理者最终得到一张自上而下、由大变小、人人有份的目标分解表（见表 10–1）。

表 10–1　某公司 2020 年度重点区域 A 产品销量与利润目标分解表

月份	广东		浙江		青海	
	年度销量（吨）	利润分解量（万元）	年度销量（吨）	利润分解量（万元）	年度销量（吨）	利润分解量（万元）
总计	56 000	170	60 000	181	14 000	37
1 月	1 500	5	500	2	300	1
2 月	1 500	5	1 000	3	600	2
3 月	3 000	9	2 000	6	800	2
4 月	3 000	9	3 000	9	1 300	3
5 月	4 000	12	3 000	9	1 300	3
6 月	5 000	15	4 000	12	1 800	5
7 月	6 000	18	5 000	15	1 800	5
8 月	6 500	20	6 000	18	2 100	5
9 月	6 500	20	8 000	24	1 500	4
10 月	7 000	21	9 000	27	1 100	3
11 月	6 000	18	10 000	30	800	2
12 月	6 000	18	8 500	26	600	2

总量性分解是每一位管理者的基础必修课，即必须要做的基础工作，却不是对目标进行分解的全部工作。这与结果指标的性质有关。结果指标也被称为“滞后性指标”（lagging indicator），是对既定事实的反映：你看到的结果是什么就是什么，你无法对其施加影响，更别说将其改变了。企业管理中有很多业绩指标都是滞后性指标，比如销量、市场占有率、客户满意度、利润等。无论是以“年”为单位还是以“季度”为单位，甚至以“周”为单位，管理者在拿到反映经营结果的指标数值时，都可以知道在已经过去的时间周期内工作做得好不好、经营结果理不理想，但它并不能告诉管理者究竟是哪里做得好、哪里做得不好，并且管理者对这个结果只能接受，无法改变。

过程指标与结构性分解

与结果指标不同，过程指标是与目标有着内在逻辑关系，并对目标最终能否达成起到正、负向直接影响作用的可干预性因素。这个定义听起来非常拗口，让我们以减肥为例来进行说明。减肥的人都非常关心一个指标，那就是“体重”，即每天、每周、每月、每年通过体重秤得到的数据。当正在减肥的人获得体重这一数据时，之前做的所有关于减肥的动作就已经结束，不管之前是吃多了还是运动少了，体重都只是一个最终结果——这就是我们所说的结果指标。如果减肥的人只关心“体重”这个结果性指标，那最可能出现的情况是体重秤上的数据只上升不下降。那么，与体重有着内在逻辑关系且能影响体重的可干预性因素有哪些呢？体重与摄入热量和消耗热量这两个因素密切相关，三者之间存在如下的逻辑关系：

体重 = 摄入热量 − 消耗热量

简单地说，当摄入热量大于消耗热量时，体重呈上升趋势；当消耗热量大于摄入热量时，体重呈下降趋势。换句话说，吃得少、动得多，体重自然会呈现下降趋势。那么，我们就应该将控制“体重”这一单一结果性指标转换成通过干预摄入热量与消耗热量两个过程性指标来达到减轻体重的目的。也就是说，只要正在减肥的人确保自己每天摄入的总热量少于每天通过运动或其他方式消耗的总热量，体重下降就是水到渠成的事情。因此，摄入热量与消耗热量就是达成体重目标的过程性指标。

再以“2020 年 1 月至 12 月，某化工企业全年高端化工产品在某类特定市场的销售目标是 2 500 万吨”为例进行分析。“2 500 万吨”既是该企业 2020 年的绩效目标，也是以一年为周期的结果指标。那么，与销量有着内在逻辑关系且能够影响销量的可干预性因素有哪些呢？客户数量是其中一个关键的可干预性因素。按照通常的逻辑，客户数量与销量存在正相关的关系：客户数量多，销量则会呈现上升的趋势；客户数量少，销量则会呈现下降的趋势。同理，客户平均采购量也与销量存在正相关的关系：客户平均采购量大，销量就会呈现上升趋势；客户平均采购量小，销量则会呈现下降趋势。因此，对于如何把控销量目标的达成，管理者可以将“销量”这一单一结果性指标转换成通过干预“客户数量”和“客户平均采购量”两个过程性指标来达到 2 500 万吨的销量总目标。这三者也可以形成以下的关系公式：

销量 = 客户数量 × 客户平均采购量

如果对这个公式进行进一步的分析，我们就可以找到更多影响最终目标达成的可干预性因素。因此，过程指标又被称为“预测性指标”

（predictive indicator）。在学术研究中，“预测性”指的是两个变量之间存在必然的内在关系，当其中一个变量发生变化时，另一个变量必然随之发生变化，从而出现两个变量“此消彼长”或“共同进退”的现象。因此，过程指标的升与降、大与小可以预测最终目标是否能够完成以及完成的程度，而具有预测性的过程指标则是通过结构性分解得到的。结构性分解是对影响绩效目标达成的关键因素进行内在逻辑关系上的分解，其目的是在目标实现过程中找到可以提前干预的因素，从而确保目标最后的达成。对绩效目标进行结构性分解，找到具有预测性的过程指标是管理者非常重要的一项技能与工作。通过结构性分解，管理者把结果这一个抓手变成了多个抓手，并且由于过程指标的预测性，管理者可以提前对结果进行干预，通过有效的管理动作来确保目标的最终实现。

对于管理者来说，结果指标与过程指标同等重要，两者并不是相互替代的关系。同时，管理者也需要知道它们之间的区别（见表 10–2）。

表 10–2　结果指标与过程指标的区别

项　目	结果指标	过程指标
定义	在一定周期内对业绩目标是否完成以及完成程度的反映	与业绩目标有着内在逻辑关系，并对目标最终能否达成起到正、负向直接影响作用的可干预性因素
目的	可管理的	可实现的
特征	滞后性 体现工作结果 不可影响	预测性 体现工作要点 可干预
分解方式	总量性分解	结构性分解
管理方式	跟踪与监控	实施影响

第一，结果指标与过程指标能够帮助管理者回答的问题是不一样的。

结果指标给管理者指明了前进的方向，而过程指标则提示了在目标达成的过程中管理者需要着重关注或发力的点。具体来说：

- 与结果指标对应的问题是：在经过一段时间的工作后，我们想要达到的业绩状态是什么？
- 与过程指标对应的问题是：我们要如何做才能达到理想的业绩状态？

第二，管理者对这两类指标采取的管理方式也是不一样的。对于结果指标，管理者要进行实时的跟踪与监控，从结果层面了解目标完成的程度；对于过程指标，管理者要施加业务动作，通过一系列手段与措施来影响与目标实现有直接关联的因素，从而提升对目标达成的把握度与预判性。

需要指出的一点是，过程指标并不是我们通常意义上所说的“里程碑”。里程碑的本意是指建立在道路旁边刻有数字的固定标志，通常每隔一段路便设立一个，以展示当前所在位置以及它与特定目的地之间的距离。现代管理理论中引用的里程碑概念是指通过阶段性明确的可交付物形式来推进或衡量项目进度。从这个意义上讲，里程碑是以时间轴为基础达成阶段性目标的状态。因此，里程碑是对绩效目标在时间进程上进行分解的结果，其本质还是结果指标，而不是过程指标。

在实际工作中，管理者对目标从总量上进行分解与从结构上进行分解所给予的关注度与执行度是不一样的。通常来讲，管理者都能做到对绩效目标进行总量性分解：以人头或部门为单位，或者以不同周期为节点将目标体量逐级递减。但对于目标的结构性分解，很多管理者要么是不会做，要么是不愿意做。这种现象其实还是与结果指标和过程指标的性质相关。结果指标是做加法，相对简单。过程指标是做乘法，需要对影响目标达成的关键因素进行分析，同时还需要理清楚各因素之间的关系。这就需要管理者对自己所管理的工作的本质与工作过程等有着更为深入的理解。

结构性分解的基础：业务逻辑

逻辑是指思维的规律，或者是指研究思维规律的学科。我们常说的思维逻辑包括比较、分析、综合、推理等。

业务逻辑即一项经营业务取得销量与利润持续增长的内在规律，它描述的是产品或服务如何从供给侧流向需求侧，最终实现产品或服务价值的过程。不同业务有不同的业务逻辑，看似相同的业务本质上也存在不同的业务逻辑。对目标进行结构性分解的基础是对业务逻辑的把握。

让我们再来看一个关于中国体彩的案例。

案 例

在中国，体彩是国家公益彩票，其销售采用代销制模式，由符合资质的个人申请开设体彩投注网点。在全国范围内，一共约有10万家体彩投注网点，其直接经营者是网点业主与销售员。网点业主与体彩发行机构签订代销合同，发行机构则设置“专管员”一岗直接面对网点业主与销售员。对外，专管员为其所辖区域内的销售网点提供具体的销售指导、产品培训与设备维护等工作；对内，专管员承担销售业绩目标，负责所辖区域内的销量总目标，以及那些销售业绩表现不太理想的投注网点的销量提升。

专管员就是一个辖区所有投注网点的管理者。要达成每年的销量目标，专管员可对自己每年承担的销量目标做如下的总量性分解与结构性分解。

总量性分解是对销量目标在数量上、程度上或时间进程上进行递减式分解。在这里，我们可以从“销售额”、“时间进程”与“网点数量”三个维度分解，即按照专管员所辖区域内投注网点的数量、每个网点每月计划完成的销量、逐月推进完成目标的思路分解。因此，经过总量性分解后，专管员可以形成以下销量总目标公式：

全年辖区内体彩销售总额 =（网点 1 月均销售额 + 网点 2 月均销售额 + 网点 3 月均销售额 + ……+ 网点 n 月均销售额）× 12

在进行进一步分析之后，该公式可以简化为：

全年辖区内体彩销售总额 = 网点月均销售额 × 网点总数 × 12

通过对销量目标进行总量性分解，全年辖区内体彩销售总额被分解成了网点月均销售额，销量大数额变成了小数额，大目标变成了小目标。但这时专管员对于每个网点如何才能达成月均销售额目标并不清楚，因为业绩目标只是从数值较大的结果指标（全年辖区内体彩销售总额）变成了数值较小的结果指标（网点月均销售额）。因此，专管员需对网点月均销售额做进一步的结构性分解。

结构性分解是对影响销量目标达成的关键因素进行内在逻辑关系上的分解，也是为了回答两个问题：彩票销售的内在逻辑是什么？哪些因素对彩票销量存在正向或负向的影响？简单地说，结构性分解就是要弄清楚一家彩票投注网点的销量究竟是由哪些核心因素构成的。从零售的角度来说，一家彩票投注网点就好比一家彩票零售店，其运作规律与其他商品零售店一般无二。因此，在最初对彩票销售业务的内在逻辑进行分析时，有人参照一般零售商店的模式（比如超市）得到了以下销量公式：

网点月均销售额 = 客流量 × 入店率 × 接触率 ×
体验率 × 客单价 × 回头率

在上面的公式中：

- 客流量与彩票投注网点所处的地理位置有关系，指的是在单位时间内经过某一彩票投注网点的人流总数。
- 入店率指的是经过该彩票投注网点的人流总数中真正进入网点的人所占的比例。
- 接触率指的是进入网点的人数中询问销售员的比例。
- 体验率指的是询问销售员的人数中最终购买彩票者的比例。
- 客单价指的是进入网点购买彩票的人的人均购彩金额。
- 回头率指的是已经购买过彩票的人在一定时间周期内再次进入网点购买彩票的比例。

从以上公式可以看出，这是在用一个类似"销售漏斗"的思考模式分析彩票业务销售的内在逻辑，即将潜在彩民从经过网点的客流人群到正式购买彩票的人群进行逐层"筛漏"，最终达成交易并吸引客户重复购买。这一销量公式对于大多数的零售商店来说都是成立的。对一般零售商店来说，客流量是基础，销售的逻辑在很大程度上是通过一系列手段将客流量最大限度地转化为实际购买行为。然而，对彩票业务逻辑进行进一步的思考后，你就会发现以上公式站不住脚。

彩票是具有特殊属性的商品，彩票投注网点表面看起来与一般零售商店的业务逻辑相差无几，但实际上两者有着根本的差异。一般来讲，彩票不是普通消费品，它是针对特殊群体而发行的一种商品。就体彩来说，它的目标对象不是普通大众，而是对彩票，尤其是对体育运动和彩票都感兴趣的人群。通常来说，对彩票不感兴趣的人是不会像我们平常逛超市那样主动或特意进入彩票投注网点进行询问、体验，进而购彩的。而对彩票感兴趣的，尤其是喜欢体育的彩民，进入彩票投注网点往往目标明确，购买意向清晰，因而很少出现在经过了咨询、体验等环节后再决定购彩的情况。同时，我们在调研中发现，彩票投注网点的地理位置并不都是在人流量集中的黄金地段。网点业主纷纷表示：人流量多不多不是关键，有没有人进入网点才是关键，而只有那些对彩票感兴趣的人才会进入，一般人不会像逛超市或商场一样进入网点随便溜达。因此，稳定且持续增长的彩民基础才是一家网点赢利的关键。

对彩票的业务逻辑有了清晰的认识之后，我们可以得到以下关于网点月均销售额的新公式：

网点月均销售额 = 彩民总数 ×
人均单次购买金额 × 人均月购买频次

在这一公式中，影响一家彩票投注网点月均销售额的因素有三个：彩民总数、人均单次购买金额与人均月购买频次。其中：

- 彩民总数与月均销售额成正比，即原则上，一家网点的彩民数量越多，则销售额越高。
- 人均单次购买金额与月均销售额成正比，即原则上，彩民每一次购买彩票的金额越大，则销售额越高。
- 人均月购买频次与月均销售额成正比，即原则上，彩民每月购买彩票的次数越多，则销售额越高。

至此，我们梳理出了体彩投注网点的业务逻辑与一般零售商店的业务逻辑的根本区别。

- 体彩投注网点通过发展特定的购彩人群，在网点中营造理性竞彩的氛围，来引导彩民理性购彩。因此，有购彩基础、对体育运动感兴趣的特定人群是体彩投注网点的目标客群。
- 一般零售商店（比如购物超市）通过提供周围居民日常所需的商品，以有吸引力的价格、丰富的商品种类及便利的交通位置等多种因素来尽可能多地吸引普通消费者。

正因为内在业务逻辑存在本质不同，对于体彩投注网点销量目标的结构性分解就不能照搬一般零售商店以客流量为基础并进行逐步转化的业务逻辑，而是要建立起以特殊目标客群数量为基础的业务逻辑。

我们再来看另外一个案例。

案　例

某银行开展了一项面向购车客户的汽车分期金融业务。该项业务的最终服务对象是车主，但银行无法直接接触购车人士，向其进行面对面的产品介绍与产品销售。通常情况下，购车行为是在汽车4S店发生的。4S店的销售人员直接接触潜在车主，并在购车行为完成后向车主介绍相关汽车金融产品。一般来讲，4S店有不止一家汽车金融产品的合作伙伴，其销售员对于向车主推荐哪一款汽车分期金融产品有主动权。从银行的角度来看，该项业务目标的结构性分解应该如何做？

如前所述，结构性分解的基础是业务逻辑。要找到影响汽车分期金融业务目标达成的关键因素，银行就需要对该项业务的内在逻辑进行分析。与一般银行个人业务不同，车主购买汽车分期金融产品的业务场景不是在银行，车主与银行销售人员并不进行直接的业务接触（见图 10–1）。在这项业务中，银行是以间接销售的方式，通过4S店的销售人员将产品推荐并销售给车主的。因此，这项业务的基础不是实际购买产品的终端购车客户及其数量，而是与该银行合作的4S店的数量、规模以及品牌。

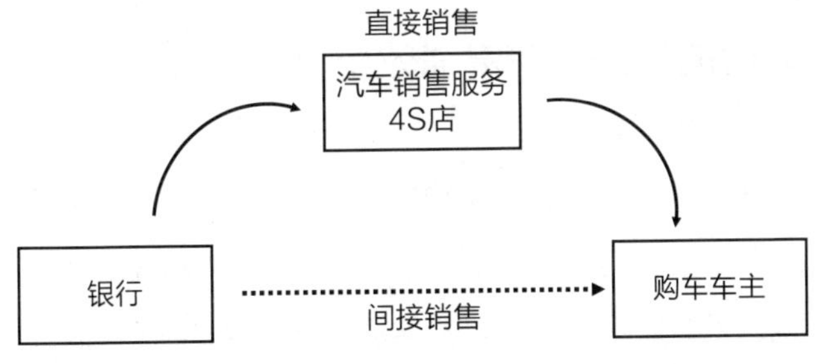

图 10–1　某银行汽车分期金融业务的逻辑

通过对以上的业务逻辑进行分析，我们可以得到如何达成该项业务的结构性分解：

汽车分期金融业务销售额 = 合作 4S 店数量 × 平均成交单数 × 客单均价 × 费率

在这一公式中，影响汽车分期金融业务销售额的因素有四个：合作 4S 店数量、平均成交单数、客单均价以及费率。其中：

- 合作 4S 店数量是指与该银行签订了汽车分期金融业务合作意向书的 4S 店的数量。
- 平均成交单数是指与该银行达成合作意向的 4S 店与购车车主签订分期金融业务的平均单数。如果以月为单位，则体现为月均签订单数；如果以季度为单位，则体现为季均签订单数。
- 客单均价是指每单汽车金融业务所涉及的贷款平均金额，与汽车品牌密切相关。
- 费率指的是贷款利率。

结构性分解的目的：关键绩效变量

如前所述，结构性分解是对影响绩效目标达成的关键因素进行内在逻辑关系上的分解，其目的是在目标实现过程中找到可以提前干预的因素，从而确保目标最后的达成。“影响绩效目标达成的关键因素”应该具备以下三个特征或满足以下三个条件：

- 相关性，即该因素与目标之间存在正相关或负相关的关系，对目标的实现有直接的影响作用。
- 变化性，即该因素在量上是可以变化的。以“客户数量”为例，客户的具体数量是可以变化的，而不是一成不变的。
- 可干预性，即该因素的变化是管理者施加业务动作或员工实施工作行为的结果。

对于符合以上三个条件的关键因素，我们称为“关键绩效变量”（key performance variable）。变量是相对于常量而言的。顾名思义，变量就是会变化、有差异的因素，体现在具体数值上就是没有固定的值且可以改变的数。常量则是一成不变、没有变化的因素。变量这一属性是理解“影响绩效目标达成的关键因素”最为核心的内容，而结构性分解的关键就是要找到可以影响目标达成以及达成程度的绩效变量。

让我们来看下面的案例。

案 例

某物业公司负责新建高档住宅小区的物业管理。对该公司来讲，物业费收缴总额是一个非常重要的绩效考核指标，也是关系到公司经营效益的一个重要指标。在考虑影响物业费收缴总额的关键因素时，公司管理者对物业费收缴总额进行了如下结构性分解：

全年物业费收缴总额 = 物业总面积 × 物业费单价 ×12

在这一公式中，物业费收缴总额与两个因素密切相关：

- 物业总面积与物业费收缴总额成正比，即原则上，物业面积越大，物业费收缴总额越高。
- 物业费单价与物业费收缴总额成正比，即原则上，物业费单价越高，物业费收缴总额越高。

以上公式中的关键因素有哪些是关键绩效变量？我们不妨逐一从关键绩效变量的三个特征来进行分析。

首先来看第一个特征，相关性。关键绩效变量的第一个特征是该因素与目标之间存在正相关或负相关的关系，对目标的实现有直接的影响作用。从这个角度来看，小区物业总面积与物业费收缴总额呈正相关关系，面积越大，物业费收缴总额越高。同时，物业费单价与物业费收缴总额也呈正相关关系，单价越高，物业费收缴总额越高。因此，这两个关键因素都符合关键绩效变量的第一个特征。

其次来看第二个特征，变化性。关键绩效变量的第二个特征是该因素在量上是可以变化的。小区物业总面积单从数字的角度来看是可以变化的。然而，在实际情况中，一个住宅小区的物业总面积在规划时基本上已经确定好，比如小区总面积是多少，有多少户住户等。物业公司在对小区进行物业管理的过程中，如果想对小区面积这一因素进行干预，使面积增加，这几乎是不可能的。所以，小区物业总面积实际上是一个固定的常量，是不可以变化的。同时，虽然物业费单价是一个可以变化的数值，但其向上调整的空间非常有限。如果想要上调物业费，物业公司首先要向物价局提出申请，由物价局根据小区条件和公司服务水平进行成本审核批复，并发给收费许可证之后，物业公司才能调整价格。即使物价局允许上调价格，小区业主这一关也是很难过的。

最后来看第三个特征，可干预性。关键绩效变量的第三个特征是该因素的变化是管理者施加业务动作或员工实施工作行为的结果。从这一点上来说，小区物业总面积与物业费单价都不符合关键绩效变量的条件。因为小区物业总面积是确定的，不是物业公司的管理者通过某些管理手段或业务动作就能增加的；同理，物业费单价也是相对确定的，亦不是物业公司的管理者通过某些管理手段或业务动作就能提升的。表 10–3 对物业总面积与物业费单价的分析进行了总结。

表 10–3 物业费收缴总额的关键绩效变量分析

关键绩效变量特征	关键绩效变量	
	物业总面积	物业费单价
相关性	与物业费收缴总额呈正相关关系	与物业费收缴总额呈正相关关系
变化性	变化性很小	变化性小
可干预性	可干预性很小	可干预性小

通过以上的分析我们可以看到，物业公司通过结构性分解得到的这一公式本质上是物业费收缴总额计算公式，而不是可以用来指导具体工作的目标分解公式。究其原因，该公式中的两个核心因素虽然与物业费收缴总额目标存在直接的正向影响关系，但它们既不是在量上有着变化空间的因素，也不是管理者实施相应的管理手段或业务动作就能干预的因素。

因此，在对目标进行结构性分解时，关键是要找到管理者可以通过主动实施管理手段或业务动作在质或量上引起变化的绩效变量。

我们再来分析体彩案例中的销量公式。在体彩案例中，我们通过对一家体彩投注网点的月均销售额目标进行结构性分解得到了如下公式：

网点月均销售额 = 彩民总数 ×

人均单次购买金额 × 人均月购买频次

这个公式中的哪些因素是关键绩效变量？我们也可以从关键绩效变量的三个特征逐一进行分析。

首先，关键绩效变量必须与目标之间存在正相关或负相关的关系。关于这一点，我们前面分析过：彩民总数、人均单次购买金额以及人均月购买频次这三个因素均与网点月均销售额存在正相关的关系，任何一个因素在数值上的增减都会导致月均销售额的增减。因此，这三个因素均符合关键绩效变量的第一个特征。

其次，关键绩效变量在数值上是可以变化的。这一点无须做过多解释，这三个因素都符合关键绩效变量的第二个特征。相比较而言，人均月购买频次比彩民总数和人均单次购买金额可变化的空间小一点，但它仍然是一个可以在数值上发生改变的关键绩效变量。

最后，关键绩效变量在量上的变化是管理者通过施加管理动作或业务动作来引导的。在体彩的案例中，管理者实际上有三个：网点业主（含销售员）、专管员以及发行机构。通过梳理，我们列举出了这三个管理主体针对三个关键绩效变量可以施加的管理动作或销售动作（见表10–4）。可见，不论是哪一个管理主体都可以通过主动的管理动作或销售动作施加影响，从而改变这三个因素的数值。因此，这三个因素都符合关键绩效变量的第三个特征。

通过以上的分析，我们认为彩票销量公式中的三个因素都符合关键绩效变量的特征（见表10–5）。

表 10-4　不同管理主体影响关键绩效变量的行为表（部分）

影响销量的关键绩效变量	网点管理主体		
	网点业主（含销售员）	专管员	发行机构
彩民总数	■ 提升网点服务能力 ▲ 诚信经营、建立信任 ■ 网点营销能力 ▲ 营销技巧与话术 ▲ 推荐及中奖展示 ▲ 维护好与彩民的关系 ■ 网点选址 ▲ 购彩的便利性 ▲ 周围购彩环境 ■ 营造网点内环境 ▲ 提升舒适度与整洁度 ▲ 物料摆放规范 ▲ 功能区划分 ▲ 理性购彩氛围 ■ 固定营业时间 ■ ……	■ 网点经营规范化管理 ▲ 物料、规定动作到位 ▲ 功能区域划分 ■ 培训及信息分享 ▲ 玩法技巧 ▲ 优秀业主经验 ▲ 市场信息及营销方式 ■ 引导及监督 ▲ 引导并监督业主做好推荐 ■ 宣传、推广及促销 ▲ 邀请业主参加中心组织的活动 ▲ 协同业主进行户外推广 ■ 与彩民互动及培训彩民	■ 体彩知名度 ▲ 宣传广告 ▲ 户外推广 ▲ 公益宣传 ■ 开奖直播 ■ 扩大体彩彩民整体基数 ■ ……
人均单次购买金额	■ 网点服务质量 ■ 业主彩票专业知识 ■ 网点“智囊团” ■ ……	■ 引导网点做好彩民信息管理 ■ ……	■ 重大赛事资讯 ■ 区域性营销活动 ■ ……
人均月购买频次	—	—	■ 提高返奖率 ■ ……

表 10–5 彩票销量的关键绩效变量分析

关键绩效变量特征	关键绩效变量		
	彩民总数	人均单次购买金额	人均月购买频次
相关性	与彩票销量呈正相关关系	与彩票销量呈正相关关系	与彩票销量呈正相关关系
变化性	存在较大变化空间	存在一定变化空间	存在一定变化空间
可干预性	可以通过管理动作或业务动作进行干预	可以通过管理动作或业务动作进行干预	可以通过管理动作或业务动作进行干预

以同样的思路，我们再来分析一下汽车分期金融业务案例中的销售公式：

汽车分期金融业务销售额 = 合作 4S 店数量 × 平均成交单数 × 客单均价 × 费率

从与销售额的关系来看，合作 4S 店数量、平均成交单数、客单均价以及费率都与销售额存在正相关关系，符合关键绩效变量的第一个条件。

从数值是否可以变化来看，费率也就是贷款的费率，是一个相对稳定的因素，不仅变化的幅度很小，维持稳定的时间较长，而且更重要的是，它的变化不是由银行的业务人员、管理人员甚至银行总经理来决定的。因此，我们将它从关键绩效变量中排除。其他三个变量都是符合第二个条件的。

从数值变化是否由管理动作或业务动作引起的来看，符合前两个条件的三个变量在这里的表现也不一样。

- 对于合作 4S 店数量这一变量，业务人员和管理人员是完全可以控制的，即通过采取有针对性的措施来增加与银行合作这项业务的

4S 店。

- 平均成交单数这一变量受到三个因素的影响：第一，受 4S 店整体销售业务影响；第二，受客户分期购车意愿影响；第三，受 4S 店销售员推荐该银行金融产品而非其他银行金融产品的意愿影响。第一、二项因素是不受银行业务人员和管理人员控制的。这样一来，对于平均成交单数这一变量，银行业务人员和管理人员施加影响的重点是引导 4S 店销售员向办理汽车分期业务的客户推荐该银行的产品而不是其他银行的产品。
- 客单均价这一变量跟客户购买的汽车品牌有着密切的关系——品牌由低档到高档，价格由低到高。从某种程度上讲，银行业务人员和管理人员对于客单均价本身没有任何影响能力，只可以尽可能多地与高价值汽车品牌的 4S 店建立合作关系。

从以上的分析中我们可以看到，从业务逻辑推导出来的销量公式中的影响因素，并不都是银行业务人员和管理人员需要关注的关键绩效变量；同时，不同的关键绩效变量也有其重要性与侧重点（见表 10–6）。

表 10–6 汽车分期金融业务销售额关键绩效变量分析

关键绩效变量特征	关键绩效变量			
	合作 4S 店数量	平均成交单数	客单均价	费率
相关性	与销售额呈正相关关系	与销售额呈正相关关系	与销售额呈正相关关系	与销售额呈正相关关系
变化性	存在较大变化空间	存在一定变化空间	变化空间较小	变化幅度很小
可干预性	可通过管理或销售动作进行干预	可进行一定程度的干预	可干预性较低	不可干预

那么，关键绩效变量的三个特征中哪个是最重要的呢？首先，我们认为这三个特征都很重要，并且是逐级递进的关系：第一，某一因素需要与目标本身相关联，与目标形成正相关或负相关的关系；第二，该因素在数值上存在变化的空间；第三，这一变化是通过施加管理动作或业务动作而引起的。其次，第三个特征相对来讲更重要一些。因为这一系列分解的最终目的就是要找到管理者能够直接影响的因素，也就是工作的重点，把看似不可能完成的任务变成可以完成的任务。

一个完整的目标分解案例

某化工集团是一家集石化能源、特种化学品、新能源材料与医药等于一体的综合性化工产业集团。2019 年，该集团针对 A 类新能源材料产品的海外市场制定了销量目标，并对该销量目标进行了分解，从中找到了实现销量目标最关键的因素。

2019 年的销量目标

销售团队参考了 2018 年销售任务完成的实际情况，并结合历年销量自然上升的实际比例，制定了 2019 年的销量目标：截至 2019 年 12 月 31 日，A 类新能源材料产品在海外市场实现 18 480 吨的总销量，这也是 T1 目标值（基本目标），19 480 吨为 T2 目标值（挑战目标）。

该目标符合 SMART 原则：

- S（specific），具体的：A 类新能源材料产品在海外市场的销量目标明确到了具体的数量。

- M（measurable），可衡量的：销量目标以“吨”为单位进行了量化。
- A（attainable），可实现的：2019 年的销量目标建立在 2018 年的销量目标的基础上，同时参考自然增长比例，是可以实现的目标。
- R（relevant）相关性：实现销量目标与公司整体业绩情况有很大的关联性。
- T（time-bound）时效性：该目标需在 2019 年 12 月 31 日前完成。

在制定了全年销量目标后，销售团队对该目标进行了分解。

目标的总量性分解

通过对销量目标进行总量性分解，销售团队希望将大目标转为小目标、部门目标转为个人目标，从而让目标管理的操作性更强一些。因此，销售团队采取了“时间 + 人头”的方式对目标进行总量性分解。首先，销售团队以“月”为单位，通过对比 2018 年各月度销量实际情况并结合行业周期规律，将全年总销量目标做了分解（见表 10–7）。

表 10–7　A 产品 2019 年目标分解表

月份	1月	2月	3月	4月	5月	6月	7月	8月	9月	10月	11月	12月
月销量（吨）	1 405	1 453	835	507	1 797	1 971	1 646	1 930	1 765	1 764	1 745	1 662
总销量（吨）	18 480											

其次，销售团队以“个人”为单位，将月度目标进一步分解到每个销售人员的身上。至此，销售团队完成了对目标的总量性分解。

目标的结构性分解：关键绩效变量

通过对销量目标进行结构性分解，销售团队希望能够回答“如何才能完成销量目标”这一问题，从中找到团队成员可以发挥最大效力的支点。销售团队对销量目标一共进行了三次结构性分解（见图 10–2）。

① 全年总销量目标 = 海外区域市场月均销量 × 12个月

② 海外区域市场月均销量 = 客户数量 × 客户月均购买频次 × 月均订单量

③ 海外区域市场月均销量 =（存量客户数量 + 增量客户数量）× 客户月均购买频次 × 月均订单量

图 10–2　目标的结构性分解

在第一次进行结构性分解时，销售团队将总销量目标按海外区域市场月均销量与 12 个月进行分解。这一分解在本质上还是属于对目标的总量性分解。

在第二次进行结构性分解时，销售团队从“海外区域市场月均销量”这一因素进一步切入，分析得出海外区域市场月均销量是由客户数量、客户月均购买频次及月均订单量决定的。在这里：

- 客户数量与月均销量呈正相关关系，客户数量越多，销量越多，反之亦然。
- 客户月均购买频次与月均销量呈正相关关系，客户购买频次越多，销量越多，反之亦然。

- 月均订单量与月均销量呈正相关关系，订单量越大，销量越多，反之亦然。

至此，总销量目标被分解成了三个关键绩效变量——客户数量、客户月均购买频次以及月均订单量，它们都可以成为推动总销量目标达成的抓手。在对这三个关键绩效变量从相关性、变化性与可干预性三个特征进行分析时，销售员与销售管理者对“客户数量”这一关键绩效变量有更多的主动权，因为它具有更强的可干预性。因此，销售团队对“客户数量”这一关键绩效变量再次进行分解。

在第三次进行结构性分解时，销售团队将“客户数量”分解为“存量客户数量”与“增量客户数量”两个关键绩效变量。通过区分客户类型，销售团队发现对待不同的客户应该有不同的干预措施，并意识到“增量客户数量”应该是销售员与销售管理者在完成 2019 年销量目标过程中着重发力的关键点。

对存量客户与增量客户的梳理

在找到“存量客户数量”与“增量客户数量”这两个关键绩效变量之后，销售团队按照存量客户与增量客户两大类对 2019 年的销量目标进行了进一步的梳理。

现有的存量客户主要有四大类：国内贸易渠道商分销客户、一般海外大客户、行业标杆性大客户及其他中小客户。根据历史数据的预测，这四类客户在 2019 年的预期销量可达 17 440 吨，其分别可预期的销量如表 10–8 所示。

表 10-8 存量客户预期销量表

客户类型	预期销量（吨）
国内贸易渠道商分销客户	3 700
一般海外大客户	6 100
行业标杆性大客户	1 040
其他中小客户	6 600
合　计	17 440

基于以上存量客户可预期的销量总额，那么：

- 若达成 2019 年的销量基本目标值（18 480 吨），还需增量业务总额达到 1 040 吨及以上。
- 若达成 2019 年的销量挑战目标值（19 480 吨），还需增量业务总额达到 2 040 吨及以上。

从以上分析来看，销售团队要想完成 2019 年的总销量目标，有两项工作至关重要：

- 继续保持与存量客户的关系，使其稳定采购。
- 增加新客户数量，并使其采购总量达到 1 040 吨以上。

明确销售工作重点

销售团队决定将工作重点放在新客户开发上。历史销售数据显示，一个新开发的客户在第一年合作中的最低采购量为 17.2 吨。以 17.2 吨为基础采购量进行计算，那么：

- 实现基本目标值需成功开发 61 个新客户（$17.2 \times 61 \approx 1\,049$ 吨）。
- 实现挑战目标值需成功开发 120 个新客户（$17.2 \times 120 = 2\,064$ 吨）。

同时，通过对以往客户开发数据的整理与分析，销售团队在将客户从潜在客户转化为合作客户时，每 8 个潜在客户可成功转化 1 个合作客户，转化率为 12.5%，那么：

- 成功开发 61 个新客户，需要 488 名潜在客户。
- 成功开发 120 个新客户，需要 960 名潜在客户。

至此，通过对目标的分解，尤其是对目标的结构性分解，销售团队成功地将工作目标转化为了工作重点，从“看似不太可能的任务”中找到了突破口并明确了工作方向。

小 结

界定绩效差距是对现状与目标之间的差值进行分析，而差值分析从目标分解开始。目标分解不是为了分解而分解，而是为了找到可以“撬动”目标的关键因素，再实施有针对性的干预措施，从而达到事半功倍的效果。

对目标进行分解有两种方式。一种是目标的总量性分解，是将业绩目标从“量”的角度进行拆分，是按时间、按人头、按区域或者按几个维度相加的方式将总量由大及小进行分解；通过总量性分解达到“可管理”的目的，让管理者对由谁、在什么时候、完成目标的程度等做到心中有数。另一种是目标的结构性分解，是将业绩目标从“哪些因素会影响目标的实现”角度进行拆分，是基于实现目标的内在客观规律进行的分解。首先，结构性分解的基础是对业务逻辑的梳理与理解。相似的业务看似一样，但其业务逻辑不一定相同。其次，结构性分解的结果是找到影响目标实现的关键绩效变量。关键绩效变量指的是那些与目标存在某种关联关系，可以量化且具有变化性，并且变化是由施加管理行为或业务动作引起的核心因素。因此，关键绩效变量具有相关性、变化性及可干预性。在这三个特征中，可干预性是最为关键的特征。因为只有找到可以对目标进行提前干预的因素，管理者才可以在管理工作中有的放矢，将目标转换成切实的管理抓手，从而实现目标。

第11章

诊断绩效根因

诊断绩效根因就是分析绩效差距产生的原因。乔·哈里斯曾说“做一盎司的分析胜过立一磅的目标”，可见原因分析的重要性。从本质上看，诊断绩效根因是一个绩效数据收集与分析的过程，在这个过程中有两个关键因素。第一，绩效数据的有效性。英文里说“garbage in, garbage out”，意思是无用的输入必将导致无用的输出。绩效数据的信度、效度、广度与深度决定了对绩效差距的原因分析是不是正确的，进而决定了后面采取的干预措施是否有效。第二，绩效分析的诊断框架。诊断框架为我们提供了看待绩效问题的角度与切入点，同时保证了分析的角度没有遗漏。在第5章“绩效改进模型”中，我们已经谈到了绩效分析的经典诊断模型，它们都是帮助我们做好绩效根因诊断的好工具。

在诊断绩效根因的过程中，管理者需要回答以下问题：

- 收集什么样的数据？
- 从哪里收集数据？
- 如何收集数据？

- 如何确保绩效数据的有效性与一致性?
- 根据什么样的绩效差距原因诊断框架来组织数据收集与分析的过程?

绩效差距原因分析原则

一谈到绩效问题产生的原因，很多人的第一反应往往是推卸责任。我们做过一项非正式的调查，每次调查的结果都惊人地一致。在绩效改进工作坊中或绩效改进项目调研中，我们常常会问到一个问题：你认为导致绩效结果不佳的原因是什么？在问这个问题之前，我们没有给予任何的提示。那么，有趣的事情发生了。如果被问到的人是管理者，不管是基层还是中层管理者，我们听到最多的且较为一致的答案有两个：一个是员工没动力或者员工积极性不高，另一个是上级不给资源。当被问到的人是一般员工时，更多的回答是没资源。为什么会有这样的答案呢？因为在人们的潜意识里，找原因就是找“背锅侠”。当分析绩效差距原因这件事情的视角从分析事情本身转向了分析“谁应该对这件事情负责”时，真正的原因就有可能被掩盖。

向内看，不是向外看

史蒂芬·柯维（Steven R. Covey）是经典畅销书《高效能人士的七个习惯》的作者，他在书中提出了“关注圈”与“影响圈”两个概念。关注圈内的事物通常是“我”关注的、有兴趣的，但超出“我”个人能力范围的。关注圈内可以有很多内容，比如天气、教育、房价、世界局势、国家大事、体育、明星八卦等。不同的人会有不同的关注圈，但不管每个人的关注圈内容有什么不一样，有一点始终是一样的，那就是这些内容都是我们控制不了且影响不了的。打个比方，你最近要买房了，非常关注房价，但关注归关注，房价的涨与跌却是你影响不了的。所以，房价这件事情只能是你的关注圈内的事项。相反，影响圈的事物通常是“我”能够控制并施加影响的。从个人的角度来说，影响圈的内容包括个人知识、技能、素养、态度、经验等。简单来说，学什么知识，掌握什么技能，对工作抱有什么样的态度，都是“我”可以决定并影响的。从管理者的角度来说，影响圈可以扩展到个人影响圈之外的、在管理者职权范围内的事项，包括与“我”所管理的团队相关的工作氛围、团队文化、工作流程、工作制度、工作指导等。在这个管理者的影响圈内，“我”可以有所作为，对这些事项施加影响力。

同样，管理者在分析绩效差距产生的原因时也应将眼光放在影响圈而不是关注圈。我们如果将关注圈与影响圈进行进一步的分解，可以得到以下关于绩效差距原因分析的 4W 模型（见图 11–1）：客观世界（world）、工作场所（workplace）、工作（work）以及员工（worker）。

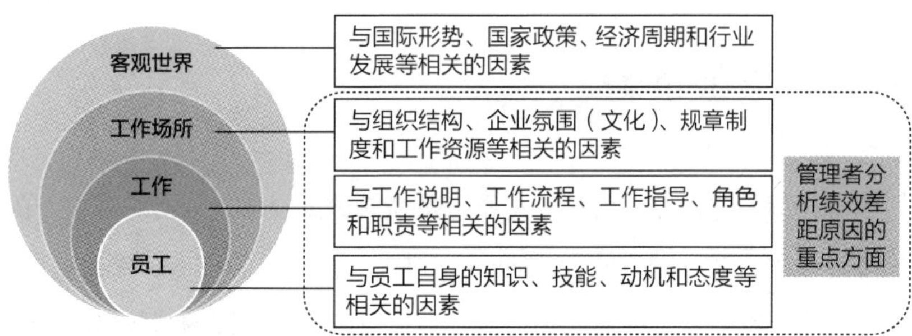

图 11–1　绩效差距原因分析的 4W 模型

在这个模型中，“客观世界”属于关注圈的内容，而“工作场所”、

“工作”与“员工”则属于影响圈的内容。管理者在分析绩效差距原因时应做到从外到内，从客观到主观。在这里，向内看有两层含义。第一，向内看是指将视角从外部客观状况转向企业内部。我们在交流中常常会听到管理者说“现在市场行情不好”“国家政策收紧”“经济形势下滑”等，这时我们会反问：“你的竞争对手会面临比你更好的外部环境吗？”答案显而易见，毕竟客观市场环境对于每一个企业主体来说都是一样的。这样的抱怨或这样看待问题对于解决绩效问题毫无助益，反倒有害。第二，向内看是指在企业内部找原因时将重点放到管理者可以影响的内部环境，包括管理者自己。通常情况是，如果不抱怨外部环境的残酷，管理者就会抱怨某个绩效问题产生的主要原因不在自己的职权范围，而是上级或公司的原因。最典型的例子就是绩效奖励。比如，薪资等级是公司定的，我改变不了；奖金制度也是公司定的，我也改变不了。似乎没有了物质性的激励手段，绩效目标就不可能达成。每一位管理者都有自己的“一亩三分地”，管理者要考虑的是创造什么样的工作环境来驱动绩效目标的达成——如果需要上级的支持或更大范围内的推动，那么该如何获得有效的资源？

多来源，不是单来源

分析绩效差距原因的过程本质上是绩效数据收集与分析的过程。在这个过程中，数据的有效性（validity）与可靠性（reliability）尤为重要。简单来说，有效性指的是有关绩效的数据反映的是实际的绩效状况。例如，如果我们希望了解客户对售后服务时效性的满意度，那么不管是采用问卷调研还是面对面采访的形式，我们获取的都是对这一绩效表现的测量数据，而不是其他内容。可靠性指的则是关于绩效现状的数据在不同数据来源中体现出的一致性。以客户对售后服务时效性满意度的调查为例，如果从不同类型的客户以及同一类型的不同客户那里获得的数据都显示出了较为一致的评价结果，那么这样的绩效数据被认为是可靠的。三角论证法（triangulation）是最大程度保证绩效数据既有效又可靠的一种数据收集与分析方法。

三角论证法这个名词可能太学术，但三角定位这个术语大家应该不陌生。在影视剧中，尤其是刑事侦查类影视剧中，警方在追查嫌疑人踪迹时往往会基于通电话的简短时间来进行三角定位，以确定嫌疑人的位置。三角定位就是利用两台或者两台以上的探测器在不同位置探测目标方位，然后运用三角几何原理确定目标的位置和距离。说得简单一点，三角定位就是通过不同来源的测量数据进行相互印证，从而最大限度地获得事实真相。三角论证法也是基于同样的原理（见图 11–2）。

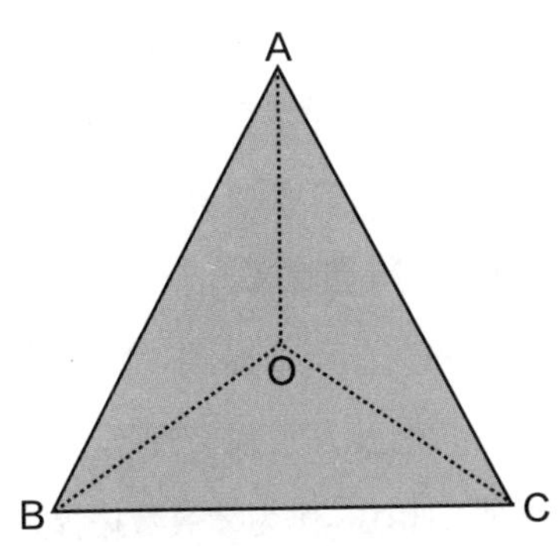

图 11–2　三角论证法图示

三角论证法也叫三角互证法，是社会学研究中常用的一种测量方法。它采用不同数据收集方法，从不同数据来源进行数据的测量与分析。在社会学研究中，学者提倡四种三角论证法，包括理论三角论证、调研者三角论证、数据三角论证以及方法论三角论证。在企业改进绩效的实操中，我们提倡至少做到数据三角论证与方法论三角论证。数据三角论证指的是数据收集的来源不是单一而是多元的，而方法论三角论证指的是采用不同的调研方法来收集数据。因此，我们在绩效差距原因分析中对待绩效数据要坚持如下两个基本原则。

第一，绩效数据需从不同来源收集。不同来源指的是由不同人员提供相关绩效数据。比如，在培训需求调查中，我们常常需要对应该培训学员哪些方面的技能进行前期的调研，而可以提供相关数据的至少有三类人。第一类是学员自己。学员在日常工作中遇到了哪些困难，希望通过学习什么来提升自己，这些问题都是绩效数据最直接的来源。第二类是学员的直线经理。站在学员上级的角度，直线经理可以从工作结果出发来较为客观地评价学员的知识与技能储备，同时站在公司的角度提出更高的、更贴合企业未来发展方向的能力要求。第三类是人力资源部的同事，更确切地说是 HRBP（人力资源业务合作伙伴）。HRBP 是企业派驻到各个业务单元或事业部的人力资源管理者，主要协助各业务单元高层及经理完成员工发展、人才发掘、能力培养等工作。一名优秀的 HRBP 不仅具备人才发展方面的专业知识，更具备所在业务部门的业务知识，知道部门从业务发展的角度来看需要什么样的人才。所以，HRBP 可以站在业务与人才发展的交汇点来提供“学员需要什么培训内容”的独到见解。当然，与学员自己及其直线经理不同，在回答“学员需要什么培训内容”这个问题时，HRBP 作为绩效数据提供者是有前提条件的。

例如，在为国家电网公司下属某市供电公司服务时，为了研究在电力市场新形势以及企业战略转型背景下如何加速提升直接面向市场竞争的营销部客户经理群体的绩效表现，我们确定了客户经理、营销部负责人及客户三类人作为收集客户经理当前绩效表现及未来绩效要求数据的核心来源。这三类人分别代表了三种视角：客户经理的自身视角、营销部负责人的公司视角以及客户的市场视角（见图 11–3）。

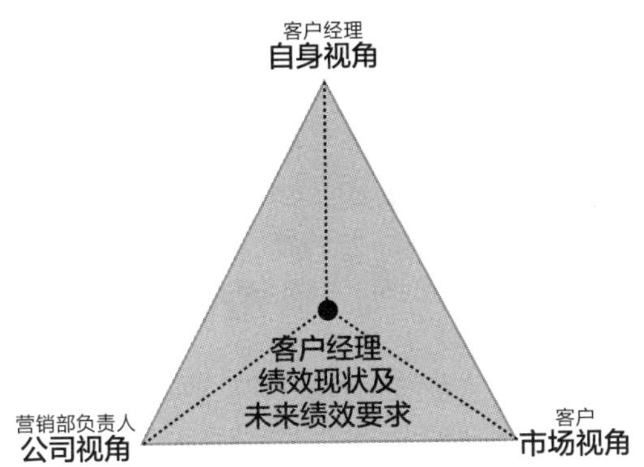

图 11–3 客户经理绩效现状及未来绩效要求的三种视角

我们从这三种视角对同一类群体的绩效表现进行询问（见表 11–1），并对数据进行横向的分析与解读。当来自不同视角的数据有了相互印证的结论时，我们在了解客户经理绩效现状及未来绩效要求上就趋向于真实的情况。

表 11–1 针对客户经理、营销部负责人及客户的访谈提纲（部分）

视 角	问 题
客户经理	■ 从你的角度来看，一名优秀的客户经理需要具备哪些能力特质（5~8 个）？ ▲ 这些能力特质有没有优先顺序之分？ ▲ 这些能力特质分别对应工作中哪些工作任务的完成？ ■ 基于电力行业改革的大趋势，预期客户经理还需具备哪些现在没有但将来一定需要的能力？ ■ 当前，公司对你的绩效考核指标有哪些？是如何考核的？考核的结果怎么样？ ■ 你在完成这些绩效指标的过程中遇到了哪些挑战？ ■ 如果要更为真实地反映你的工作情况，你觉得还可以增加或减少哪些绩效考核指标？

（续表）

视 角	问 题
营销部负责人	■ 在你的团队中，那些特别优秀的客户经理身上都具备哪些能力特质（5~8 个）？ ■ 基于电力行业改革趋势，客户经理还需具备哪些现在没有、将来必需的能力特质？ ■ 当前，公司对客户经理的绩效考核指标有哪些？是如何考核的？ ■ 考虑到电力行业未来的发展趋势，现有绩效考核体系中还需要增加哪些绩效指标？为什么？
客 户	■ 与你有接触的并让你觉得工作做得比较好的客户经理的身上有哪些特别的地方（比如知识、技能或态度）？ ■ 这位客户经理在服务过程中做得特别好的地方有哪些？ ■ 根据你的用电需求，你希望当前客户经理在哪些方面进一步提升？ ■ 你会从哪些方面来评价客户经理的工作质量？

第二，绩效数据需通过不同方法收集。收集绩效数据常用的方法有五种：调查问卷、一对一访谈、焦点小组访谈、现场观察以及既有资料收集。对于绩效数据需从不同来源收集这一原则，很多人比较容易理解。毕竟在对某一具体绩效问题进行原因分析时，我们希望听到不同的声音。然而，对于绩效数据需通过不同方法收集这一原则，很多人不太能够理解。在分析绩效问题原因时，通过不同方法收集绩效数据出于两个方面的考虑。

扩大数据收集的广度与深度。调查问卷是收集绩效数据时用得比较多的一种方法。通常来说，调查问卷的覆盖面较广，可参与的人数较多，可以满足数据收集广度的要求。但由于其具有书面描述、填写人若有问题难以得到解答、由填写人自行理解并填写等特点，所以问卷上的问题不能太过复杂，否则填写人在回答问题时会产生理解偏差甚至看不懂问题，导致绩效数据失真；同时，为了方便填写人答卷，问卷一般采用选择题或简答题的方式，因此填写人给出的答案也很简略。所以，从绩效数据的有效性来看，调查问卷所得到的数据在满足数据深度方面有明显的不足。

另一种采用得比较多的方法是一对一访谈或焦点小组访谈。焦点小组访谈可以简单理解为多人的同时采访。不管是面对面的采访还是远程采访，通过向受访者直接提问，及时跟进回答的信息，澄清对受访者回答的理解，访谈这一绩效数据收集方法都可以获得较为深入、详细的绩效数据信息，能够满足数据深度的要求。但由于耗时较长，能够参与到一对一访谈或焦点小组访谈的受访者往往有人数限制，因此它无法满足数据覆盖广度的要求。基于这个原因，为了兼顾数据覆盖面的广度与数据有效性的深度，我们在收集绩效数据时不能只依赖单一的收集方法。然而，这并不是最重要的。

最重要的是消除不同数据收集方法的内在缺陷。简单来说，就是要兼顾主观性数据与客观性数据的比重。其实，很多人对调查问卷所获得的数据有误解。通过对调查问卷中某些问题的编写，我们可以让填写人给出“1、2、3、4、5”这样可以量化的数据。例如：

> 请表明你对下面的句子的认可程度。“1”代表“非常不认同”，“2”代表“不认同”，“3”代表“中立”，“4”代表“认同”，“5”代表“非常认同”。

可以量化的数据就等于客观数据吗？答案是否定的。量化是对数据的处理方式，并不代表数据本身的客观性。一般来讲，通过调查问卷、一对一访谈、焦点小组访谈等方式收集的数据本质上都是主观性的绩效数据。这些数据都是受访者或填写人站在自己的角度对员工绩效或组织绩效某一个方面的主观认知。这些主观认知也许有客观数据的佐证，也许没有。然而，要建立起对绩效问题或绩效现状较为全面的认知，客观数据必不可少。现场观察或收集已有的工作日志、销售记录等文档数据就是一种补充绩效数据客观性的手段。

例如，在研究如何提升体彩投注网点专管员的网点销售绩效项目中，对于专管员描述的网点经营现状，我们就采取了现场观察的方式来获取客观的绩效数据。在网点一天经营中的两个高峰时段（中午 12:30—1:30，下午 5:30—7:00），我们来到具有代表性的网点观察实际情况，并记录了：（1）该时间段进出网点的彩民总共有多少人，其中多少人购买了彩票，花费的金额是多少；（2）该网点的店面布置情况；（3）网点销售员或业主与彩民的沟通内容以及沟通方式。通过现场观察，我们不仅对网点销售的实际情况有了具象化的认识，而且对专管员描述的销售指导手段为什么有效或者无效有了客观的证据。同时，在既有销售记录文档方面，我们要求走访的每一家网点的销售员或业主打印出当月的销售流水单。基于这些销售数据，我们对区域内网点销售业绩属于低位、中位和高位的三个业绩区间有了客观的且符合现实情况的规划，并在这个基础上对区域内所有网点进行归类，从而进行针对性的分析。

绩效数据收集常用方法

如前所述，在绩效差距原因分析过程中，我们通常采用的数据收集方法有调查问卷、一对一访谈、焦点小组访谈、现场观察以及既有资料收集。接下来，我们简要概述一下这五种常用方法的特点（见表 11–2）。

表 11–2　五种绩效数据收集方法的特点对比

特　点	调查问卷	一对一访谈	焦点小组访谈	现场观察	既有资料收集
覆盖人群	多	少	较少	较少	较多
数据性质	主观性数据	主观性数据	主观性数据	客观性数据	客观性 + 主观性数据
数据精细度	低	高	高	中等	中等
前期准备要求	低	高	高	较高	较低
对调研者的要求	低	较高	高	高	一般
实施难易度	低	高	高	较高	较低
分析难易度	低	高	高	高	视数据内容而定

调查问卷

调查问卷一般是由一系列问题组成的，这些问题可以是开放式的问题，也可以是封闭式的问题，或者两者兼有。在进行绩效问题原因分析时，调查问卷是被采用得比较多的一种形式。通常来说，调查问卷具备设计简单、花费较少、后期分析简便的优点，但问题设计的科学性及恰当与否将直接影响绩效数据的准确性。调查问卷在使用的过程中通常是以纸质或电子形式给到被调查者，由他们基于自己对问题的理解来作答。这一使用场景对调查问卷的设计者提出了很高的要求——在设计调查问卷时需要避免那些模棱两可、含糊不清、双重语意等描述问题的方式，做到问题表述既清晰明了又简洁易懂。

一对一访谈

一对一访谈指的是两个人之间的谈话，通常发生在一位访问者与一位受访者之间。在一对一访谈中，访问者提出问题，受访者回答问题。这种访谈可以是面对面的，也可以采用远程的方式。一对一访谈既可以是结构化的（structured），即访问者遵循一定的提纲来提问题，也可以是半结构化的（semi-structured），即有一个简要的大纲，但采访时访问者根据受访者的回答随机、灵活地提问题，或者是非结构化的（non-structured），即访问者完全根据访问时的情况及受访者的表现来提问题。采用一对一访谈收集绩效数据的优点在于，可以较深入地探讨某一个问题。但是，一对一访谈收集的资料需要花费很多的时间进行分析，而且与受访者约定时间、安排采访地点也是比较耗费精力的事情。

焦点小组访谈

顾名思义，焦点小组访谈就是同时访问一群人。一般来说，焦点小组的人数在 4~8 人之间。采用小组的形式来收集数据的目的是让小组成员就某一个话题发表意见并互相评论。在焦点小组访谈中，访问者起的是一个协调员的作用。在组织焦点小组访谈时，有一个特别需要注意的问题，那就是尽量安排背景相近的人员参加同一个小组访谈。焦点小组访谈常见于对某一领域专家的访问，以期对某一专业领域进行一个全面的了解。这里的专家也可以是对本职工作有着深入了解的生产一线的资深员工。通过对他们进行焦点小组访谈，管理者往往能勾勒出一个“理想的绩效状态”，比如正确的工作流程应该是什么样子，正确的操作方法应该是什么样子，等等。

现场观察

相比调查问卷与访谈的数据收集形式，现场观察是较为直接的收集第一手资料的数据收集形式。一般来说，观察者需要身处事件发生的第一现场，亲身体验现场的环境，目睹事件的发生过程。通过现场观察，我们可以获得至少两方面的信息。第一，工作是如何完成的，即实际的工作流程与工作方式是怎样的。之所以要进行现场观察，是因为即使是最有经验的员工或专家，他们用语言描述的工作方式或工作流程与实际观察到的情况有时也还是存在差距的，人的记忆是有偏差的。第二，工作现场的环境是怎样的。在前文中我们提到过，环境因素对员工绩效的影响是不容忽视的。优秀的绩效是在什么样的工作环境下产生的？弄明白这个问题，对于分析、提炼及复制优秀绩效都至关重要。

既有资料收集

任何一个企业都会产生大量的文件资料，比如员工出勤表、工作日志、财务报告、销售报表、客户拜访记录、客户信息表、客户满意度调查表等。这些文件资料是分析绩效状况及问题的最佳数据。由于某些资料的特性，比如员工出勤表、工作日志等，它们能够提供一个监督企业绩效或个人工作状况的长期窗口。通过分析这些数据，我们可以找到工作行为的模式与趋势，进而发现绩效问题。通过分析财务报告及产出与投入报表等，我们可以评估绩效干预措施的有效性。对企业既有资料进行收集往往是“最便宜”的一种绩效数据收集方式，因为这些资料已然存在，不需要再花费额外的人力与物力来获得。不过，这些资料的可获得性是需要我们事先考虑的，例如谁掌握着这些资料，资料是否可以公开，等等。

其他注意事项

如何准备并最终实施绩效问题原因分析不是一件非黑即白的事情。也就是说，如何就一个具体的绩效问题进行绩效数据的收集并没有一个标准的、统一的答案。在这里我们应用的是“合适性”原则，即在实际情况下如何做既最符合当前的人力、物力以及财力的状况，又满足最大化获得真实绩效数据的要求，哪种方式合适就用哪种方法。在这个大前提下，我们还需注意几个事项。

首先是取样（sampling）。所有的社会科学研究都是基于样本进行的。在开展绩效问题原因分析时，我们也会遇到样本问题，而如何取样关系到绩效数据的有效性与可靠性。

一般来讲，除非是涉及面特别小的绩效问题（可以将所有涉及的人员都纳入绩效数据收集范围之内），否则对大部分的绩效问题进行原因分析都需要考虑样本问题。与社会科学研究取样普遍注重“随机性选择”（random selection）的原则不同，绩效问题原因分析取样更多考虑的是“典型性”（representative）原则。随机性选择指的是，每一位在调研范围内的人员不管最后有没有被抽样，都具备被抽到的可能性。因此，取样条件必须是没有偏好，不设定入选条件，不能进行有目的性的抽样。

然而，在绩效问题原因分析中，取样方式恰恰相反，我们需要的正是“有目的性的抽样”（purposive sampling）。也就是说，我们需要针对特定的、与所要解决的绩效问题密切相关的人群来进行数据的收集。

那具有代表性的、与绩效问题密切相关的人群有哪些呢？这里有两个判断的基本原则。第一，处于绩效问题中心的人员。比如安全生产率未达标，那么生产线上的员工是处于这一绩效问题中心的人员；又如销量未达标，那么一线销售人员是处于这一绩效问题中心的人员。第二，与绩效问题密切相关的人员。这样的人员可以是影响绩效问题的人，也可以是被影响的人。比如客户投诉率高，那么与这个问题密切相关的人员既包括负责客户服务的管理人员，也包括客户。管理人员是可以影响客户投诉率的人，而客户是被影响的人。

在进行有目的性的抽样时，我们需要对“哪些人应该被纳入抽样群体”制定明确的条件。这些条件可以是与地域、职位或岗位、绩效表现等相关的客观条件，也可以是与态度、意愿等相关的主观条件。以体彩网点专管员绩效提升项目为例，在取样中我们设置了三组取样条件（见表 11–3）。

第一组条件是为了选择“具有代表性”的省份，考虑省份的参与意愿和销售业绩。第二组条件是为了选择“具有代表性”的专管员，更具体地说，是找到业绩比较优秀的专管员。在这里，我们统称这样的专管员为“高绩效员工”或“明星员工”。对于他们的取样，业绩是第一要素，但语言表达力、分享意愿等也是取样的重要条件。第三组条件是为了选择“具有代表性”的业主，对他们的取样同样也参考销售业绩、分享意愿与语言表达力等因素。

在某品牌汽车提升全国 4S 店整体绩效项目中，取样也有条件限制（见表 11–4）。以区域为板块划分不同层级、不同业务条线的人员，以最核心的绩效考核指标为基准，对绩效表现优秀或靠前的人员进行取样。

表 11-3　体彩网点专管员绩效提升项目取样方案示例

取样范围	取样条件
目标	1 个重点的省份，30 名优秀的专管员，专管员样本覆盖率达到 20%
省份	参与意愿 ■ 已在省内或区域内开展“标杆专管员”评选或类似活动 ■ 已尝试开展提升专管员业务能力或工作积极性的活动 ■ 愿意配合国家体彩中心的此次项目（比如协调人员、安排相关事宜） 销售业绩 ■ 在近两年有突出业绩表现 ■ 所处地理位置具有普遍意义（比如华东、华北、华南等区域）
专管员	■ 公认的标杆专管员 ■ 所辖片区的销售业绩处于领先或靠前位置 ■ 长期在专管员岗位上工作且有意愿继续工作下去 ■ 工作表现受到网点业主的好评 ■ 愿意分享（比如表达清楚、逻辑清晰、善于言谈等）
体彩网点业主	■ 销售业绩处于高、中、低三个业绩区间的业主各 3 家 ■ 其网点所处地理位置具备代表性 ■ 愿意分享（比如表达清楚、逻辑清晰、善于言谈等）

表 11-4　某品牌汽车经销商集团 4S 店整体绩效提升项目取样示例

岗　位	抽样指标	抽样人群
总经理	全国 4S 店综合业绩	■ 全国经销商综合业绩排名前 20 位的 4S 店总经理 ■ 若以上 20 位总经理没有覆盖到所有的六大经销商区域，则增加未覆盖区域的 4S 店总经理人数，抽样指标为该区域 4S 店综合业绩排名靠前者
销售总监	全国 4S 店销售业绩	■ 全国经销商销售业绩排名前 20 位的 4S 店销售总监 ■ 若以上 20 位销售总监没有覆盖到所有的六大经销商区域，则增加未覆盖区域的 4S 店销售总监人数，抽样指标为该区域 4S 店销售业绩排名靠前者

（续表）

岗 位	抽样指标	抽样人群
市场总监	■ 市场总监绩效考核标准 ■ 按区域	各区域市场总监考核结果前 3 名
服务总监	■ 客户投诉率 ■ 按区域	各区域客户投诉率排名（从低到高）前 3 名
销售顾问	■ 销售业绩 ■ 按区域	各区域个人销售业绩排名前 3 名
服务顾问	■ 客户投诉率 ■ 按区域	各区域个人客户投诉率（从低到高）前 3 名

其次是不同数据收集方法对前期准备和后期分析所需投入的时间与精力的要求是不一样的，这也是需要我们在进行绩效问题原因分析前就考虑清楚的。简单地说，在前期准备难易程度、实施难易程度与后期分析难易程度上，调查问卷、一对一访谈、焦点小组访谈以及现场观察呈现由易到难的趋势。因此，采用调查问卷的方式可以快速获取绩效数据，但数据的深入度与精确度不够；采用访谈方式获取绩效数据需要的前期准备时间较长，后期数据分析难度也较大，但优点是数据很翔实。现场观察与访谈是同样的情况。

最后是调研人员的专业能力。例如，很多人认为调查问卷是一个很简便且很简单的数据收集工具，对使用工具的人要求不高。其实不然，作为社会科学调查最常用的一种数据收集工具，调查问卷该怎么编写是有很多讲究的，比如不能出现模棱两可的问题，避免使用"和"和"或"的字样，不要问被调查人员无法回答的问题。这些都是编写调查问卷最基本的要求。又如，在一对一访谈或是焦点小组访谈中，问什么问题，如何澄清问题，如何追问问题，如何总结对方的回答，如何避免焦点小组访谈中出现"一言堂"的情况，等等，都是对访问者提问能力、深度挖掘能力、总结能力和把控访谈方向能力的考验。其他的数据收集方法无一例外地对使用它们的人提出了要求。因此，在收集绩效数据时，设计调研工具与使用调研工具的人必须具备一定的专业功底，这样才能用好工具，收集到有效的绩效数据。

诊断绩效根因是一个综合分析与判断的过程，以上提到的各种数据收集与分析方式都建立在一定的诊断框架基础上。所谓框架，百度百科上的解释很形象[①]：框是一个框子，指其约束性；架是一个架子，指其支撑性。框架是用于解决或处理复杂问题的边界与指导。在绩效改进领域，诊断绩效根因也有框架，这些框架抑或是经典的诊断模型，抑或是建立在绩效根本原理基础上的诊断指导。接下来，我们将重点介绍三种常用的诊断框架：典范绩效分析法、行为工程模型分析法以及工作流程分析法。

典范绩效分析法

如果你静下心来仔细地对团队中或部门中的人员的业绩进行分析，你就会发现总有几个人很快地脱颖而出。同时，他们具备一些共同的特点，比如业绩表现居于团队榜首甚至是公司榜首，工作效率很高也很有方法，能很好地完成在别人看来很难完成的业绩目标或工作任务……作为管理者，你是不是曾想过，如果我的团队里都是这样的员工就好了。但现实却很残酷。

巴莱多定律，也叫二八定律，是 19 世纪末 20 世纪初意大利经济学家巴莱多发现的。他认为，在任何事物中，最重要的只占其中一小部分，

---

① 参见 https://baike.baidu.com/item/ 框架 /1212667?fr=aladdin。

约 20%，其余 80% 尽管是多数，却是次要的。二八定律在社会、经济、工作、生活中无处不在。比如，20% 的人掌握着 80% 的社会财富，20% 的客户能够带给企业 80% 的利润，20% 的产品能带来 80% 的销量，等等。那么，根据二八定律，即使一个管理者足够幸运，他的团队中也只会有不超过团队成员总数 20% 的人是属于高业绩、高产出、高效率的员工。因此，那种“如果所有员工都像某某某一样该多好啊”的想法永远不可能变为现实。

既然这种想法不能变为现实，那为什么人还会有这样的执念呢？究其原因是我们对天赋的误解——我们总是认为一个人在某个领域有突出的表现是由于他与生俱来的天赋能力。比如，我们常常会听到这样的溢美之词：“他生来就具有领导者的特质。”“他是一名天才销售员。”“他天生就是干这个工作的。”那天赋与绩效之间是否真的就是“等号”关系呢？杰夫·科尔文（Geoff Colvin）对天赋做过深入的研究，并在《哪来的天才：练习中的平凡与伟大》（*Talent Is Overrated: What Really Separates World Class Performers from Everybody Else*）一书中对研究结论进行了全面的阐述。对于天赋与绩效之间的关系，他提出如下观点：

- 天赋（与生俱来的能力）不是造成人们在音乐、体育或商业领域的绩效表现差异的重要原因。
- 智商和记忆力也不是造成绩效表现差异的重要原因。
- 卓越绩效的最大贡献因子是刻意练习。

天赋于人各不相同，但卓越绩效是可以通过刻意练习实现的。那么从另一个角度来看，天赋不可复制，但绩效是可以复制的。对于管理者而言，提升绩效的命题就变成了：如何将卓越绩效复制给团队中的每一个人？

绩效曲线

典范绩效（exemplary performance）的概念最初源于吉尔伯特。他认为典范绩效是在已经发生过的绩效记录中表现最佳的那一次，而绩效可提升的空间与典范绩效密切相关，即：

$$\text{绩效提升潜能} = \frac{\text{典范绩效}}{\text{一般绩效}}$$

那么，高绩效员工所创造的典范绩效的价值到底有多大呢？微软创始人比尔·盖茨（Bill Gates）曾经说过，如果他在创业之初失去了团队中最优秀的那5名员工的话，那么世界上早就没有微软这家公司了。以销售业绩为例，团队中排名前10%的销售员要比绩效表现一般的销售员多创造30%~50%的销售额。在软件行业，最优秀的程序员要比一般的程序员多写出10倍以上的、完全没有错误的代码。[①] 通过对比某些行业典范绩效产出与一般绩效产出的数据，吉尔伯特得到了如下工作岗位绩效提升潜能指数（见表11–5）。

值得注意的是，这是高绩效员工与一般员工之间的差距。如果是比较高绩效员工与低绩效员工的话，那么差距会更大，改进的空间也更大。复制典范绩效是否意味着将所有人的绩效水平都提升到典范绩效的水平呢？答案是否定的。

---

① Paul Elliot，Al Folsom. Exemplary performance：Driving business results by benchmarking your star performers [M]. San Francisco: Jossey-Bass Press, 2013.

表 11–5 部分岗位绩效提升潜能指数示例

工作岗位	绩效提升潜能指数
保险推销员	14
包装机器生产员	2.5
阅读教师	10
印刷车间经理	6
食品杂货店经理	5
培训课程开发人员	25
金属加工厂经理	3
广告位销售员	12
数学教师	30
律师（损害赔偿）	20

正态分布曲线又称钟形曲线（见图 11–4），它反映的是随机变量的分布规律。理论上，它是一条中间高、两端逐渐下降且完全对称分布的曲线。钟形曲线在生活中随处可见，最典型的是学生的考试成绩。如果你有兴趣去仔细观察一个中、小学班级的期中或期末考试成绩，并把成绩由低到高进行排列的话，你就会发现成绩最好的和成绩最差的学生居于曲线的两端，而大部分学生的成绩居于曲线的中段，整体呈钟形分布。

在企业中，不论是在某一个部门还是在某一个岗位上，员工的绩效表现分布也呈钟形。当然，这不会是一个完美的、完全对称的正态分布图。如图 11–5 所示，我们用横轴代表绩效结果，从左至右绩效由低到高；纵轴代表员工人数，从下往上人数由少到多。这样一来，我们就可以得到一条绩效曲线，员工的绩效表现就分布在这条曲线上。我们可以看到，曲线的最右边是达到并超过“典范绩效”基准线的明星员工，这样的员工人数不会很多。同样，曲线的最左边是达到“最低绩效”要求的员工，这样的员工人数也不会很多。大部分员工是处于“标准绩效”左右范围内的。

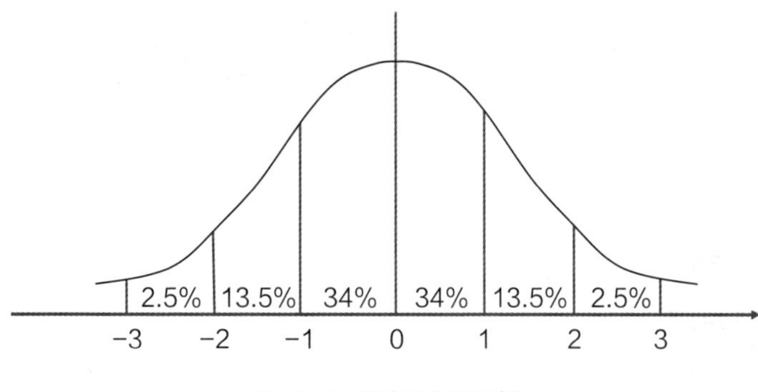

图 11-4　正态分布图示例

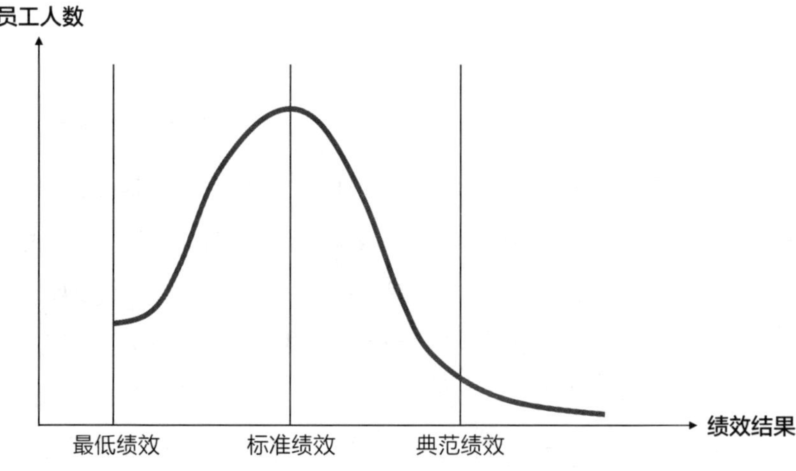

图 11-5　员工绩效表现正态分布图

复制典范绩效的意义不在于将所有处于“最低绩效”和“标准绩效”范围内的员工全部挪到“典范绩效”的范围内。这是因为根据正态分布的原理，总是会存在处于曲线两端与曲线中间的人群。同时，二八定律也告诉我们，能够做出典范绩效的优秀员工总数不会超过员工总数的20%。那么，复制典范绩效的意义到底在哪里？如图 11–6 所示，通过提炼并复制典范绩效，我们的目的是提升标准绩效基准线，让其向典范绩效基准线靠近，缩短标准绩效基准线与典范绩效基准线之间的差距。也就是说，我们要提升靠近最低绩效基准线的员工的绩效，让更多的员工超过原有的标准绩效基准线，向新的标准绩效基准线靠近，从而提升整体员工的绩效表现。这就是复制典范绩效的意义所在。

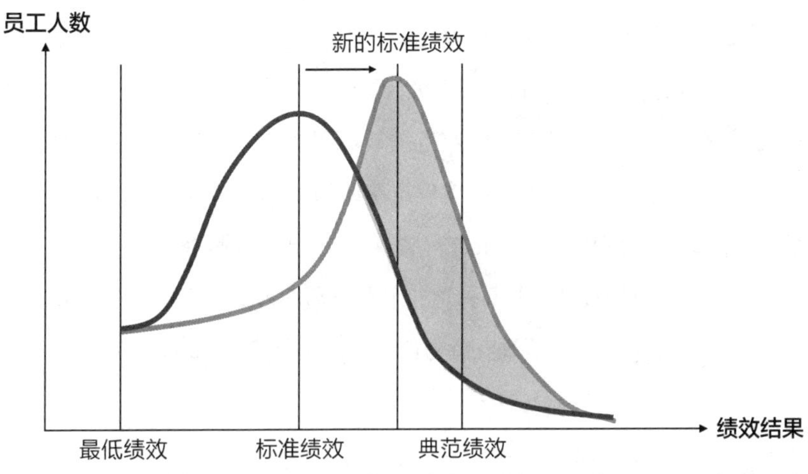

图 11-6　提升标准绩效基准线后的员工绩效分布图

绩效模型：为典范绩效建模

如何提炼并复制典范绩效？建立绩效模型是行之有效的方法。

绩效模型（performance model）是对典范绩效的系统性记录。通过萃取典范绩效，绩效模型对某一绩效结果的产出、衡量标准、工作任务、工具支持等内容进行全面的梳理，并以此为参考标准与绩效现状进行对比，找出绩效差距产生的原因。绩效模型既可以建立在岗位的基础上，也可以建立在部门、流程甚至整个业务单元的基础上。接下来，我们以岗位绩效模型为基础来探讨绩效模型的构建方法。

通过建立绩效模型的方式来分析绩效差距原因一般分为两个步骤。

第一步，定义典范绩效，建立绩效模型。对于某个工作岗位来说，典范绩效就是在这个工作岗位上创造出来的、具有最佳表现的那个绩效记录。通常情况下，这样的典范绩效是由某个人或几个人共同创造出来的。某个特定的工作岗位所覆盖的工作任务不是单一的，所要产出的绩效结果也不是单一的，这往往就决定了没有一个“全能人”能够在这个岗位的所有方面都保持着最佳绩效记录。更常见的情况是，由几个人共同构成这一工作岗位最全面的典范绩效。因此，在搭建绩效模型的过程中，我们一般会以一对一访谈或焦点小组访谈的形式对某一岗位在不同绩效结果方面表现优秀的员工进行绩效萃取，形成绩效模型。

在绩效模型中，针对某一个工作岗位需明确以下四个方面的内容：绩效结果、工作行为、绩效支持与员工素质（见表 11–6）。

表 11–6 绩效模型组成部分

项 目	具体内容
绩效结果	■ 核心绩效结果：为了支持部门或公司整体业绩目标的达成，该岗位需要产出什么样的绩效结果？ ■ 绩效结果考核指标：以什么方式和什么标准来评价绩效结果的优劣？
工作行为	■ 工作任务：为了实现绩效结果，需要做哪些具体的工作？ ■ 最佳工作实践：在实际工作中，哪些做法是被验证了既有效果也有效率的？
绩效支持	■ 绩效支持工具：在实现绩效结果的过程中，组织需要给员工提供哪些支持工具？
员工素质	■ 岗位角色与职责：在这一岗位上的员工扮演什么样的角色？承担哪些工作职能？ ■ 岗位胜任能力：员工需要具备什么样的知识、技能与态度才能完成工作任务？

第二步，对比绩效差距，明确绩效根因。绩效模型是对典范绩效的

总结。在绩效模型的基础上，我们可以通过问卷调查或打分的形式将当前所有员工的绩效与典范绩效进行对比，从而获得具体的绩效差距，再对差距进行原因分析，找到根因。

通过对比绩效模型，我们一般可以将绩效差距根因归为以下三类。

- 绩效支持的缺失，比如与工作相关的信息、工具、流程或说明等。
- 员工知识与技能的缺失，比如专业知识、通用知识或工作经验等。
- 员工个人特质与价值观的不同，比如身体特征、心理特征或动机等。

在找到绩效差距根因之后，我们接下来就要针对根因进行干预措施的设计与实施了。

案例分享

斯蒂尔凯斯（Steelcase）是一家全球领先的办公家具制造商及服务商，它的产品及服务包括办公场所设计、办公系统、办公桌椅、文件柜，以及通过应用相关办公知识改变人们的工作方式。在全球范围内，斯蒂尔凯斯拥有 21 000 名员工，分布在 15 个国家，分别负责办公家具制造及销售的工作，服务的客户群体包括众多“《财富》500 强”企业以及其他的优质客户。为了便于向客户提供产品及服务，斯蒂尔凯斯在全球建立了由近 700 家独立的办公家具系统经销商组成的销售及服务网络。这些经销商直接与终端用户接触，它们的业绩好坏直接影响到斯蒂尔凯斯的业绩，也正因为如此，斯蒂尔凯斯有一大部分员工的主要工作就是致力于帮助经销商提升业绩并保持业绩良好的状态。

斯蒂尔凯斯的子公司之一——家具管理联盟（Furniture Management

Coalition，简称FMC）的主要工作内容就是帮助斯蒂尔凯斯的特选服务供应商向客户提供家具管理服务，并保持服务供应商的盈利状态。家具管理联盟由30名员工组成，其中包括1名副总裁及6名管理人员；有一个核心职位叫作现场操作经理。斯蒂尔凯斯的现场操作经理分布在美国各地，他们当中的每一位都需要管理多个州的业务。就工作内容而言，现场操作经理与特选服务供应商直接对接——负责推荐那些能够提供家具管理的服务供应商，并通过评估服务供应商的发展需求及提供教练辅导服务的方式，帮助服务供应商维持盈利。此外，现场操作经理有时还需要和服务供应商一起解决客户提出的问题。同时，他们也是服务供应商与斯蒂尔凯斯之间的沟通桥梁，扮演着“服务供应商之声”的角色，协调服务供应商与斯蒂尔凯斯之间的关系。

当前，现场操作经理存在以下的问题：

- 现场操作经理之间缺乏定期的沟通，未能分享彼此的想法和最佳工作实践。
- 每一位现场操作经理在开展工作时所履行的工作程序都不相同。
- 现场操作经理将80%的工作时间都用于处理紧急问题以及跟踪问题解决进展。
- 在出现问题时，客户经常会越过现场操作经理的上级，直接找到斯蒂尔凯斯的总部办公室寻求问题的解决方案。这不仅导致了解决问题时的混乱局面和重复性工作，而且破坏了现场操作经理与服务供应商以及客户之间的良好关系。
- 虽然所有现场操作经理的工作业绩都以服务供应商的赢利能力为考核标准，但这一标准并没有在所有的现场操作经理考核中得到一致的实施。

为了推进现场操作经理相关绩效问题的解决，斯蒂尔凯斯组建了一支内部绩效分析与咨询团队（以下简称“项目组”）。项目组认为要解决以上问题需从现场操作经理岗位本身入手。虽然公司层面为现场操作经理这一岗位编写了明确的“岗位说明书”，但其对于这个岗位的职责及业绩考核标准的描述并不清晰。因此，项目组决定从分析现场操作经理岗位和搭建岗位绩效模型入手解决当前的绩效问题。通过岗位绩效模型，家具管理联盟的管理层可以清晰地看到现场操作经理理应达成的各项绩效结果以及达成既定绩效目标的方法。项目组确定了现场操作经理岗位绩效模型中的几项核心内容：

- 绩效结果表现，即现场操作经理岗位的关键职责及所需达成的有价值的绩效结果。
- 岗位胜任能力，即胜任现场操作经理岗位的人员所需具备的核心能力。
- 最佳工作实践，即优秀现场操作经理持续达成绩效结果所采取的行为。
- 业绩考核指标，即对现场操作经理进行考评所采用的业务及绩效指标。
- 绩效障碍与促进因素，即阻碍或促进现场操作经理达成绩效的因素。

在家具管理联盟高层的帮助下，项目组挑选出了一些在绩效结果某些方面表现优秀的现场操作经理。作为一个整体，这些经理无论是在业绩考核还是在人际沟通方面都获得了优秀的工作评价。但有趣的是，没有一名现场操作经理在绩效结果的所有方面都达到了优秀的标准。比如，有些现场操作经理对如何辅导服务供应商很在行，但在定期跟踪并汇报项目进展方面却做得不尽如人意。

接下来，项目组分别采访了家具管理联盟高层以及所有的现场操作经理。大部分的采访都是通过电话访谈的形式进行的。在采访现场操作经理时，项目组重点关注了每位经理被公认为业绩表现优异的方面。每次采访时间大约为 4 小时，其中 2 小时用于采访，另外 2 小时用于整理访谈信息，同时归纳总结绩效模型中的工作行为描述。在采访结束之后，项目组对所有采访信息进行了分类与校对的整理工作，并搭建了现场操作经理岗位绩效模型（见表 11–7），其中明确规定了该岗位的绩效结果表现、岗位胜任能力、最佳工作实践、业绩考核指标、绩效障碍与促进因素等详细内容。

在现场操作经理岗位绩效模型搭建完成之后，项目组开始着手调研现场操作经理的整体绩效现状与绩效模型之间存在的差距以及差距形成的原因，也就是比较"当前状态"与"理想状态"之间的差距。项目组采用了调查问卷的方式，将当前现场操作经理的典型工作行为（"当前状态"）与绩效模型中定义的最佳工作实践或工作行为（"理想状态"）进行了对比。在具体的实施过程中，家具管理联盟的管理层被邀请参加调查问卷的填写，他们从现场操作经理上级的角度对各自下属的经理进行了评价。同时，每位现场操作经理也被邀请参加调查问卷的填写，进行自我测评。调查问卷表共计发放了 30 份。

从整体上看，调查问卷的结果显示，在评价现场操作经理展现期望工作行为的频次及技能水平方面，家具管理联盟管理层给出的评价略低于现场操作经理的自我评价。但两者的评价还是呈现出了较为一致的趋势，他们都认为现场操作经理在以下方面存在提升的空间。

- 评估服务供应商当前能力并为供应商提供能力提升指导意见。现场操作经理需要在引导供应商制订与实施业绩改进计划、清晰记录该

表 11–7　现场操作经理岗位绩效模型（部分）

绩效结果表现（……需要达成的工作成果）	岗位胜任能力	最佳工作实践（……如何才能达成工作成果）	业绩考核指标（……衡量标准）
完成服务供应商测评并选择相应的服务供应商	■ 分析 ■ 决策 ■ 信息收集 ■ 计划与组织 ■ 关系构建	定义：根据严格、清晰的标准选择并录入服务供应商 ■ 与客户经理分享信息并判断客户潜在的服务需求，然后选择潜在服务供应商网络 ■ 依据能力、价格、意愿等核心标准选择服务供应商。家具管理联盟采用以下标准选择服务供应商： ▲ 对所有供应商应一视同仁 ▲ 以与客户签订的商品合同为基础选择供应商 ▲ 挑选服务能力与价格均具竞争力的供应商 ▲ 明确供应商参与项目的意愿 ▲ 需考量以往的商务合作关系 ▲ 明确供应商地理位置与客户地理位置的一致性	■ 向客户经理及总经理提交一页纸的服务供应商评估报告，并通过审核 ■ 在与客户完成合同签订之前通过服务供应商资格审核 ■ 提供服务供应商任务书 ■ 完成服务转包协议 ■ 完成客户转包协议 ■ 完成保险证明

计划和及时跟进计划实施等方面提升相关能力 。

- 沟通能力。现场操作经理需要在定期与家具管理联盟管理层进行沟通、撰写清晰的书面沟通文书和鼓励他人定期沟通等方面提升相关能力。
- 辅导技能以及自身发展规划。只有为数不多的现场操作经理对自己的技能与事业发展有较为清晰的计划。

另外，项目组对阻碍现场操作经理达成预期业绩目标的因素进行了归类，主要表现在以下几个方面。

- 工作期望：工作期望与工作职责划分不清晰，新入职的现场操作经理对斯蒂尔凯斯的企业文化不甚了解。
- 工具、系统、流程及资源：帮助现场操作经理挑选、监督及评价服务供应商的工具没有效果，没有足够的经销商业务咨询顾问与现场操作经理一起工作，客户不同的文化与行为方式导致工作流程难以实现标准化。
- 奖励及结果：现场操作经理不清楚如何与业绩不佳的服务供应商沟通业绩不达标所带来的后果，对于现场操作经理是否与他人分享最佳工作实践没有相关考核标准和激励措施。
- 知识、技能、态度及动机：现场操作经理在这些方面不存在问题，所有的现场操作经理都具备足够的专业技能，同时处于高度自我激励的状态。

通过绩效差距分析，项目组找到了现场操作经理目前的优势与劣势。项目组与家具管理联盟管理层以及现场操作经理代表人员一起详细分析了目前存在的绩效差距及其原因，然后将可能实施的解决措施与绩效差距逐一进行对比，最终确定了一系列的解决措施作为弥补绩效差距的整体解决方案。这些解决措施主要围绕澄清对现场操作经理的工作期望、规范工作流程以及确保业绩考评指标与激励措施能够得到贯彻执行等方面展开。在解决方案实施过程中，家具管理联盟管理层担负了主要的职责。项目组定期与家具管理联盟管理层召开会议，了解并跟踪解决方案的实施情况。

行为工程模型分析法

1978 年，吉尔伯特在其著作《人的能力》中提出了行为工程模型。这是绩效改进领域的第一个绩效诊断模型，它提出了影响员工绩效表现的两个方面、六个因素，构成了“2 × 3”的员工绩效分析网格图。

员工与环境两分法

行为工程模型有一个大前提：它是以员工绩效表现为核心的绩效差距原因分析框架，是站在个人绩效而不是组织绩效的层面来分析绩效问题产生的原因的。行为工程模型建立在吉尔伯特对绩效来源的深度思考的基础上。在前文中我们提到，吉尔伯特提出了著名的绩效公式，即绩效（P）= 行为（B）→ 成果（A）。吉尔伯特认为绩效来自行为，那哪些因素又会影响行为的实施呢？这就有了行为工程模型。

行为工程模型从两个方面构建了影响个人工作行为的六个因素：信息、资源、激励、知识与技能、潜能及动机（见图 11–7）。其中，前三个属于工作环境对员工工作行为的影响因素，后三个则属于员工自身对工作行为的影响因素。这两个方面缺一不可。

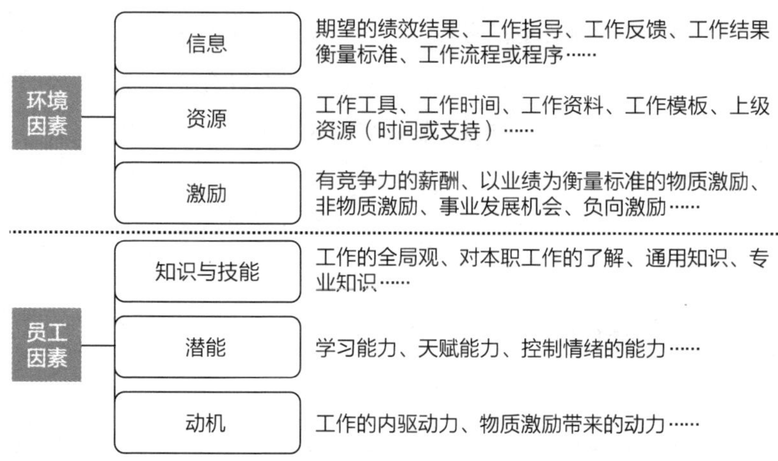

图 11-7 行为工程模型

- 一方面，工作环境需创造有利于员工实施预期工作行为的外在条件。
- 另一方面，员工自身需具备实施预期工作行为的知识与技能、潜能及动机等内在条件。

接下来，我们逐一说明每项因素。

信 息

信息是指员工为了高效、高质量地完成工作任务所必需的数据输入。在这里，数据不仅仅是数字形式的输入，也包括其他以文字、图片、表格等形式呈现的数据。工作信息包含两方面的主要内容：一是工作指导，例如期望员工完成的工作结果是什么样的，衡量工作结果的标准有哪些，既定的工作流程是什么，等等；二是工作反馈，例如员工目前工作做得怎么样，在哪方面需要加强，在哪方面存在不足，等等。这些信息能否清楚地帮助员工判断“我”应该如何做工作（工作指导），或者“我”的工作做得怎么样（工作反馈）？信息是环境因素中，甚至是所有六项因素中对员工绩效影响最大的因素。吉尔伯特指出，没有正确的工作指导以及及时恰当的工作反馈是造成员工绩效表现不佳的最主要原因。同时，也有研究数据表明，仅仅是“没有及时的工作反馈”一项就会造成 50% 的不理想绩效。

资 源

资源既包括有形的资源，也包括无形的资源。比如，工作工具就是有形的资源，而工作时间则是无形的资源。在这里有一项资源值得特别指出，那就是上级可以给予员工的时间与上级的可接近性。这是为了让员工知道，他们在遇到问题时是可以向上级寻求帮助的。有一些管理者会在自己的工作时间安排中设置固定的“办公室开放时间”，让员工知道他们可以在这个时间段里随时来找自己，自己会给予他们工作或其他方面的支持。

激 励

激励是企业为了提升员工的工作意愿、工作持久性、工作投入度等而采取的外在的、物质的或非物质的刺激手段。激励是与需求相对应的一个概念——只有满足了某种需求的激励才会产生预期的效果。一谈到激励，人们最容易想到的是物质激励，比如工资、奖金、股权等，而往往忽视了非物质激励的作用。20 世纪 50 年代末期，美国行为科学家弗雷德里克·赫茨伯格（Fredrick Herzberg）和他的助手在美国匹兹堡进行了一项大规模的访问研究，并基于研究结果提出了双因素理论（Two Factor Theory），或叫作激励保健理论（Motivator-Hygiene Theory）。

在这次访问研究中，赫茨伯格和他的助手对 11 个行业的 200 多名工程师、会计等人员进行了调查询问。在访问中，受访者被问到了两个问题：

- 在工作中，哪些事项是让你感到满意的，并估计这种积极情绪持续了多长时间？
- 在工作中，哪些事项是让你感到不满意的，并估计这种消极情绪持续了多长时间？

从“满意”和“不满意”两个维度出发，赫茨伯格将调查结果进行了归类，提炼出两类因素（见表 11–8）。赫茨伯格将其中一类因素命名为“激励因素”。激励因素是与工作内容相关的内在因素，包括个人成就、组织或社会的赞赏、工作本身的挑战性、明确的职责划分以及个人的成长与发展。这些因素涉及员工对工作的积极情感，又和工作本身的内容相关，来自工作环境中持久的而不是短暂的成就。与之相对的是“保健因素”。保健因素是与工作环境相关的外在因素，包括公司政策、管理方式、上级监督、工资福利、人际关系以及工作条件等。这些因素涉及员工对工作的消极情感，与工作的氛围和环境相关，容易引起员工的不满，不能激发其工作热情。因此，赫茨伯格明确指出“没有不满意不等于被激励”，做到了保健因素只能有助于员工对工作不产生“不满意”的情绪，但不能确保员工“被激励”。只有做到了激励因素，员工才能真正被激励。

在现在的职场中，我们看到了越来越多的“90 后”和“00 后”员工，这一员工群体与“70 后”“80 后”员工有着显著不同。有一位生于 20 世纪 70 年代初期的管理者，他是一家大型集团公司核心业务部门的主要负责人。他说他曾经特别不理解为什么“90 后”“00 后”员工愿意花上数小时的时间在网上的论坛回复他人的帖子，而做这些只是为了获得

表 11–8　赫茨伯格双因素理论

项　目	激励因素	保健因素
定　义	与工作内容相关的内在因素，源于工作环境中持久的而不是短暂的成就	与工作环境相关的外在因素，能帮助减少员工的“不满意”情绪。它不能直接提高健康水平，但有预防疾病的效果
相关性	工作内容	工作环境
示　例	个人成就、组织或社会的赞赏、工作本身的挑战性、明确的职责划分及个人成长与发展等	公司政策、管理方式、上级监督、工资福利、人际关系、工作条件等

他人的一个点赞。后来跟“90 后”“00 后”员工接触得多了，他才渐渐明白，与他那一代人较看重实质性的、“有意义的”回报不同，“90 后”“00 后”的员工更希望自己的声音能被听见，而分享就是让自己的声音被听见的一种方式。同时，他们也希望被认可，而自己的分享能被他人点赞就是对自己的认可。

因此，“90 后”“00 后”员工在整体上体现出如下特征。

- 希望被认可。
- 做新鲜的、感兴趣的工作。
- 在意领导的个人魅力。
- 更加追求个人的成功与发展。
- 需要更多的沟通。
- 不喜欢复杂的流程与组织结构。

关于如何激励“90 后”“00 后”的员工，已经有很多的学者或者管理者发表过见解，在这里我们摘录一段：

在日常管理中，奖惩要明确，在条件允许时，多表扬和激励“90 后”员工。这就要求管理者明确表扬员工的范围，表扬时一定要具体化并把握好时机和环境。在满足被表扬者的需要的同时，管理者要注意公平性。激励的方式有很多种，例如给予他们课题研究的机会，赋予他们团队中的头衔，让他们自己制订培训计划并倡导实施，定期工作轮岗，活用个人面谈，让他们多参与部门集体讨论并主动分担主管工作，在部门内担任讲师，定期内部授课，等等。参与度强的有效激励，能调动员工的工作情绪，培养正确的工作价值观，便于发挥“90 后”员工的个人优势。[①]

知识与技能

关于知识与技能，我们应当从两个方面来考虑。一类是与员工完成本职工作相关的专业性知识与技能，例如程序员要写软件代码必须具备计算机语言相关的专业知识，销售员要推销产品必须具备相关的销售专业知识与技能。另一类则是通用的工作知识与技能，例如沟通技能、协调技能、熟练运用办公软件和不同工作语言的技能等。在这一类知识中，有一项是需要特别提出来的，那就是对于“工作全局观”的了解。我以汽车生产线为例来说明什么是工作全局观。一般来讲，汽车的生产过程由四大生产工艺构成：冲压、焊装、涂装与总装。在总装环节，工人主要是将零部件（小到螺钉、大到发动机等）安装到汽车中，经过这一环节之后，一辆汽车就正式下线了。通常，相比其他三个自动化程度较高的工艺，总装车间是工人最多的车间。在实际工作中，每一个工人都在

① 李露 . 浅谈企业 90 后员工特点及其管理方法 [J/OL]. 人力资源管理，2014. https://www.ixueshu.com/document/05b4f309dac23a75318947a18e7f9386.html.

固定的工位上安装汽车中一个或几个零部件，例如遮阳板、喇叭等。

当待组装的汽车通过流水线到达某一工位时，工人们就开始工作。这时，你就可以看到这样的画面：一个工人登上一辆待组装的汽车，将零部件安装在汽车固定的位置上；3~5 分钟之后，该工人从汽车上下来，准备下一辆车的零部件；当下一辆车到达时，工人重复以上的动作。这样来来回回，该工人在一个小时的工作时间里将重复十几次同样的工序。工作全局观就是为了解答员工对于本职工作意义的问题——“我每天重复做着这样的工作到底有什么意义”。这个问题不仅仅对流水线上的员工来说非常重要，对于知识工作者同样重要。

潜 能

潜能在行为工程模型中的英文原文是“capacity”，有“容量”“容积”的意思，翻译成“潜能”有两个方面的含义。一方面，潜能指的是“在某个领域具有可开发的能力”。因此，这里的能力并不是指员工已经表现出来的、可感知的能力，更多的是指员工还未展现出来但具备提升可能的能力，例如学习能力、情商能力等。对于具有开发潜能的能力，员工的缺失或不足是可以通过培训、学习或辅导等方式进行提升的。

另一方面，天赋体征也是员工能力的一项内容。与具有开发潜能的能力不同，天赋体征是与生俱来的、不可改变的能力。例如，在高考体检中有一项关于色盲色弱的测试。对于这项测试，报考化学专业的学生是必须要通过的，如果通不过，考生就不能够报考化学专业。这就是天赋体征，它所赋予的能力是不可改变的。换句话讲，我们不可能通过培训、学习或辅导等方式来提升这项能力。在工作中，如果员工是由于天赋体征不能胜任某项工作，那么解决办法只有两个：要么换岗，要么换人。

动 机

动机对于管理者来讲是非常神秘的一项因素，也是被经常“甩锅”的一项因素。为什么这么说？你如果有心留意，就会发现管理者常常把“员工没有工作动机”当作员工绩效不好的首要原因，甚至唯一原因。他们认为员工没有工作动机的典型表现，包括工作积极性不高、没有工作意愿、执行力不强、不在乎工作等。在介绍哈里斯的绩效公式（见本书第 7 章“绩效改进与绩效管理”）时，我们讨论过这个公式背后的一个根本假设——哈里斯认为，没有一个正常人会在一大早起来就对自己说：“我今天不打算好好工作，我也要让我身边的人过得不顺心，等到晚上回到家的时候让自己感觉非常糟糕，因为今天什么事情都没干。”从这个角度来讲，员工没有工作动机其实是一个“伪命题”。

与激励不同，动机是员工内在的驱动力，而激励是环境给予的外在驱动力。工作动机是一种心理状态，它能够激发员工做出与工作绩效相关的行为，并能够决定这些行为的方向、形式、强度和持续的时间。工作动机是工作行为的原动力，也是驱动工作行为的直接力量。那么，工作动机与什么有关？人为什么工作？接下来，我们从管理角度以及员工自身角度两个方面来回答这个问题。

从管理的角度来讲，有三个与工作动机相关的理论试图回答这一问题：X 理论、Y 理论与 Z 理论。[①] 美国麻省理工学院管理学教授道格拉斯·麦格雷戈（Douglas McGregor）在《企业的人性面》（*The Human Side of Enterprise*）一书中提出了两个截然相反的、与员工工作动机相关的理论：一个是 X 理论，另一个是 Y 理论。X 理论是基于对人的一些基本假设而提出来的。具体来说，X 理论认为大部分人从骨子里是不喜欢工作

① 参见 https://courses.lumenlearning.com/wmopen-introbusiness/chapter/reading-douglas-mcgregors-theory-x-and-theory-y-2/。

的，他们会想尽办法逃避工作。即使做了工作，他们在工作中也没有想法，没有创造性，没有目标。而他们之所以工作，是为了满足马斯洛需求层次理论中最低层级的生理与安全需求。因此，X 理论认为人工作是受物质利益驱使的，说得更简单一点就是为了钱，或者是其他外在的物质刺激。在这种观点的驱使下，“胡萝卜 + 大棒”是激发员工内在动力最适宜的外在刺激方式。

Y 理论也是基于对人的一些基本假设而提出来的，但它对人的假设与 X 理论对人的假设完全相反。Y 理论认为只要条件适合，人们工作就像人们玩耍一样是一件很自然的事情。人是自我驱动的且富有创造力，一旦做出承诺，就会为了实现组织目标而努力工作。人们工作是为了满足马斯洛需求层次理论中较高层级的尊重需求与自我实现需求。换句话讲，Y 理论认为人工作不是因为外在的物质刺激，而是出于一种单纯地想把一件事情、一项工作做好的内在驱动力。在 Y 理论的驱使下，要想最大化地激发员工的工作动机，管理者需要更多地采取“参与式管理”（participative management）方式，例如帮助员工将个人目标与组织目标统一起来，去中心化管理，授权，扩大员工工作边界与内涵，等等。

Z 理论是由管理学教授威廉·欧奇（William Ouchi）提出来的。欧奇是一位在美国成长起来的日裔教授，他在日本待了很长时间，研究了日本企业的管理方式，尤其是“参与式管理”方式。1981 年，欧奇出版专著《Z 理论》（*Theory Z：How American Management Can Meet Japanese Challenge*），第一次提出 Z 理论，以此作为 X 理论与 Y 理论的延展。Z 理论对于工作中的人也有一些基本的假设。Z 理论认为，人在工作中寻求一种与其他员工互助、亲密的工作关系，或者说是一种归属感。同时，员工希望保持工作与生活的平衡。基于 Z 理论，管理者要想调动员工的工作动机，就需要打造一个强有力的企业文化，给员工提供长期的个人发展机会，关心员工的身心健康，等等。

从员工自身的角度来看待“人为什么工作”，也有一些非常关键的答案。总结起来，以下三个问题决定着员工对工作是否投入以及投入多少。

- 我是否能够胜任这项工作？
- 我对这项工作是否具有自主权？
- 我能否在工作中体验到良好的工作关系？

我们来一一讨论这些问题的答案。

我是否能够胜任这项工作？“是否能够胜任”，这是员工在评估自身能力与工作难度之间的匹配度。当一项工作的难度或挑战程度在员工个体所能掌握的范围之内时，员工投入去做并达成期望结果的可能性会更大。“是否能够胜任”是员工的主观判断，它指的是员工主观上是否相信自己有能力完成某一项工作或挑战并获得成功，其中包含对工作能不能做以及能不能成功两个方面的自我评估。“是否能够胜任”的评估源自社会学习理论创始人阿尔伯特·班杜拉（Albert Bandura）提出的自我效能（self-efficacy）理论。自我效能是指个体对自己在特定的情境中是否有能力得到满意结果的预期。个体对效能预期越高，就越倾向做出更大努力。因此，员工认为自己能够胜任某项工作的程度越高，其工作动机就越强。

管理者要增强员工对“是否能够胜任”某项工作的正向评估，可做的事情包括给予认可与鼓励，帮助员工循序渐进地熟悉工作，给予相关的培训与指导，等等。

我对这项工作是否具有自主权？简单来讲，自主就是“做什么事情是可以由我决定”的一种状态。自主是自我管理的一种状态与程度。自主程度较高的人，身心更为健康。在工作中，个体自主程度越高，工作动机越强。丹尼尔·平克（Daniel Pink）在《驱动力》（*Drive*）一书中指出，工作中的自主权表现在如下四个方面。

- 工作内容自主，即自己可以决定做什么。
- 工作时间自主，即自己可以安排什么时候做什么工作，需要关注的就是输出期望的工作结果。
- 工作方法自主，即自己可以按照自己的想法来完成工作，如何完成工作由自己说了算。
- 工作团队自主，即自己可以选择与谁一起工作，组建自己的团队来完成工作。

总结起来，自主就是“做什么”（what）、“什么时候做”（when）、“怎么做”（how）以及“和谁一起做”（with whom）都由自己决定。当然，这样的自主权并不是完全没有边界，而是建立在确保高质量、高效率以及按时完成工作的基础上的。同时，管理者并不是对所有人、在所有工作上都完全给予“自主权”。每个人对自主的需求不一样，内容也不一样——有些人可能希望对工作内容有自主权，有些人可能希望对工作方式有自主权。管理者要做的是弄清楚每个人关注的自主权重点，然后有的放矢，对症下药。

我能否在工作中体验到良好的工作关系？人是具有社会属性的，人的社会性是人最本质的属性。作为社会中的一员，人需要与他人建立联系，同时从与他人的关系中找到自己的定位。关系需求指的是人在生活与工作环境中，建立与他人的关系，维持人际关系并与他人互动的一项基本需求。工作关系包含两个方面：一方面是员工与上级之间的关系；另一方面则是员工与员工之间的关系。上下级之间的关系（leader member exchange，简称 LMX）对员工的绩效有着很大的影响。有研究表明：

> 当领导者与员工相互信任、彼此尊重时，会形成良好的互动和信息交换关系，此时上下级之间的关系质量较高……而当领导者和员工相互缺乏信任，互动较少，领导者给予单项行政命令分配工作，员工基于单向的行政命令机械做事时，上下级之间的关系质量较低。①

同样，员工是否相处融洽、是否相互信任、是否有共同的目标、是否相互协同，对员工绩效的影响也不可小觑。因此，为了让员工在工作中体验到良好的工作关系，管理者不仅要对员工表现出关心，给予员工相应的工作支持，尊重员工，而且需要营造良性的团队氛围。

员工绩效根因诊断顺序

以行为工程模型为基础，吉尔伯特制作了一个初步诊断员工绩效的问卷（见表 11–9）。该问卷针对影响员工绩效的每个因素都提出了一个问题。在这个问卷的基础上，管理者可以增加针对某个因素的问题，形成自己的员工绩效诊断工具。

在实际工作中，常常会有管理者问：对这六个因素的诊断有顺序吗？有没有侧重点？

彼得·迪恩（Peter Dean）曾做过一个课堂调查。他以行为工程模型为基础设计了一个叫作“我最大的绩效障碍在哪里”的体验活动。在这个活动中，他让学员们结合自己最近的工作情况思考这个问题：我最大的绩效障碍在哪里？所有学员都会拿到一张记录表，并被要求在记录表

① 况阳．绩效使能：超越 OKR[M]．北京：机械工业出版社，2019.

上写下他们的答案。记录表上有这样的说明："在下面六项内容中，提升其中的哪一项可以让你把工作做得更好？"

表 11-9　基于行为工程模型的员工绩效诊断问卷

影响因素		诊断问题	答案
环境因素	信息	员工是否知道与绩效标准相比，他们的工作做得怎么样？	是或否
	资源	员工是否拥有相应的工具与设施来开展工作？	是或否
	激励	给予员工的激励是否建立在员工工作表现的基础上？	是或否
员工因素	知识与技能	员工是否拥有足够的知识与技能来开展工作？	是或否
	潜能	员工是否具备相应的智力与体力来开展工作？	是或否
	动机	员工是否愿意为了获得相应的激励而工作？	是或否

- 描述清晰的绩效结果以及关于我的工作表现的反馈。
- 实现绩效结果的工具、资源与物料。
- 基于我的绩效表现提供的充足的薪酬或非薪酬激励。
- 根据我的工作要求提供的系统性培训。
- 我的技能和工作要求的匹配度。
- 工作保障与社会认可。

从以上描述我们不难看出，从上至下的六个障碍对应的正是行为工程模型中的信息、资源、激励、知识与技能、潜能与动机。每一位学员需要从中选出一项内容，进行标注并把它贴到墙上相应的方框中。

参加这个课堂调查的学员有经理、普通员工、行业协会成员以及商科专业的研究生。这个活动收集了超过 1 000 名学员的反馈，迪恩对此做了分析（见表 11–10）。总体来看，有超过 2/3 的学员（75.6%）认为他们最大的绩效障碍来自与环境相关的因素，是需要改进或提升的部分；只有不到 1/3 的学员（24.4%）认为与个人相关的因素是造成他们绩效表现不佳的障碍。从单项来看，最大的绩效障碍来自与信息相关的因素（35.3%），来自动机的绩效障碍只有 6.4%。

表 11–10 “我最大的绩效障碍在哪里”课堂调查结果

障碍因素	百分比（%）
信息	35.3
资源	29.0
激励	11.3
知识与技能	10.5
潜能	7.5
动机	6.4

这样的数据不是个例。光辉国际（Korn Ferry）是一家全球性组织咨询公司，它在 2017 年发布了一份有关员工敬业度的调查报告——《激发效能，拥抱变革——为一个持续变化的世界做准备》。这份报告的数据来自 500 万名分布于全球 400 余家组织、多个行业的员工。我们将其中的一些数据摘录如下：

- 员工在奖励和认可方面感到不公平。只有少数员工认为他们的工作得到合理报酬（48%）或涉及其他方面的福利（41%）。
- 只有不到一半的员工认为评估员工绩效的制度公平合理（47%），或是绩效和报酬间存在透明的相关性（45%）。
- 超过 2/5 的员工不认为他们的组织在沟通中是开放和诚实的（43%）。

- 近 2/3 的员工质疑组织对于晋升的管理的合理性（66%）。
- 43% 的员工认为更好的业绩表现不会带来升职机会。
- 41% 的员工表示组织缺乏明确的职业发展路径。
- 62% 的员工对他们接受的培训表示满意，但是其中只有一半人表示有足够的时间去利用他们学到的知识。
- 超过 1/3 的员工认为决策一般不是由正确的级别决定的（36%），因此接近一半的员工为公司的决策速度担心（46%）。
- 41% 的员工认为关乎他们自身的决策没有得到足够的解释。
- 37% 的员工认为尝试新创意或新的工作方法是不被鼓励的。
- 32% 的员工表达了对工作压力的担忧。
- 39% 的员工没有感觉到他们的组织在帮助员工达到工作与个人职责间的平衡。
- ……

你看到这样的数据是不是有些震惊，但回头一想又觉得很真实？不论是“我最大的绩效障碍在哪里”这一调查活动所反映出来的趋势，还是这份报告中实实在在的数据，传递的观点都很一致：在影响员工绩效的因素中，环境因素大于个人因素。这也恰好印证了吉尔伯特给出的员工绩效问题原因诊断顺序的建议。吉尔伯特在提出行为工程模型的同时，指出员工的绩效表现可以仅仅通过改善与工作环境相关的因素得到巨大的提升。那么，当员工的绩效表现下降时，诊断的顺序则应该是从环境到员工，从信息、资源到激励，然后从知识与技能、潜能到动机（见图 11–8）。

E 环境因素	信息 ①	资源 ②	激励 ③
P 员工因素	知识与技能 ④	潜能 ⑤	动机 ⑥

图 11-8 诊断员工绩效问题原因的顺序

案例分享

长期以来，电力工业整体上是典型的自然垄断行业，而处于产业链条最前端、为用户直接提供服务的供电公司所处的经营环境也是典型的“卖方市场”，被视为“朝南坐”的带有行政色彩的经营性组织。2015 年，中共中央、国务院出台关于电力体制改革的九号文件，提出将有序放开输配电以外的竞争性环节电价，有序地向社会资本放开配售电业务，允许有条件的、符合要求的多种主体进入售电领域，成立售电公司，进行市场化运营。随着电力体制改革的进一步深化，多主体的社会资本成立了独立售电公司，加入市场竞争。截至 2019 年年底，公开数据显示，全国已在交易中心通过公示的售电公司数量超过 4 000 家，通过工商注册的售电公司更达上万家。社会资本的售电公司进入市场，打破了长期以来国家电网公司（以下简称“国网公司”）一家独大的局面，电力供给侧的垄断闭环被打开了一个缺口。

某市供电公司是国网公司下属的市级供电单位，属于传统型供电公司。随着电力行业市场化竞争的加剧，公司面临着从垄断性经营向竞争性经营转型的巨大压力。基于此，公司对自身定位进行了战略调整：在巩固传统售电业务的基础上，加快从传统电力企业向综合能源服务供应商的角色转变，改变等待客户找上门的“坐商”心态，成为主动服务客户的“行商”，充分参与售电市场竞争，保持区域市场的优势地位。在战略转型过程中，2019 年公司提出如下两大经营目标。

- 在传统售电业务方面，抢占新的用户侧分布式电源市场份额。
- 增加综合能源项目收入。

在实现公司经营目标的过程中，公司营销部处于排头兵的位置。营销部是公司与企业用电客户直接接触的部门，客户经理则是直接面对企业用电客户的公司代言人，他们成为公司参与市场化竞争的一线力量。然而，长久以来的市场垄断地位及卖方市场心态导致营销部及客户经理在激烈的市场竞争中处于被动位置，面对愈来愈激烈的市场竞争显得手足无措。针对这样的情况，公司决定从客户经理群体入手，提升客户经理参与市场竞争的意识与能力，为实现 2019 年的业绩目标做好准备。

公司培训部成立了项目组，并启动了“客户经理竞争性业务能力提升项目”。项目组认为，在公司战略转型的大背景下，客户经理能否快速调整自身的定位，积极参与市场竞争，并达成期望的业绩目标取决于两个方面：其一，客户经理自身能力的提升与意识的转变；其二，公司根据新的战略背景在客户经理培养、激励与考核等方面的调整。基于此，项目组以行为工程模型为模板制定了分析客户经理当前绩效表现影响因素的诊断问题表（见表 11–11）。

表 11-11　基于行为工程模型的客户经理绩效表现诊断问题表

<table>
<tr><th colspan="2">影响因素</th><th>诊断问题</th></tr>
<tr><td rowspan="3">环境因素</td><td>信息</td><td>■ 公司是否制定并向客户经理传达了明确的销售业绩考核指标及考核标准？
■ 公司是否定期给予客户经理在销售业绩表现方面的反馈？
■ 公司是否提供了相关的客户信息？
■ 公司是否指导客户经理获取相关的客户信息？
■ 公司是否对客户经理的角色定位与岗位职责有清晰、明确的说明？</td></tr>
<tr><td>资源</td><td>■ 公司是否为客户经理提供了产品或项目手册（尤其是新兴综合能源业务）？
■ 公司是否为客户经理提供了销售相关的工具（比如销售流程图、销售话术、常见问题等）？</td></tr>
<tr><td>激励</td><td>■ 公司对客户经理的考核是建立在销售业绩的基础上的吗？
■ 客户经理的工资、奖金等的发放与销售业绩挂钩吗？
■ 公司是否对客户经理的职业发展通道进行了规划？</td></tr>
<tr><td rowspan="3">员工因素</td><td>知识与技能</td><td>■ 客户经理是否具备足够的产品知识、销售知识与技能来开展工作？
■ 客户经理对自身角色的定位是如何认知的？</td></tr>
<tr><td>潜能</td><td>■ 客户经理是否具备相应的学习潜能与工作潜能来开展工作？</td></tr>
<tr><td>动机</td><td>■ 客户经理是否愿意在新的战略形势下对自身工作进行调整与改变？</td></tr>
</table>

基于这些绩效诊断问题，项目组拟定了如下三类人群作为调研对象。

- 营销部负责人及公司高层领导。
- 客户经理。
- 企业用电客户。

项目组对这三类人群均采用了一对一访谈的方式，每一位的访谈时间为 1~1.5 小时。项目组针对客户经理与企业用电客户两类调研对象分别实行全员访谈和抽样访谈，采访了营销部所有客户经理以及大型的企业用电客户。通过从以上六个方面进行数据收集与分析，项目组总结了客户经理绩效表现原因诊断结果（见表 11–12）。

从表 11–12 中我们可以看到，当前客户经理在面对越来越严峻的竞争性市场时并没有做好准备，而这不仅有客户经理自身能力与意愿的原因，也有公司的原因。根据这些诊断结果，项目组提出了如下的改进建议（见表 11–13）。

表 11–12　客户经理绩效表现原因诊断结果

影响因素		诊断结果
环境因素	信息	■ 公司建有客户信息库，但信息库是从了解客户用电情况的角度来建立的，并没有记录与营销相关的客户信息 ■ 营销部作为一个部门将公司下达的销售任务承担了下来，但这些业务指标并没有落到客户经理个人身上，他们对自己要承担多少销售任务指标并没有清晰的认识 ■ 综合能源是新兴业务，对于这项业务如何开展、会有什么样的业务形态，公司或者营销部没有明确的说明或指导
	资源	■ 售电业务是较为成熟的业务形态，其业务场景与业务流程都已标准化，并有相关的工具与系统来支持推进 ■ 由于综合能源项目为新兴业务形态，其表现形式也不像售电业务那样较为单一，而是存在多样性，公司还没有形成较为成熟的业务形态以及相应的产品或项目手册 ■ 没有统一的销售指导手册，例如销售流程包含哪些步骤，如何回答客户的提问，等等
	激励	■ 客户经理的工资和绩效奖金与客户服务类及公司内部管理指标相关，与售电或综合能源项目销售指标无关 ■ 对客户经理的考核没有纳入销售类指标 ■ 客户经理的职业发展通道不清晰

（续表）

影响因素		诊断结果
员工因素	知识与技能	■ 客户经理多为电力相关专业背景，没有接受过销售相关的系统性培训 ■ 客户经理对传统的售电业务场景与流程较为熟悉，对新兴综合能源项目则缺乏具象的认知，不清楚综合能源项目的具体表现形式有哪些，以及如何引导客户 ■ 客户经理对客户的认知停留在“电力服务对象”而不是“销售对象”层面，缺乏主动营销的意识
	潜能	■ 客户经理队伍呈老化态势，部分年龄大的客户经理对新兴综合能源项目的接受能力较弱 ■ 年轻的客户经理认识到营销能力对于客户经理的重要性，表示愿意进行学习
	动机	■ 受惯性思维影响，大部分客户经理认为本岗位的职责是提供服务，而不是进行营销，将自己定位为“服务者” ■ 在对用电客户进行采访时，他们也将客户经理定位为“服务者”，表示一般不会就用电需求等事情向客户经理咨询 ■ 一部分客户经理对售电市场开放将会造成的竞争格局没有危机意识，认为市场不会有根本性的变化 ■ 一部分年龄大的客户经理不愿意再学习新的销售技能和新的业务知识

表 11-13　改进建议

绩效层面	改进建议
公司层面	■ 明确客户经理的营销角色与工作职责 ■ 明确客户经理的营销业绩目标及标准 ■ 完善以营销为目的的客户档案 ■ 建立综合能源业务的产品或项目手册 ■ 建立销售流程以及关键流程节点 ■ 制定营销类业绩考核指标以及激励措施
客户经理层面	■ 建立完善的客户经理培养体系 ■ 给予以营销业绩为考核基础的激励

基于以上改进建议，项目组提出了“客户经理市场竞争性业务绩效考核与激励体系一体化方案”，从客户经理定位、培养路径、绩效考核体系以及激励措施四个方面来提升客户经理的营销意识、行为与结果。

明确客户经理角色定位

客户经理要做好售电前营销与售电后服务，不仅需要扎实的专业知识，更需要将专业知识转变成能够满足客户需求且符合用电规范的方案，并在售电后持续指导客户的用电行为与用电需求。基于此，客户经理角色被重新定义为顾问式销售。顾问式销售是指销售人员在以专业销售技巧进行营销的同时，深度了解产品（服务）的特性，洞悉客户业务运营状况，能够预见客户的未来需求并最终站在客户的角度提出解决方案，以达到助力客户增长经济价值的目的。顾问式销售不是着眼于一份销售合同的订立，而是注重长期关系的建立。

作为顾问式销售，客户经理的定位可以进一步细化为“以客户营销为导向、以客户服务为支撑”的工作重点。

- 作为客户营销人员，客户经理的工作目标是签订售电或综合能源项目服务合同。其工作要点围绕“产品（服务）”、“客户及其需求”以及“营销过程”三个方面展开，体现的工作阶段是售电前。
- 作为客户服务人员，客户经理的工作目标是提升客户用电服务满意度。其工作要点围绕“服务响应”、“故障咨询与解决”以及“长期关系建立”三个方面展开，体现的工作阶段是售电后。

优化客户经理培养路径

在以往的垄断性经营背景下，公司对客户经理的培养实际上处于一个“真空”状态，而且培养的步伐非常缓慢。客户经理大多是在经过其他业务部门的长时间工作且积累了扎实的电力专业知识之后，才来到营销部担任客户经理一职的，这一培养周期可持续 17~25 年。在当前市场竞争日趋激烈的背景下，传统培养方式的灵活性低、周期过长、侧重点单一等弊端则成为明显的短板。新形势下的培养方式需突出营销重点，采用多种方式，将培养周期有效缩短。

新的客户经理培养路径以提升客户经理能力为目标，将能力提升路径分为初阶、中阶与高阶三个阶段，按照“导入营销意识”、“强化营销行为”以及“建立价值体系”的阶段性目标层层递进，有步骤、有计划、有重点地全方位提升客户经理的岗位胜任能力。

搭建客户经理营销绩效考核体系

公司对客户经理在服务方面的业绩考核建立了非常完善的体系与制度，与之相对应的营销方面的业绩考核则处于空白的状态。项目组对营销工作进行梳理，明确了营销工作的四个方面，即电力产品或服务、用电客户、营销过程与市场动态，并且规范了五个主要的营销步骤，包括获取客户信息、挖掘客户需求、提供产品或服务方案、进行商务谈判、签订服务合同（见图 11–9）。

在营销工作方面，项目组将对客户经理进行营销过程与营销结果两个方面的绩效考核。

- 营销过程考核是对客户经理收集客户与市场信息、挖掘客户需求、满足客户需求并最终完成售电与综合能源项目营销的一系列营销动作的考核。
- 营销结果考核则是对客户经理的销售业绩及其对营销部与供电公司的售电和综合能源项目营销业绩的贡献度的考核。

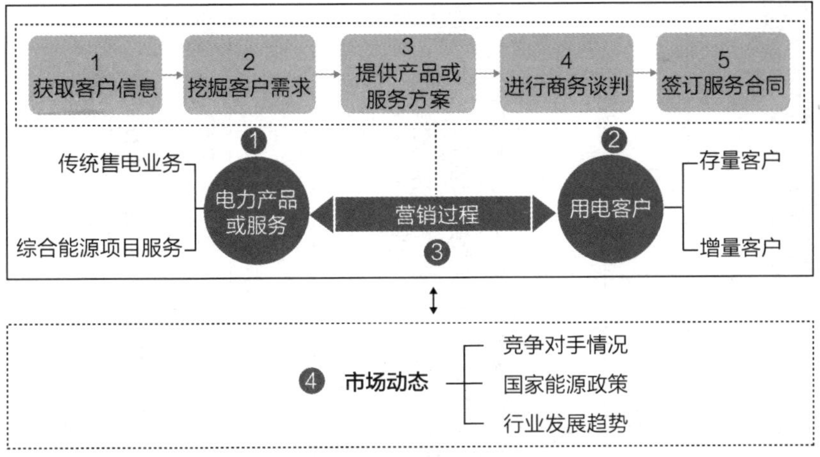

图 11–9 营销部客户经理营销绩效考核体系

基于公司的客户经理团队现状，绩效考核体系设置的指标以营销过程考核为主、营销结果考核为辅，充分盘活现有用电客户与项目资源，帮助客户经理建立营销意识，做好营销的基础性工作。具体绩效指标如表 11–14 所示。

健全客户经理激励措施

激励措施不仅仅是对客户经理的业绩进行激励，也要促进客户经理的个人成长。激励措施从营销业绩和个人发展两个方面对客户经理进行激励，其中业绩激励包括基础工资激励和绩效奖金激励，个人发展激励包括能力发展激励和荣誉获得激励。

“客户经理市场竞争性业务绩效考核与激励体系一体化方案”一经制订立即实施，项目组对方案实施过程进行追踪记录，将在方案实施一年后对方案效果进行评估。

表 11–14　客户经理绩效指标列表（部分）

指标名称		指标定义	计算公式
营销结果考核指标	管理辖区售电量	在一定时间段，客户经理所管理的辖区内的所有售电量	无
	电能替代售电量	在一定时间段，使用电能替代的售电量	无
营销过程考核指标	客户信息完整率	客户经理按照“客户信息表”填写企业性质、经营规模、行业特性、经营现状、发展趋势等与营销相关信息的完整情况	无
	存量客户保有率	一定时期内，客户经理所辖区域内已签订用电接入合同的客户再次与公司签订综合能源项目服务合同的比率	关键存量客户保有率＝一定时期内与已合作客户再次签订综合能源项目服务合同数量 / 一定时期内与已合作客户签订综合能源项目服务合同总数量
	增量客户新增数量	客户经理在所辖区域与新进入客户签订用电接入合同的数量	无
	产品知识考查通过率	对综合能源服务典型项目、重点推广项目等相关产品知识进行测试，达到规定分值以上	无
	客户拜访率	一定时期内，对有潜在综合能源项目服务需求的企业客户拜访的频次	关键客户拜访率＝一定时期内实际拜访潜在综合能源项目服务需求客户的数量 / 一定时期内计划拜访潜在综合能源项目服务需求客户的数量
	新增机会项目数量	客户经理在所辖区域挖掘到的新客户的综合能源项目数量	无
	方案更改次数	客户经理在向客户提供问题解决方案时，更改方案的次数	无

工作流程分析法

从某种意义上讲，流程即价值链。1985 年，迈克尔·波特在其著作《竞争优势》中从企业竞争优势的角度首次提出价值链的概念，作为分析竞争优势来源的基础工具。他认为，价值链将企业行为分解为与企业战略相关的活动，每家企业都是设计、生产、营销、交付和支持产品一系列活动的集合，而流程就是这一系列活动的具体表现形式。

在企业中，流程是由一系列预先设计的步骤或活动组成的。流程之所为也被称为“价值链”，是因为流程中的每一个步骤都需要在上一步的基础上产生附加价值，并将附加价值输入下一个步骤。波特把构成价值链的活动分为主要活动与辅助活动，主要活动分为五种类型。

- 入场物流：与接收、储存和分配产品投入相关的活动。
- 运营：与将投入要素转变成最终产品形式相关的活动。
- 出场物流：与收集、存储和实体分销产品给买方相关的活动。
- 营销和销售：与为买方采购产品创造条件相关的活动。
- 服务：为提高或者保持产品价值所提供的服务。

辅助活动则包括购买活动、技术发展活动、人力资源管理活动与企业基础设施活动。

在绩效改进领域，拉姆勒和布拉奇在波特价值链理论的基础上将流程分为三种类型：主要流程（primary process）、支持流程（support process）与管理流程（management process）。主要流程是那些直接产生服务企业外部客户的产品或服务的流程，比如生产流程、客户服务流程、分销流程等。支持流程产生的成果是外部客户不可见的，却是业务运营不可或缺的部分，例如预算流程、招聘流程、采购流程及培训流程等。管理流程则是管理者必须采取的支持业务流程运转的行动，包括战略规划流程、资源分配流程、绩效管理流程等。

工作流程是指工作活动发生的先后顺序，包括实际的工作环节、步骤和程序。工作流程分析法则是一种绩效差距原因诊断方法，通过对工作活动的顺序、内容、边界、责任人等的梳理与分析，找到流程中造成绩效结果不理想的那些因素。我们这里所说的工作流程分析法不同于流程再造。流程再造是对流程本身的分析与改进，工作流程分析法则是以流程梳理为载体来厘清绩效差距的成因。从这个意义上讲，流程再造是在绩效差距成因分析后采取的一种干预措施，而工作流程分析法就是绩效差距成因分析的过程。

案例分享

P 公司是一家位于美国东部的钢铁深加工工厂，从大型钢铁生产厂家购买原材料钢卷，然后根据客户的需求，将原材料钢卷切割成相应厚度和宽度的钢板，同时确保切割后的钢板满足物理性质与应用性质上的规格和要求。最近，市场上出现了一款新的、高利润值的钢板产品，这款产品在市场上只有一个竞争对手。据此，P 公司高层决定调整战略目标，将传统的“低利润、大众商品”经营策略转变为“高利润、特有产品”经营策略。根据该战略，公司亟须提高“高利润”产品的生产份额，快速占领高利润产品市场。目前公司的生产情况是，低利润的大众商品生产量较大，而高利润的特有产品生产量相对较小，且这两种产品均在同一条生产线上生产。在同一条生产线上生产两种或以上的不同产品，最大的难点在于缩短设备更换周期，即在生产 A 产品一段时间后，快速调整设备，以适应 B 产品的生产。

在钢铁加工过程中，最关键的机器是卷材平整机。经过高温处理的钢材需要通过冷却和平整处理，以满足后续加工的要求，平整机就是通过轧制将钢材制作成满足顾客需求的钢板成品。P 公司使用镀锌平整机，当其卷轴涂层变得粗糙或者有突起出现时，就会影响钢板的平整度，这时候需要更换卷轴。除此之外，改变产品标准时也需要对卷轴进行更换。因此，P 公司想要缩短设备更换周期，在最短的时间内生产出更多符合顾客需求的高质量产品，关键就在于提升平整机卷轴更换的效率，即尽量减少平整机卷轴的更换时间（待机时间），使其工作时长最大化。P 公司以此为契机，成立了项目组集中解决平整机卷轴更换效率的问题。平整机机房经理（以下简称“机房经理”）则成为该项目的负责人。

首先，机房经理对当前卷轴更换情况进行了全面的了解。他收集了近三个月以来每日的生产报告，并通过整理这些生产报告，对平整机的运行时间、停产时长、停产原因和卷轴更换时间进行了综合分析，计算出卷轴更换频率是 2 次 / 天，平均更换时间是 1.5 小时 / 次。基于这些数据，机房经理针对卷轴更换造成的财务影响进行了深入的分析。在公司总经理的积极协助下，机房经理获取了公司相关的财务信息，计算出了由机器停止运行所造成的利润损失。

- 平整机运转创造利润：1 200 美元 / 小时。
- 平整机待机损失利润：1 200 美元 / 小时。
- 平整机平均待机时间：2 次 / 天 × 1.5 小时 / 次 = 3 小时 / 天。
- 平整机待机年损失利润：1 200 美元 / 小时 × 3 小时 / 天 × 365 天 = 1 314 000 美元 / 年。

其次，机房经理对现有更换流程进行了梳理。他将所有操作员集中到会议室，通过“头脑风暴”的方式记录更换流程中的每一个步骤。在研讨过程中，有操作员提出因为步骤较多，讨论的方式可能会遗漏一些步骤，可以采用录像的方式记录一次真实的更换流程，然后再进行梳理。这个提议得到了大家的认可。两天后，其中一位非常熟练的操作员将要进行卷轴更换，机房经理利用这个机会将更换过程完整地记录了下来。通过观察视频记录，机房经理和操作员共同总结出了卷轴更换的 137 个步骤，并且对每个步骤的完成时间进行了计算（见表 11–15）。同时，机房经理将操作员在更换卷轴时的线路图描绘了出来，让大家有了更为直观的认识。

表 11–15　平整机卷轴更换步骤（部分）

步骤	具体操作	时间（秒）
……	……	……
25	从工具箱取扳手	150
26	关闭空气压力泵	15
27	走到主控制屏前	10
28	松开 4 个螺栓	45
29	打开电机活动盖板	25
30	从储物篮中拿取油毡毯	90
31	测试压力	25
32	走向压力泵并打开开关	45
33	等待换油	280
……	……	……

接下来，机房经理开始对更换流程中的所有步骤进行分析。机房经理和操作员发现，在更换流程中有很多时间是花在了等待机器启动或取用工具上。这样一来，他们将所有的步骤进行了分类，提炼出了两类更换活动。

- 内部活动，即在机器运转时不能进行的操作步骤。例如，将钢卷从平整机上取下来就是内部活动，在机器运转时不能进行操作。
- 外部活动，即在机器运转时可以进行的操作步骤。例如，将所有在更换卷轴时需要的工具准备好就是外部活动，可以在机器运转时进行操作。

通过分析更换流程中的内部活动与外部活动，机房经理发现有大量的操作步骤可以在机器运转时完成，而不用等到机器停下来时再完成。这样，更换时间可以被大幅度缩短。

在分析完现有的更换流程及其具体步骤后，机房经理和操作员一起提出了以下四项措施。

工作流程再设计

机房经理决定从平整机卷轴更换的操作步骤入手，尽可能在机器运转时完成更多的操作步骤，以此来缩短机器停止运行的时间。同时，他对某些操作步骤进行了重新设计。例如，在打开和关闭平整机时，操作员需要分别走到机器后方按下“关闭”和“打开”按钮，如果这两个按钮被设置在平整机的主操作盘上，就会节省 30 秒。因此，机房经理对这一操作步骤进行了重新设计。

改善设备工具

使用高效的工具提高平整机卷轴更换的效率。

设定工作目标和标准

机房经理在仔细阅读了近三个月的生产报告后，通过计算得出平整机卷轴更换的平均时间是 90 分钟，其中最长的更换时间为 255 分钟，而最短用时只有 70 分钟。根据这些数据，机房经理将 75 分钟定为标准更换时间，并统一了平整机卷轴更换的操作流程。在决定以 75 分钟为平整机卷轴更换的标准时间后，P 公司就立即执行了该项干预措施，并要求所有员工按照这一时间标准更换平整机卷轴。

建立反馈系统

在确定了标准更换时间以及更换操作流程后，机房经理指出需要建立平整机卷轴更换工作的反馈体系。及时的工作反馈有助于员工了解自己的工作情况，即是否符合标准，以及有哪些方面需要提高和改善。其中一名操作员建议放置一个公告板来记录和监控每一个员工的操作——当完成更换工作后，每一位操作员将更换时间记录在公告板上，随后收到工作反馈。这项建议得到采纳，公司购买了公告板并要求所有员工在公告板上记录自己的操作时间。

在措施实施后的六个月内，机房经理记录了所有能够缩短更换时间的干预措施，以及阶段性的更换时间变化（见图 11–10）。从图中记录的数据可以看出，平整机卷轴更换与六个月前相比缩短了将近一半的时间，这为公司节省了大量成本，同时提升了公司生产新产品的速度。

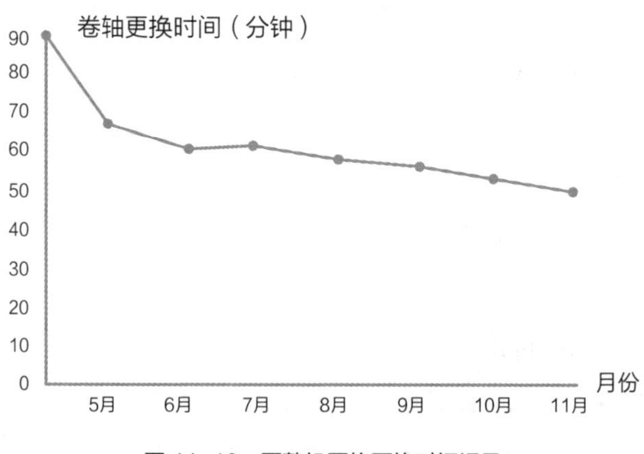

图 11–10　平整机平均更换时间记录

小 结

诊断绩效根因的过程体现了绩效改进循证实践的精髓所在。所谓循证实践，是指对绩效的分析、对原因的诊断以及对干预措施的选择与实施是建立在有效与可靠的绩效数据之上的。因此，绩效数据的信度、效度、广度与深度是决定绩效差距原因分析是否准确的重要依据。在对绩效差距原因进行分析时需要遵守两个原则。第一，原因分析需向内看。向内看是指将视角从外部客观情况转向企业内部寻找造成绩效差距的原因，也是指在企业内部寻找原因时将重点放到“我”可以影响的内部环境因素上。这样的原因分析才有意义，否则找出一大堆客观原因，除了让我们在绩效差距面前显得更无助之外，没有任何积极的影响。第二，绩效数据的多样化。这里的“多样化”既包括绩效数据要从不同来源收集（比如向不同的人收集对同一个绩效问题的看法），也包括绩效数据要通过不同方法收集。常用的绩效数据收集方法包括调查问卷、一对一访谈、焦点小组访谈、现场观察与既有资料收集。

绩效根因诊断是一个综合分析与判断的过程，建立在一定的绩效诊断框架的基础上。常见的绩效诊断框架包括典范绩效分析法、行为工程模型分析法以及工作流程分析法。

典范绩效分析法是以高绩效员工、团队或部门为蓝本，通过建立绩效模型，对绩效结果的产出、衡量标准、工作任务与工具支持等方面进行全面梳理，并以此为标准与绩效现状进行对比，找到绩效差距原因的一种分析方法。行为工程模型分析法是以吉尔伯特的行为工程模型为基础，通过从工作环境与员工个人两个方面的六个维度梳理可能影响绩效表现的因素，找到绩效差距原因的一种分析方法。工作流程分析法则是通过梳理工作活动的顺序、内容、边界、责任人等，从流程角度找到影响绩效结果的因素。

在改进绩效的实践中，这些绩效诊断框架并非是独立存在的，而是通过有效的整合，以综合运用的方式来分析绩效差距原因的。例如，首先以典范绩效分析法为基础建立针对某项或多项绩效结果的绩效模型，然后通过行为工程模型分析法对可能造成绩效差距的原因进行梳理与归类，最后依据原因提出改进措施。

第 12 章

实施干预措施

干预措施是针对绩效促进或阻碍因素而设计的活动或事项。干预措施的目标实施对象可以是组织、团队或个人。干预措施通常是以干预措施组合（intervention set）的形式出现的。造成绩效差距的原因是多元的、多层次的，因而干预措施也不会是单一的，而是以干预措施组合的方式形成合力，共同作用于不同的绩效根因，最终达到改进绩效的目的。因此，干预措施一定是与绩效根因相对应的：发现造成当前绩效不佳的原因，针对这些原因设计干预措施。

同时，实施任何一项干预措施，不论措施大小，都是在企业中推行一场或大或小的变革。“人”是在这场变革中决定干预措施是否能够落地收效的最关键因素。因此，我们既要关注“事”的部分，也要关注“人”的部分。“人”与“事”是实施干预措施中的“软件”和“硬件”部分，两者的有机结合才能确保干预措施的推行与落地（见图 12–1）。

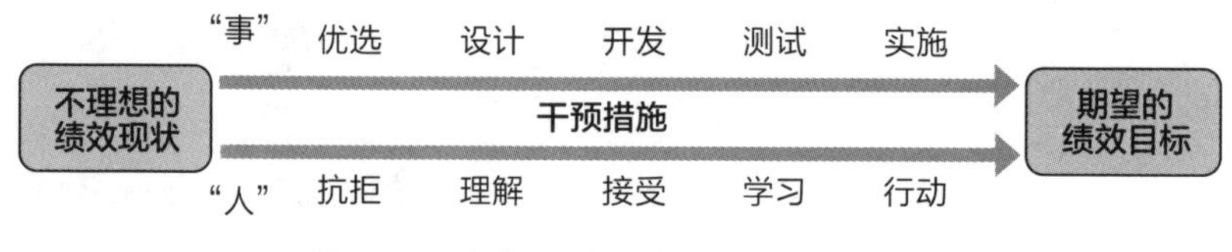

图 12-1 改进干预措施实施成功的两个方面

在实施改进措施的过程中，管理者需要回答以下问题。

- 根据原因分析结果应该制定什么样的干预措施？
- 在人、财、物有限的条件下，哪些措施是优选项？
- 如何将措施推行下去？
- 员工或其他利益相关者对干预措施会有什么反应？
- 他们需要什么样的支持来接受并实施干预措施？
- 他们在实施改进措施过程中会经历什么样的心路历程？
- 公司要如何做才能让他们适应这样的改变？

干预措施的分类

对干预措施进行分类有三种比较常见的方式。第一种是以干预措施是否具备教学指导性质分为教学型干预措施和非教学型干预措施。第二种是以干预措施作用的对象分为针对员工的干预措施和针对工作场所的干预措施。在《人类绩效技术手册》第三版中，干预措施的分类就采用了这种方式，将干预措施分为员工及工作团队层级的干预措施和工作场所及组织层级的干预措施。第三种是以消除导致绩效差距的原因类型来进行分类，比如个人发展类、组织信息沟通类和组织发展类的干预措施等。

在本书中，我们将结合第二种和第三种分类方式将干预措施分为六类（见图 12–2）。

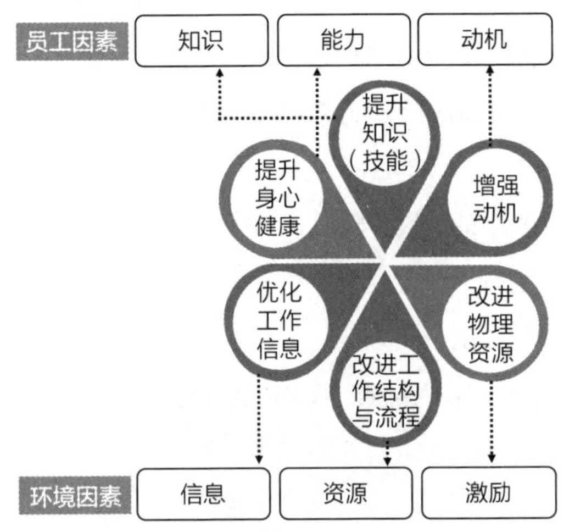

图 12–2 绩效改进干预措施分类图

其中，提升知识（技能）类、增强动机类以及提升身心健康类干预措施是针对绩效差距原因分析诊断出来的与员工相关的因素，比如知识、能力与动机。优化工作信息类、改进工作结构与流程类以及改进物理资源类干预措施是针对绩效差距原因分析诊断出来的与工作环境相关的因素，比如信息、资源与激励。接下来，我们将对每一类干预措施进行简要的说明。

与员工相关的干预措施

提升知识（技能）类干预措施

提升知识（技能）类干预措施针对的是与员工自身相关的因素，从知识、技能、态度三方面来帮助员工做好绩效要求准备。需要特别注意的是，提升知识（技能）类干预措施不一定就是培训，培训只是这一类干预措施的通俗说法。在实际工作中，提升知识（技能）类干预措施有很多不同的表现形式，既有培训类的，也有非培训类的。

以下列举了一些适用于提升知识（技能）类干预措施的情况。

- 不知道工作当中的关键步骤。
- 采取了错误的行为。
- 应用了错误的知识。
- 对新系统或新设备不熟悉，不知道如何使用或操作。
- ……

增强动机类干预措施

增强动机类干预措施针对的是员工内在的且可通过外部环境影响而改变的因素，用于提升员工对工作的兴趣、热情以及投入度。这一类干预措施通常是通过设计物质与非物质激励，由外而内系统地增强员工的内在工作动机。

以下列举了一些适用于增强动机类干预措施的情况。

- 没有工作反馈。
- 个人价值观与工作要求不相符。
- 错误的工作行为得到了奖励。
- 正确的工作行为得到了惩罚。
- 薪酬、福利等体系不健全。
- ……

提升身心健康类干预措施

提升身心健康类干预措施针对的是员工缺乏足够的心理或生理承受能力而造成的绩效不理想的状况。现代职场越来越倡导工作与生活的平衡，企业关爱员工的身心健康已成为建设企业文化与确保工作绩效产出不可或缺的一部分。在这里要强调的是，员工的身心健康包括身体健康与心理健康两个方面。对员工心理健康进行干预，提供心理咨询服务，这在一些大型企业中是一项必不可少的工作。

以下列举了一些适用于优化工作信息类干预措施的情况。

- 员工工作压力过大。
- 员工情绪起伏过大。
- 员工身体状况不佳。
- 员工在工作中受伤。
- ……

与工作环境相关的干预措施

优化工作信息类干预措施

优化工作信息类干预措施针对的是员工之间或员工与工作环境之间的工作数据和信息传递的无效性，通过消除数据或信息缺失的障碍来达到提升绩效的目的。优化工作信息类干预措施主要有两大类：一类是与信息的准确性和时效性提升相关的；另一类则是与信息的传递渠道相关的。因此，这类干预措施既可以采用大型的 IT 信息系统，也可以采用简易的看板、告示板、信息表等。

以下列举了一些适用于优化工作信息类干预措施的情况。

- 信息不及时、不准确、不完整。
- 信息不容易获取。
- 没有工作反馈信息。
- 信息内容互相冲突。
- ……

改进工作结构与流程类干预措施

改进工作结构与流程类干预措施针对的是与企业设计的工作关系、工作流程和人员结构等相关的因素。通过实施这类干预措施，理清工作流程，明确各员工的岗位角色与职责。常见的改进工作结构与流程类干预措施包括流程改进、流程重新设计（或流程再造）、人员配置和组织架构调整等。

以下列举了一些适用于改进工作结构与流程类干预措施的情况。

- 员工之间或经理之间互相扯皮，职责范围不清晰。
- 员工对工作结果不负责任，互相推诿。
- 工作安排不合理，任务分配不均。
- 工作流程复杂且耗时长。
- 员工能力与工作要求不匹配。
- ……

改进物理资源类干预措施

改进物理资源类干预措施针对的是员工自身之外的且由企业提供的物理资源，比如基础设施、设备、生产工具、物料及办公用品等。通过实施这一类干预措施，企业的目的是建立起有利于员工发挥工作潜能的物理工作环境。

以下列举了一些适用于改进物理资源类干预措施的情况。

- 生产工具或物料不够好。
- 生产工具或设备不适用。
- 生产工具、设备、物料等已损坏。
- 工作环境的温度、湿度、灯光、通风等条件不适宜。
- 设备、生产工具及物料等匮乏。
- ……

表 12–1 总结了六类干预措施的类别、实施对象、目的、绩效根因以及表现形式。

常见干预措施的表现形式

下面我们来具体谈一下与员工相关的和与工作环境相关的干预措施的常见表现形式。

与员工相关的干预措施的表现形式

如前所述，与员工相关的干预措施包括提升知识（技能）类、增强动机类与提升身心健康类。培训是提升知识（技能）类干预措施最常见的一种表现形式，但不是这类干预措施的全部。从提升员工知识、技能、态度的结果来看，较常采用的干预措施除了正式面授或在线培训之外，还有行动学习、教练辅导、工作辅助工具、在岗培训以及自主式学习等。

表 12–1 干预措施分类表

层级	类别	实施对象	目的	绩效根因	表现形式
员工	提升知识（技能）	员工	■ 增加知识 ■ 提升技能 ■ 增强意识	与员工知识、技能、态度等相关的因素： ■ 员工不知道如何做才能完成工作任务 ■ 员工不清楚哪些是完成工作的关键工作行为 ■ 员工采取了错误的行为或者运用了不恰当的知识 ■ 员工没有合适的机会来提升工作技能 ■ 员工对工作任务的重要性不清楚	■ 行动学习 ■ 教练辅导 ■ 自主式学习 ■ 在岗培训 ■ 工作辅助工具（job aid）
	增强动机	员工	■ 提升兴趣 ■ 增强敬业度 ■ 给予工作承诺	员工内在的且可通过外部环境影响而改变的因素： ■ 没有来自上级对工作结果的反馈意见 ■ 价值观与企业文化不同 ■ 没有足够的知识与技能储备 ■ 没有足够的关于工作的信息 ■ 没有恰当的薪酬、福利或物质奖励 ■ 没有足够的工作资源	■ 奖励与认可 ■ 薪酬体系 ■ 团队建设
	提升身心健康	员工	■ 促进员工身心健康	员工缺乏足够的心理或生理承受能力： ■ 员工因工作压力过大而与客户发生争执 ■ 员工因身体状况不佳而多次请假 ■ 员工因照看家中老人、病人或小孩而造成工作时间不稳定	■ 心理健康咨询 ■ 工作场所健身房 ■ 压力管理项目 ■ 工作与生活平衡

（续表）

层级	类别	实施对象	目的	绩效根因	表现形式
工作环境	优化工作信息	工作环境	■ 消除数据缺失障碍	员工之间或员工与工作环境之间工作数据与信息传递的无效性： ■ 数据不及时、不准确、不完整 ■ 数据或信息过于复杂 ■ 信息冗余，或相互冲突 ■ 工作标准不清晰 ■ 员工没有工作反馈 ■ 获取信息不方便	■ 知识管理系统 ■ 工作反馈机制 ■ 工作简报 ■ 分享会
	改进工作结构与流程	工作环境	■ 理清流程 ■ 明确职责 ■ 确定角色	与组织设计的工作关系、工作流程与人员结构等相关的因素： ■ 经理之间存在“职权之争” ■ 缺乏对工作结果责任人的职责说明 ■ 工作量分配不均衡 ■ 工作流程的重复、冗余或不全面 ■ 工作流程步骤不符合逻辑 ■ 工作要求与任职人员不匹配 ■ 汇报关系不合理	■ 工作流程再造 ■ 人员岗位调整与职责明确 ■ 冲突管理
	改进物理资源	工作环境	■ 消除工作环境中的不利因素	员工自身之外的、由组织提供的物理资源： ■ 生产物料不够好 ■ 生产工具或设备不适用 ■ 工作环境恶劣 ■ 工具与工作任务不匹配 ■ 员工之间需要相互竞争才能得到稀缺的工具资源	■ 生产资料管理系统 ■ 基于人体工程学改造工作环境 ■ 生产自动化与计算机化

与奖励、认可相关的增强动机类干预措施往往会被忽略，而维持工作与生活平衡，实施压力管理项目，以及设立工作场所健身房等提升身心健康类干预措施越来越受到重视。

行动学习

行动学习，顾名思义，既有行动又有学习，既在“学中做”又在“做中学”。它以企业中面临的重要问题为载体，且多以学习小组的形式对这些问题进行分析与解决，从而达到提升个人能力与发展组织能力的目标。在行动方面，行动学习关注工作问题的分析、解决与效果评估；在学习方面，行动学习关注问题解决的方法、团队协作的流程以及知识技能的提升。行动学习是一种综合性的学习模式，是学习知识、分享经验、创造性研究问题并实践行动的四位一体的方法。

一个完善的行动学习项目包含以下六项核心组成部分。

- 以解决工作中的重要课题为导向。行动学习是围绕一个实际的工作课题而展开的，这个课题可以是当下工作中亟待解决的问题或是未来工作中将要面临的挑战。课题的选择需要满足四个条件：问题的解决具有重要的现实意义，问题暂时没有明确的解决方案，问题在学习小组各成员力所能及的范围，以及问题能够为学员提供学习的机会。
- 以行动学习小组为单位。行动学习小组成员在 4 到 8 人之间，来自不同的部门，具有不同的专业背景。
- 学习过程以激发式提问和反思式总结为重点。
- 提出解决实际问题的方案。行动学习的目的之一是解决实际问题，因此，问题解决方案是行动学习的一项重要产出。
- 个人的学习与成长。既有行动也有学习，个人在解决实际问题中的成长也是行动学习的重要产出。

- 引导师。有经验的引导师能够确保行动学习过程的高效性，帮助学员对问题的解决以及个人的成长进行有价值的反思。

行动学习适用于以下情况。

- 解决企业所面临的复杂问题。
- 提升学员的领导力。
- 建设团队，增强团队黏性。
- 开发系统性思考和创新的能力。
- 建立学习型组织。

在以下情况下，行动学习不是优选项。

- 需要解决的问题或面临的挑战并不紧急或重要。
- 学习小组成员只对行动方案提供建议。
- 项目目标只是寻找问题的解决方案，而不是为学员提供学习的机会。

教练辅导

如果说教学是授之以鱼，那么教练就是授之以渔，鱼与渔就是教学与教练的差别。教练教的是方法和思路，而不是现成的解决方案。教练辅导的目的有两个：一是帮助受教的人对自身所处的情形形成正确的认知，并对如何达成预期设定的目标有所了解；二是帮助受教的人明确达成预期目标的行动计划，并主动承担起实施该行动计划的责任。教练辅导不是一次性的行为，而是一个过程。在这个过程中，扮演教练角色的人帮助受教的人获得必要的知识、技能与职业发展的机会，提升工作绩效。作为一个过程，教练辅导有一些既定的步骤和模型。GROW 模型就是其中之一。GROW 是目标（goal）、现实（reality）、方案（option）与行动意愿（will）四个英文单词的首字母缩写，其中：

- 设定目标，为教练辅导设定预期目标；
- 厘清现实，厘清当前绩效状况；
- 思考方案，列出下一步可执行的行动选项；
- 计划行动，对下一步要做什么、什么时候执行做出决定。

在企业中，教练辅导作为一种手段常常应用在员工领导力培养的项目中。而且，越来越多的企业开始重视对管理干部教练技能的培养。作为绩效干预的手段，教练辅导适用于帮助员工加强或建立任何富有创新性的工作行为与工作方法。教练辅导与技能培训结合起来能够发挥最佳效果：技能培训赋予学员新的技能，而当学员回到工作岗位后，教练辅导可以帮助学员巩固所学技能，并在工作中深化实际应用的场景。

工作辅助工具

工作辅助工具就像是一个信息储存库，它将工作中一些必要的、重复的、复杂的信息以文字、图表或语音的形式整合起来，为员工提供工作参照。工作辅助工具可以帮助员工减少记忆负载，让员工无须在每次工作中准确回忆有关工作步骤、工作要点等信息，从而减少出错的机会。实际工作中的工作辅助工具常常以线性指示（linear instruction）的形式出现，指导员工一步一步地完成工作。工作辅助工具不仅可以指导像设备组装、填写表单这样具有线性操作流程的工作，也可以指导像医学诊断、商务洽谈等需要进行复杂逻辑分析的工作。工作清单（checklist）也是一种非常常见的工作辅助工具。

工作辅助工具适用于以下情况。

- 当某项工作被执行的频率相对较低时。当一项工作被执行的频率为每月一次或更低时，我们可以认为这项工作属于被执行频率较低的工作项。
- 当某项工作出现错误会带来严重后果时。
- 当操作某项工作的复杂程度较高时。通常有两种情况：一种是某项工作的完成步骤过于复杂，不是简单几步就能搞定的；另一种是对于是否执行某一项工作需要做出复杂的判断。
- 当某项工作在未来会发生较大变化时。随着信息技术和政策等条件的变化，某些工作环境或条件可能会存在较大变化，此时不适于使用工作辅助工具。

在岗培训

在岗培训又叫工作现场培训。顾名思义，在岗培训是在员工工作的过程中对其进行培训的一种方式。这样的培训有两种形式。一种是受训员工跟随一名经验丰富的老员工，在一旁观察他的工作。英文中有一个很形象的词来形容这种跟随式在岗培训，叫作“shadowing”（影子学习）。这就好比是受训员工成为有经验的老员工的“影子”，看他怎么做，自己就怎么做。这种形式的在岗培训在新员工培训中比较常见。

另一种在岗培训是当受训员工在完成工作事项时，另一名有经验的老员工在一旁观察并给予指导。这种在岗培训又可称为指导式在岗培训。指导式在岗培训又可分为两种形式：一种是结构化在岗培训；另一种是非结构化在岗培训。结构化在岗培训通常是基于一定的规划与设计，按照一定的流程来培训在岗员工。非结构化在岗培训则显得更为随性，没有事先规划培训的内容与流程，而是给受训员工配备一名资深员工进行随时指导。通常来讲，结构化在岗培训会是更多人的首选。

结构化在岗培训通常具备以下特征。

- 有明确的培训目标或培训内容。
- 有可供阅读或指导的培训材料。
- 实施在岗培训的教练或培训师接受过训练，明晰自己的职责、角色以及引导学员的方法与流程。
- 有合适的培训效果评价工具。

结构化在岗培训适用于以下情况。

- 培训急需进行，等不到预先定好的培训时间。
- 培训内容需定制化的程度太高。
- 离开了工作现场，无法还原或准确开展与技能相关的培训。
- 员工的流失率很高，或者需要受训的人数太多。
- 培训预算有限，需要具有更高性价比。
- 受训员工不方便离开工作岗位，去到另一个地方参加集中培训。

如果遇到以下情况，结构化在岗培训就不应成为一个可选项。

- 培训内容需要学员与学员之间、学员与老师之间的互动才能完成，课堂的互动是培训不可或缺的一部分。
- 指导在岗培训的主管、培训师或引导师没有接受过相关的培训。
- 在岗培训没有经过设计，内容零碎，结构松散。

自主式学习

自主式学习是员工按照自己的学习节奏自行安排学习时间与学习内容的一种学习方式。通常来说，自主式学习是需要为学员配备相应的纸质、电子或在线学习材料的。自主式学习可以以小组的形式进行。

自主式学习对于学员的要求很高。当学员不具备自主学习的意识与能力时，自主式学习不能成为一个可选项。另外，自主式学习对于自主式学习的材料要求也非常高。自主式学习材料不是一般课堂培训中我们见到的学员手册，而是对学习内容与学习逻辑进行精心设计的辅导材料。

在满足以上两个条件后，自主式学习可适用于以下情况。

- 学员分布很广或数量很多，或者两者兼具。
- 学习主题偏认知性，而不是偏操作性。
- 学员有很多个性化的学习需求。
- 学员需要即时性培训（just-in-time training），能够随时随需地学习。
- 学员有充足的时间设计自主式学习材料。

奖励与认可

这里所说的奖励与认可通常是与物质激励相对应的非物质激励。奖励与认可的形式有很多种，比如评选月度最佳员工，在公司内刊予以通报表扬，在公司布告栏张贴员工照片，颁发证书、奖杯和徽章，并加赠 CEO 亲笔感谢信，等等。这些都是给予员工奖励与认可的行之有效的方式。有研究表明，员工认为对他们最大的激励就是对其优秀的工作业绩给予认可与肯定。通过奖励与认可，不仅被奖励与认可的员工会被激励，连他身边的同事也将被激励，达成更好的工作业绩。这将形成一个良性的循环：员工满意度的提高带来高质量与高效率的工作结果，顾客对工作结果满意必将提升顾客满意度，最终给企业创造更高的价值与利润。

当员工感觉到自己的工作并没有被公司所重视或欣赏时，这是给予员工奖励与认可的最佳时机，尤其是当员工没有获得对于他所做工作的足够反馈时，或者是当员工对部门或企业的归属感不强时。

需要注意的是，人一旦因为某种行为获得了奖励与认可，他就有极大的可能性重复被认可的工作行为。因此，在设计奖励与认可时，一定不能将奖励与不想员工做的工作行为联系起来。例如，如果你希望大家共同努力让整个团队的业绩提升，就不能只奖励个人业绩，这样大家都会只关注自己的业绩而忽视团队的业绩。

工作与生活的平衡

英文中有一句谚语："只工作不玩耍，聪明的杰克也变傻。"这句话似乎成了倡导工作与生活平衡的人的理由之一。人们普遍认为，我们在生活中需要有一定的休闲与娱乐时间，不然生活将会变得无聊、沉闷、不堪重负。所以，工作与生活平衡其实说的是工作负荷大小的问题。

那么，到底是工作的时间长短还是工作的内容对我们的影响造成了工作与生活的失衡？有一种观点这样认为[①]：首先，每个人对工作与生活平衡点的感知是不一样的；其次，在衡量工作与生活是否失衡时，有一个重要的考量是我们的工作除了带来收入、权力、地位等之外，还能带来什么？关于这一点，有些问题可以作为参考，比如：

- 工作是否补给了我们能量？
- 工作是否给予了我们成就感、自豪感？

---

① Sanders E., Thiaganajan S. Performance Intervention Maps: 39 Strategies for Solving Your Organization' s Problem [M]. Danvers: ASTD, 2006.

- 我们是否期待工作？

换句话说，对有些人来说，工作能够带来能量复苏的感觉，让自己有成就感、自豪感，工作得越多越能体会到生理、心理与智力上的充实感。对于这些人来说，他们所能承受的工作负荷就远比其他人要多。

然而，不管对工作负荷的承受度是高还是低，一旦出现以下现象，就预示着工作和生活之间的平衡可能被打破了。

- 长期感受到生理、心理或智力上的疲劳。
- 与家人、朋友或同事间的关系变得越来越恶化。
- 随着时间的推移，工作效率大幅下降。
- 产生了情绪或行为障碍，比如情绪一直低落。
- 在工作中表现出回避行为倾向，而不是为了取得积极结果而工作。
- ……

当工作与生活失衡时，可采取的具体措施包括减少工作量，提供带薪休假，组织团建活动，安排工作期间小休，开辟专门的办公休息区域（如茶水间、休息间），等等。

压力管理项目

在现代商业社会，工作压力无处不在。工作中的人往往承受着多重压力，有来自上级的或下级的，有来自公司内部的或外部的。超出员工承受负荷的压力不仅会给员工本人的生理、心理与智力带来负面影响，也会让员工的工作表现下降。在工作中感受到压力过大的员工会出现诸如频繁请假、经常缺勤、工作效率下降、工作质量不达标等现象。

压力管理项目是有针对性地帮助员工减轻压力或管理压力的干预措

施。压力管理项目是对这一类干预措施的总称，其具体表现形式如下。

- 面向员工的压力管理培训课程。
- 面向管理层的压力管理培训课程。
- 压力管理咨询服务。
- 压力疏解互助小组。
- 解压活动，如公司郊游、公司内部社交活动等。

需要注意的是，如果员工所承受的压力是来自公司或管理层能够控制的因素，压力管理项目又只提供疏解压力的技巧而不对压力产生的来源进行管理的话，那么在员工看来这样的压力管理项目是毫无诚意的。例如，员工工作中的压力来自公司没有建立有效的沟通机制，没有设定切合实际的工作目标或要求等。在这种情况下，只为员工提供一次压力管理培训而不处理造成压力的来源，这样的压力管理项目将收效甚微。

因此，除了提供有针对性的压力管理项目之外，管理者在帮助员工应对工作中的压力时还需采取以下措施。

- 识别压力产生的真正来源。
- 评估员工当前所承受的压力值。
- 识别员工感受到巨大压力时表现出来的症状。
- 给予承受巨大压力的员工相应的人文关怀或工作支持。

工作场所健身房

现在越来越多的公司已经意识到让员工健身能够使他们保持健康，减少病假和缺勤。对于企业和员工来说，在工作场所设立健身房是一件双赢的事情。一系列的研究成果表明，设立健身房对企业大有益处。

- 提高工作效率。研究表明，80% 的员工认为办公室健身房计划帮助他们更加高效地工作，75% 的员工认为有规律的运动能让他们在工作时更加专注。
- 提高生产力与员工士气。研究表明，在参加了办公室健身房计划的员工中，有 63% 的员工认为他们的生产力提高了，有 75% 的员工认为他们的工作士气提升了。
- 降低员工缺勤率。研究表明，在 6 年的时间里，参加了办公室健身房计划的员工比那些没有参加的员工减少了 47.5% 的缺勤率。
- 降低员工流失率。研究表明，在 7 年的时间里，参加了办公室健身房计划的员工比那些没有参加办公室健身房计划的员工的流失率要低 34.4%。
- 降低医疗费用。研究表明，在 6 年的时间里，那些为员工提供工作场所健身房的企业比没有提供的企业在员工医疗费用支出上下降了 45%。
- 积极的投资回报率。研究表明，在 5 年的时间里，企业花在工作场所健身房上的投资获得了 250% 的回报率。

提供办公室健身房计划对那些不堪承受过高医疗费用的企业以及需要员工从事易受伤的工作的企业很有吸引力。在第二类企业中，员工在工作中可能需要从事繁重的体力劳动，或者需要久坐来完成重复性的工作（如长时间输入电脑数据）。

与工作环境相关的干预措施的表现形式

接下来，我们重点介绍一下与改进工作结构及流程相关的流程重新设计和人员配置。

流程重新设计

流程重新设计是对完成某项工作活动的顺序进行重新规划，并且挑战与工作活动相关的决策条件。需要被重新设计的流程可以是生产流程、采购流程、新产品设计与开发流程或者服务流程。同时，被重新设计的流程并不仅限于部门内部，常常会有跨部门的流程被重新设计。在重新设计流程的同时，我们还需要考虑对流程中各部门、各人员职责的重新定义及范围界定。

在进行流程重新设计的过程中，具备以下特征将有助于该项干预措施的成功实施。

- 负责执行流程的人都参与到流程重新设计的过程中。
- 采用图表法来呈现工作活动顺序。
- 明确工作活动的绩效要求与衡量标准。
- 应用整体系统思维，将流程图的规划与企业其他核心要素进行关联。
- 在新流程的制定和实施过程中，纳入多个有代表性的小组。

当组织出现情况时，可以考虑流程重新设计这一项干预措施。

- 部门与部门之间的信息、物料等交换迟缓、冗杂或非常低效。
- 决策时间冗长且效率不高。

- 某些工作活动在跨部门流程执行过程中，因部门“势力范围”问题而没有得到很好的管理。
- 标杆数据显示流程存在较大提升空间。
- ……

在进行流程重新设计时，也应规避以下风险。

- 设计团队中没有人能够了解或熟练运用图表法。
- 少数人为整个部门或企业进行流程重新设计。
- 跳过对现有流程的梳理而直接进行流程重新设计。

人员配置

人员配置是通过招聘或轮岗对员工与岗位进行匹配。此外，当员工的天赋体征无法满足工作岗位的要求时（比如有恐高症的人无法胜任登高等要求的工作），调岗也是一种人员配置的措施。从人员招聘角度来说，一般有内部招聘和外部招聘两种。两者在大的流程上相差无几，但在具体细节上会有些许差别。

- 规划。与业务部门明确对潜在候选人在知识、技能、经验等方面的要求。
- 获取简历。通过企业内外部渠道获取潜在候选人的简历，建立候选人池。
- 筛选简历。将候选人信息与岗位要求信息进行比对，找到符合要求的候选人。在筛选简历的过程中，还需考虑到外部人员信息与企业文化信息的比对。

- 面试。对候选人进行面试，评估候选人与岗位的匹配度。对内外部招聘的人员在面试内容上略有不同的侧重点。
- 选定。选择最佳候选人，提供工作机会。如果候选人拒绝工作机会，那么将重新回到获取简历的阶段。
- 新员工融入。为新员工安排入职融入计划，帮助他快速适应工作岗位与工作环境。

对员工的变革管理

一旦开始实施干预措施，变化就随之而来。有些人对这些变化适应较快，而有些人则很可能深陷其中，不能自拔。每一次的变化都会带来不确定性，而人的本性是排斥这种不确定性的。因此，当我们对身处变化中的员工听之任之、不加以管理时，最后就会导致抵制、抗拒、不合作甚至破坏，绩效改进计划也随之落空。

人对变化的反应会经历一个从否定、抗拒、尝试到承诺的过程（见图 12–3）。这就是库伯勒 – 罗斯变化曲线（change curve）。这个变化曲线的原型是 19 世纪 60 年代心理学家伊丽莎白・库布勒罗斯提出的悲伤阶段模型，原来是用于解释人们在面临死亡时的心理历程的，现在已经被广泛地应用于解释人们在面对变化时的反应情况。

首先是否定阶段。大多数人在听到自己的工作现状要发生变化时，第一反应是“这不可能吧”或者“这个事情都说了好多年了，不会有什么变化的”。人们并不愿意相信这件事情会真的发生。之所以如此，有可能是他们不想改变现状，或者是感受到了威胁，或者是害怕失败而否认改变。

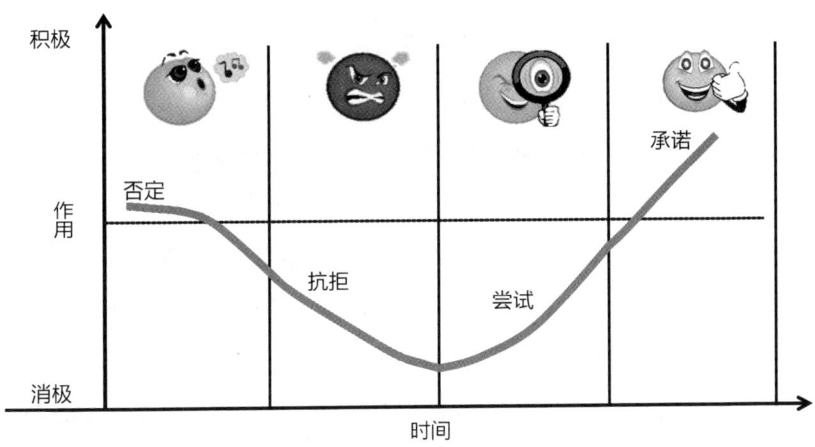

图 12-3 变化曲线图

其次是抗拒阶段。这时候要改变的信号已经很明确了，人们已经知道改变是真的，而不只是道听途说了，转而从否认进入到抗拒阶段。人们会通过各种方式来抵制改变：不合作，提出反对意见，背地里拆台，煽动闹事等。这是这个阶段常常会出现的一些抗拒行为。这个时候，他们处于变化中的最低谷，如果能反弹回升，那么他们将走出低谷；如果不能，他们就将深陷泥潭。

再次是尝试阶段。这是正向对待变化的开始。这时，人们已经经历过了抗拒阶段的愤怒、不安、焦虑等负面情绪，开始正视现实，接受改变的不可抗拒性；也意识到了改变可能带来的新机遇，并开始探索适应变化的方法与策略。在这个阶段，人们会主动地、欣然地接受改变，并配合做出期望的改变行为。

如果一切顺利，那么人们将进入最后的承诺阶段。这时，人们已经完全接受改变，变成了改变的拥护者，积极实施改变，并固化改变后的成果。

不同的人在这四个阶段中停留的时间是不一样的。同样，也不是所有的人都会经历前三个阶段，最终到达承诺阶段。就像前面提到的，大部分人会停留在抗拒阶段，走不出低谷，而有的人也许根本就没有否认和抗拒阶段，会直接进入到探索阶段。

员工之所以会在组织变革过程中经历这样的变化曲线，其实是有一些主观因素的，或者称为接受改变的阻力点，概括起来有以下四点。第一，没有危机意识。这是因为员工对改变的原因没有认知，没有意识到改变的必要性和紧迫性。第二，没有参与意愿。这是因为员工对改变后能给“我”带来什么影响不了解，缺乏改变的动力。第三，对具体的改变方案不了解。这是因为员工对具体要在哪些方面做出改变，改变的深度与广度如何，改变将如何一步步地推进等不了解，也就迈不出改变的步伐。第四，担心没有足够的能力来达到改变的要求。这是因为员工对自己能否实现新的改变，达成新的绩效结果缺乏信心。

通过以上的分析，我们不难看出员工之所以迟迟不能投入到期望的改变中，一个很重要的原因是信息的不流通与不透明。不管是上述哪一点，其实都是对将要实施的干预措施的相关信息及渠道缺乏了解。因此，从管理者的角度而言，让员工能理解、接受干预措施并最终付诸行动的关键是帮助员工通过正确的渠道了解信息。

那么，在实施干预措施的过程中管好“人”的因素需要回答员工以下四个问题。

- 为什么要改变？
- 改变了之后会有什么影响？
- 要做出哪些改变？
- 如何才能达成改变？

针对以上问题，管理者应该采取不同的策略与手段来帮助员工了解问题的答案（见表 12–2）。

表 12-2 促进员工改变的策略与手段

问 题	策略与手段
为什么要改变	■ 在要求员工改变之前，先解释为什么需要这样做，如果不做会怎样 ■ 用员工易于理解的语言来沟通改变的必要性，设身处地地为他们着想，要采用直观、易懂、具有冲击力的沟通方式 ■ 运用视觉、听觉和触觉多种感知方式来吸引有不同关注点的人
改变了之后对我有什么影响	■ 描绘愿景以创建希望 ■ 和相关人员讨论从他们的角度如何看待改变 ■ 积极倾听员工的想法 ■ 寻找员工与之相应的内在驱力 ■ 如果改变之后会有对员工“不利”的地方，就据实相告，通过沟通打消顾虑，而不是隐瞒
要做出哪些改变	■ 带领员工讨论方案内容 ■ 向员工寻求对方案的意见，确定方案是否还有完善的余地 ■ 提供有关方案内容的书面或电子材料
如何才能达成改变	■ 了解员工的工作职责、关键行为、工具、技术、绩效指标和能力等相关变化，并确保已经提供相关的信息、培训和辅助工具 ■ 创建有效的方法帮助员工培养新的技能和行为习惯 ■ 在员工行动的过程中持续给予反馈、纠偏、辅导与认可 ■ 对员工的变化给予认可和表彰

让我们来看下面的案例。

案例：促进变革的员工激励计划

在美国，炼油行业都采用同一套业绩评价指标来衡量一家炼油厂的经营状况。如果一家炼油厂的各项经营指标均处于行业前列，那么这家炼油厂被认为具有良好的竞争优势，经营稳定，且发展势头良好。这一套指标中与员工直接相关的指标包括以下四个。

- 安全性。
- 每桶油的炼油成本。
- 能耗强度指数。
- 平均产量。

德士古炼油营销公司（化名）也将这套指标纳入炼油工厂的管理体系中。该公司有四家炼油厂。在第一季度，这四家炼油厂在四项与员工相关的业绩评价指标中有三项都没有达标。公司管理者对此非常关注，并成立了专门的项目组对此进行调研。

通过对员工的工作情况以及当前工作流程的调研，项目组发现以下情况。

- 炼油厂的员工在工作技能上不存在问题，工作流程与工作体系也运转正常。这些都不是造成评价指标不达标的原因。
- 其中一家炼油厂的评价指标可以通过提升员工的工作效率以及团队协作的方式得到显著提升。

基于以上调研结果，项目组认为如果能够获得全体炼油厂员工对这些业绩评价指标，尤其是与员工相关的评价指标的认可与承诺，那么从根本上提升工厂的运营效率才有可能实现。因此，项目组设计了以“利益共享”为核心的员工激励计划，具体包含三个部分。

- 工厂层级奖励机制。在工厂层面，工厂绩效结果越好，奖金越多。以月为单位，一旦当月的业绩评价指标都达标或超标，工厂里的每一位员工都能获得认可。
- 工作小组（部门）奖励机制。对工作小组的评价采用三个指标：

产量、成本以及停产时间的减少。根据这三个评价指标，工作小组按季度给予小组成员奖励。

- 个人奖励机制。以安全性以及出勤率为指标对员工进行评价，并按月度给予奖励。全年在这两项指标上表现优秀的员工将获得年度奖励。

现在，一切准备就绪，激励计划即将拉开序幕。项目组希望借助管理层的引导与沟通来推进计划的实施。在计划正式发布之前，每一位员工都收到了三封信。

第一封信来自各工厂总经理。总经理在信中向每一位员工表示感谢，强调他们对工厂来说都非常重要，并描述了当前工厂以及公司所面临的挑战与机遇。

第二封信明确了为提升工厂业绩表现将要采取的具体激励措施，还附上了一张反馈意见卡，请员工写下他们认为能够提升工厂业绩表现的具体措施。

第三封信更像是一个“工具箱”，包括一封工厂总经理的信、一份激励计划目标说明书、一份实施后的受益清单以及一份激励计划实施的规则与流程说明。

项目组先是召开了管理层内部分享会，之后，召开全体员工均参加的项目发布会。发布会包含以下内容。

- 工厂管理层领导发表讲话。
- 播放录像视频，其中包括公司副总裁讲话、工厂员工采访以及项目规则与流程说明。
- 重述奖励机制。
- 提问环节。

在项目启动后，项目组一直对项目进展情况与员工保持沟通。

- 在每一个生产控制室以及工作小组区域都设置了“绩效表”。这张表每月更新，即时反映月度或季度目标的达成情况以及员工当前的绩效表现。
- 每一位员工会不定期地收到一份项目进度报告。报告中简要说明了在报告截止日期之前对工厂、工作小组以及个人的奖励情况。
- 项目组在年中还会在每个工厂举行一场员工讨论会，以期了解大家对项目的接受程度。讨论会上收集的意见在后续项目的修正中都得到了执行。

虽然这是一项对员工非常有利的计划，但是让他们接受起来也经历了一个渐进的过程。员工通过逐步了解、领会并执行计划中要求做到的内容，慢慢地表现出越来越高的参与度，也彻底放弃了“一月游计划”的心态。

计划实施一年后，与员工相关的四项评价指标中的以下三项都得到了极大的提高。

- 四家工厂每桶油的平均炼油成本降低了2.4%，其中一家工厂的炼油成本甚至降低了13%（以年均产量1.5亿吨来计算，这是一个非常可观的数字）。
- 四家工厂的能耗强度指数均达标。
- 四家工厂的平均产量提高了2%，有些工厂的平均产量提高了12%。

在以上案例中，从项目发布前期到项目发布会，从项目启动到项目执行，项目组实行了一系列的举措来帮助员工了解、接受、参与并最终巩固改进计划的内容。由此我们可以看到，在绩效改进项目推进过程中，尤其是在干预措施实施的过程中，对人的因素的调动是全过程且有计划的管理。同时，项目组采取了相应的手段来消除员工在意识、意愿、方案认知和能力储备等方面的顾虑（见表 12–3）。

表 12-3 促进员工改变的具体措施

措施	具体内容
项目宣传	■ 路径图、视觉化讲解 ■ 海报、挂图、易拉宝 ■ 报告、备忘录、白皮书 ■ 手册、邮件
方案介绍	■ 工作坊 ■ 研讨会 ■ 示范 ■ 一对一会谈 ■ 团队会议、简报 ■ 路演大会
学习与能力提升	■ 午餐学习会 ■ 最佳实践分享 ■ 工具包 ■ 教练辅导 ■ 培训 ■ 更新相关流程与文件
日常应用小工具	■ 快速参考卡 ■ 热线电话答题会 ■ 操作方法视频 ■ 工具箱

（续表）

措施	具体内容
员工体验	■ 互动游戏、微型网站 ■ 内网、博客宣传 ■ 沙盘体验 ■ 常见问题
过程跟进	■ 成功案例收集与分享 ■ 仪表盘、可视化数据 ■ 个人绩效反馈 ■ 庆功会
动力提升	■ 竞赛 ■ 认可、奖励 ■ 高层仪式活动 ■ 小提示、每日提醒 ■ 纪念品

绩效支持系统①

绩效支持系统（performance support system，简称 PSS）是从绩效支持（performance support，简称 PS）这个概念引申出来的，也是近年来国内谈到得比较多的一项与绩效改进相关的内容。国内谈到绩效支持系统时，往往将之与绩效改进作为同一层级的概念来讨论。事实上，绩效支持系统是绩效改进干预措施中的一个类型，所以我们将它放到这一章中进行探讨。

谈到绩效支持，人们往往会在其后再加一个词——“系统”，即绩效支持系统。《人类绩效技术手册》的第二版、第三版都曾详细且系统地阐

① 本节内容原载于《培训》杂志，此处有删减。

释了什么是绩效支持系统以及与之相关的设计、开发与应用。在 2006 年的第三版《人类绩效技术手册》中，作者史蒂文·W. 维拉希卡（Steven W. Villachica）、德博拉·L. 斯通（Deborah L. Stone）与约翰·恩迪科特（John Endicott）对第二版中首次给出的有关绩效支持系统的定义进行了更新：绩效支持系统是一个线上、线下方法和资源的优化整合系统，它在员工需要时通过合适的方式为其提供所需，从而使其绩效表现能够达到组织目标。

从这个定义中，我们可以总结出如下三个关键点。

- 绩效支持是属于工作现场范畴的概念。企业中的学习有很多种形式，比如面授培训、在岗培训、行动学习、导师制等。企业培训既可以发生在课堂中，也可以发生在实际工作中。与之相对应的“绩效”一词，则通常指的是在实际工作情景下的工作结果。同样，绩效支持也是属于工作现场范畴的概念，它的设计与应用情景都是指向具体工作现场的。对员工进行培训的目的是前置性、预防性地面对可能出现的绩效问题，而给员工提供绩效支持的目的则是快速解决当时、当下工作中遇到的问题。
- 绩效支持工具的使用符合“即时性”原则。也就是说，当员工在工作中需要时就可以直接使用绩效支持工具；不需要时则无须对工具进行记忆、背诵等。为此，在设计绩效支持工具时，对于工具中信息的整合、提炼与呈现需高度精准且精练；绩效支持工具的形式则需符合易于上手操作且与实际工作情景相符的特点。这样一来，员工无须花费太多的精力与时间去现场学习该如何应用，从而能够快速地完成工作任务。
- 绩效支持是一个系统。绩效支持通常是作为绩效支持系统来讨论的，这个系统中既有线上也有线下的工具。绩效支持的系统性源于绩效改进领域中关于绩效影响因子多样性的理论，吉尔伯特的“行为工程模型”就是这个理论的代表性论述。我们从前述的行为工程模型已经知道，在员工个人层面，影响员工绩效达成的关键因素有六大类：信息、资源、激励、知识与技能、内在潜能与动机。员工层面绩效问题的产生，是由这六大因素中的某几项而非一项的缺失或不足而导致的。因此，当管理者给予员工有效的工作支持时，单一的绩效支持工具是解决不了复杂的绩效问题的。只有针对具体的绩效结果，将绩效支持工具进行有机整合，形成全方位的体系，才能真正达到支持绩效的目的。

绩效支持系统与绩效改进

在第二版、第三版《人类绩效技术手册》中，关于绩效支持系统的讨论都放在了“绩效改进干预措施”的章节中。具体来说，在第二版《人类绩效技术手册》中，绩效支持系统是一项非教学型干预措施，与培训这一教学型干预措施相对应；而在第三版《人类绩效技术手册》中，绩效支持系统则是针对个人以及工作团队层级的绩效干预措施之一。

说得更明确一点，绩效支持是绩效改进大框架下的一个概念，是支持绩效达成的干预措施系统。绩效改进研究工作绩效的内涵（结果、标准、行为）以及如何配置个人与工作环境中的相关因素来促成工作绩效的有效达成；而绩效支持则是通过绩效分析识别影响绩效的主要因素有哪些，针对这些因素来设计员工在工作现场可以使用的工具体系。如果把绩效改进看作一个流程，即“分析—设计—开发—实施—评估”，那么绩效支持在这个流程中介于“分析”和“设计”阶段之间。当然，对绩效支持工具或系统应该如何设计和使用，则又可以是另一个“分析—设计—开发—实施—评估”闭环，而这个闭环是绩效改进过程中“设计”阶段的二级流程。这也就是学者凯瑟琳 · S. 哈奇森（Cathleen S. Hutchison）提出的绩效改进领域中针对绩效差距的“宏分析”（macroanalysis）与针对干预措施的“微分析”（microanalysis）。

在绩效改进的大前提下，绩效支持的落地既可以在员工个人层面，也可以在组织层面。在员工个人层面，我们通常可以看到的绩效支持工具包括工作指导手册、工作反馈机制、工作流程图、工作表格等。在组织层面，绩效支持的系统性体现得尤为突出，在线知识管理系统（knowledge management system）就是一个组织层面绩效支持系统的例子。在知识管理系统中，组织的知识与经验会以简便、快捷且结构化的形式传递给员工，帮助员工快速解决实际工作问题。

绩效支持与学习支持

提及绩效支持，也有人认为，绩效支持与学习支持的概念界限难以厘清。其实，绩效支持与学习支持最大的区别就在于工具使用的“场”不一样。简单来说，学习支持工具是在学习过程中使用的工具，比如在培训现场使用的工具；绩效支持工具则是在工作现场使用的工具。然而，就工具本身来讲，它既可以是绩效支持工具，也可以是学习支持工具。

案例：绩效支持工具还是学习支持工具

某大型汽车制造企业为全体一线经理及以上的管理人员开展了教练辅导技术培训项目。通过这个项目，该企业希望在组织中创建一种企业教练文化，将教练辅导技术作为一项管理工具供管理者适时使用。在培训项目的设计中，GROW 教练模型是其主要内容之一。为了帮助学员掌握 GROW 模型以及在 GROW 模型中如何询问有效的问题，培训素材中设计了“GROW 教练模型可询问问题一览表”以及“教练辅导记录表”，供学员在培训过程中学习与练习。

待学员受训后回到工作岗位，企业将以上两项表单以工作手册的形式提供给学员，供学员在实际工作中对下属进行教练辅导时做参考与记录使用。在这个案例中，这两项工具的内容没有变化。当学员在培训中使用时，它们是学习支持工具；当员工在工作中使用时，它们则成为绩效支持工具。

在企业中谈学习或者培训，不能脱离“培训结果如何支持学员工作绩效”这个出发点。企业中做培训的人常常苦恼“怎么才能把培训落到实处，对绩效有所帮助”，而将绩效支持工具与学习支持工具在培训项目的实施中进行融会贯通，可以作为打通“学习场”与“工作场”的手段之一。也就是说，在培训过程中打造接近实际工作的学习场景，并在这个场景下练习实际工作中需要用到的工具与流程，缩短学习迁移的时间，能够促进绩效结果的达成。

案例：打通“学习场”与“工作场”

ABC 公司管理层发现，门店一线销售人员会按各自经验与喜好接待客户。这样一来，客户没有获得标准化的优质服务体验，公司也没有树立起专业、统一的企业形象。鉴于此，ABC 公司对销售流程进行了梳理与规范，建立了一套标准化的销售服务流程，并安排了相关的培训。结合培训内容，ABC 公司还设计了一套在岗绩效支持工具，在巩固培训效果的同时，为销售人员提供随时随需的绩效支持服务。该套系统包括以下内容：

- 销售服务流程现场观察表。由销售经理在工作中使用，用来即时评价销售人员的销售动作是否合规，并据此提出改进意见。观察表详细标注了销售服务流程各个阶段的具体步骤以及各个步骤的核心行为。销售经理根据观察到的员工实际销售情景，对每个步骤进行打分。
- 手机端销售服务流程视频示范与要点提示。以微视频的方式进行分步骤示范销售服务流程与要点提示。销售人员通过手机端接口随时获取视频示范，每日上岗前可观看，休息期间也可随时回顾，为下次销售做好准备。
- 产品专有名词随手卡。有关产品介绍的标准术语被制作成了随手卡，销售人员可随时查看，确保在跟客户沟通中准确使用。
- 产品知识手册。定制商务笔记本，将产品背后的故事分门别类地插入其中。这些故事图文并茂，是销售人员向客户做深度介绍时的素材来源。销售人员可以通过自行阅读储备知识，也可以适时提供给客户翻看，以帮助其加深产品印象。

小 结

实施改进措施既有“硬”的部分，也有“软”的部分。“硬”的部分指的是改进干预措施的设计、开发与实施，而“软”的部分则是指干预措施实施过程中对员工的管理。

在传统意义上，改进干预措施分为教学型干预措施与非教学型干预措施，这一分类方法有着明显的教学系统设计的痕迹。而我们将干预措施分为与工作环境相关的措施以及与员工相关的措施，这一分类方法与绩效差距原因分析的“工作环境与员工”两分法相对应。这两大类干预措施又可具体分为：

- 提升知识（技能）类；
- 增强动机类；
- 提升身心健康类；
- 优化工作信息类；
- 改进工作结构与流程类；
- 改讲物理资源类。

不论是采取哪一种干预措施，有两点原则必须遵守。第一，干预措施一定是针对绩效差距原因的。是什么样的原因造成了绩效差距，就采取什么样的针对性干预措施消除该原因。第二，干预措施都是以“组合”的形式来实施的。单一的干预措施无法有效消除造成绩效差距的原因。这是因为造成绩效差距的原因通常都是多样的、有层次的，所以消除原因的干预措施也是组合形式的。

干预措施的实施并不是一件理所当然的事情，也不是一个会被自动执行、毫无阻力的过程。这是因为干预措施最终实施的对象都会落到员工身上。对于员工来讲，任何一项干预措施（哪怕影响力再小）都是对他们原有工作行为、工作方式或工作习惯的改变。要想让干预措施顺利地推行下去，对于受干预措施影响的员工就必须采取相应的变革管理。只有员工从对干预措施最初的抗拒与抵触，转到后来的理解与接受，再到最后的学习与付诸行动，实施干预措施才算是真正获得成功。

第13章

评估改进成果

固化改进成果既是对绩效改进项目的评估与总结，也是下一次绩效改进的开始。至此，改进措施已经实施了一段时间，改进绩效的项目是否达到了预期的目标？项目实施过程中有哪些亮点与不足？项目取得的成果中有哪些值得被固化保留下来？这是需要在固化改进成果阶段回答的问题。因此，这一阶段包含三个主要内容。

- 对改进结果的评估。
- 对改进过程的反思。
- 对改进成果的沉淀。

结果评估始于何时

很多人认为，对绩效改进的结果进行评估是始于改进措施实施之后的。真的是这样吗？答案是否定的。学术界比较统一的看法是始于绩效分析阶段。通过对企业中的绩效改进项目进行研究，我们找到了三个答案。

评估是指对一件事情前后状态进行记录并对比。事后状态记录优于事前状态，则评估结果为优；事后状态记录劣于事前状态，则评估结果为差。所以，对改进结果进行评估，首先要确定的是可以用于记录并对比的评估指标。何时对评估指标进行确定与提取，何时就是评估结果的开始。在对案例的研究中，我们发现以下三个确定与提取评估指标的时间点。

- 在对绩效差距原因进行分析的时候。
- 在制定改进措施的时候。
- 在对干预措施效果进行评估的时候。

第三种情况就是在企业干预措施完成实施后进行评估的时间点。在这里，我们重点说一下前两种情况。

第一种情况，在分析绩效差距原因时，确定改进结果评估指标通常是对绩效状况或绩效问题本身的评估。换句话说，如果安全生产事故率高是绩效问题，那么安全生产事故率便成为改进结果是否达成的评估指标；如果员工流失率高是绩效问题，那么员工流失率便是改进结果是否达成的评估指标。我们举个例子。

案例：员工流失率高的绩效改进问题

在某自动化软件制造企业，软件开发工程师的流失率一直居高不下。行业的平均离职率大约是20%，而这家企业的软件开发工程师流失率达到了31%。最初，管理层认为，这是因为人力资源部门的招聘人员缺乏有效的面试技巧，招聘来的人员不合适。所以，管理层决定要对招聘人员进行招聘面试技巧培训。然而，培训部在接到招聘面试技巧培训的需求后进行了培训需求分析。结果发现，其实并不是因为招聘人员缺乏面试技巧而导致招聘来的人员不合适，而是因为整个招聘流程中缺乏一个环节，那就是没有对软件开发工程师岗位所需的技能与应聘人员的技能进行匹配，结果本来只需要具备初级或中级软件开发技能的员工就能满足的岗位却按照高级工程师的标准来招聘。这样一来，招聘来的高级工程师觉得工作内容乏味，没有挑战性，干了一段时间就觉得不合适而离开了，从而导致这个岗位的流失率居高不下。在找到原因之后，培训部决定重新设计相应的干预措施，并明确了干预措施实施后要达到的预期目标。

- 软件开发工程师年度流失率从现在的 31% 下降到 20%。
- 通过招聘符合条件的初级工程师降低软件开发成本。
- 降低因重复招聘而增加的招聘成本。

以上三个指标就成为评价此次绩效改进项目结果的评估指标。接下来，培训部开始设计更为优化的招聘流程并制作相关材料以辅助招聘人员。在改进措施实施前和实施过程中，培训部对这些指标进行记录、跟踪。在改进措施实施七个月后，培训部对前后数据进行了对比，发现以下结果。

- 软件开发工程师自动离职率与强制离职率均有所下降。其中自动离职率月度最低值只有 12%，而强制离职率月度最低值只有 7%。
- 软件开发工程师人力成本降低了 12.8%。
- 当软件开发工程师的流失率维持在 20% 时，招聘成本每月降低近 2 万元。

第二种情况，在设计改进措施时，确定改进结果评价指标是对改进措施本身的有效性进行评估。我们也举个例子。

案例：客服人员频遭投诉的绩效改进问题

一家电力服务公司的客户呼叫中心接到了大量的客户投诉电话，投诉内容大多涉及客户投诉客服代表在接听电话时响应速度慢，而且服务质量差。针对这个情况，呼叫中心经理提议对客服代表进行为期两天的客服技巧培训，并请求公司的培训发展部来组织这场培训。培训发展部认为所有的客服代表在入职前都参加过为期两天的客服技巧培训，现在再次进行类似的培训，效果不会太好。为此，培训发展部对这个绩效问题进行了进一步的分析，通过发放调研问卷和进行一对一访谈后发现，客服代表频繁被投诉不仅与客服沟通技巧欠缺有关，还包括以下原因。

- 客服代表被要求在 90 秒内完成客户咨询电话，这让他们的工作重心落在规定时间内完成通话，而非接听的质量。
- 客服代表的绩效考核指标是 90 秒内完成电话接听，而不是客户满意度的评分。

基于以上调研结果，培训发展部提出了以下改进措施。

- 将客服代表的考核指标调整为客户满意度评分。
- 将 90 秒内完成接听的标准时长延长到 120 秒。

- 针对客服代表在调研中显示出的具体客服技巧不足进行培训，将原定两天的培训缩短到半天。

在对半天的培训内容进行设计与开发时，培训发展部也制定了评价改进措施是否有效的两个指标。

- 将培训从两天缩短到半天所节省的成本。
- 客户投诉电话数量。

在实施改进措施三个月以后，培训发展部对以上两个指标进行评估。最终结果显示：第一，半天的培训比原定的两天的培训节省了近 8 万元；第二，客户投诉电话以及书面投诉次数降低了 16%，超出了管理层的预期。

是在分析绩效状况时确定效果评估指标，还是在设计改进措施时或实施改进措施后再来确定效果评估指标，体现的是一个绩效改进项目完整性与评估有效性的问题。对这三个时间点的选择是越靠前越好。

如何评估结果

对绩效改进项目进行评估通常有两个维度，相应的也有两种方法。评估的第一个维度是对改进措施结果的评估。也就是说，在实施改进措施之后，绩效差距有没有被缩小或消除，或者有没有实现既定的绩效结果？对改进措施结果的评估可以采用柯氏四级培训评估模型，该模型源于对培训项目的效果评估（模型中第三层级、第四层级的评估内容也可用于非教学型的绩效改进项目）。评估的第二个维度是对绩效改进项目的整体评估。换句话说，企业在某一个绩效改进项目中投入了人力、物力、财力等资源，这些投入与绩效提升后或绩效结果达成后所带来的经济收益相比是投入大于收益，还是收益大于投入？要回答这个问题，ROI（投资回报率）评估是通常所采用的方法。

柯氏四级培训评估模型：绩效差距有无缩小

20世纪50年代，基于工作中的实际应用，唐纳德·柯克派屈克（Donald L. Kirkpatrick）博士在他的博士毕业论文中开创性地提出了“柯氏四级培训评估模型”。模型提出的初衷是用来评估美国威斯康星大学管理学院教授的管理课程到底有无效果。很快，柯氏四级培训评估模型就广为人知了。在此后的50年里，柯氏四级培训评估模型被广泛地应用于培训项目的效果评估。2010年，柯克派屈克博士的后人——詹姆斯·柯克派屈克（James Kirkpatrick）和温迪·柯克派屈克（Wendy Kirkpatrick）对柯氏四级培训评估模型进行了改善，并提出了全新的柯氏四级培训评估模型。该模型包括四个层级的评估内容：学员反应、学习效果、行为改变以及业务结果。

第一层级的学员反应是指衡量学员在培训中的参与程度及对培训的喜好程度。在这一层级，有以下几个衡量指标。

- 用户满意度。参训学员对培训项目的满意度，包括对培训准备、培训内容、授课讲师、培训材料及培训场地等的满意度。
- 学员参与度。学员在多大程度上积极地参与到学习的过程中，并致力于创造良好的学习氛围。学员的参与度与他在培训中能学到多少内容有直接的关系。在评估学员参与度时，学员个人是否认识到自己对学习结果也要承担责任直接影响到学员在学习过程中的专注度。同样，培训内容与过程中那些能引起学员兴趣的点也会影响学员的参与度，比如培训师是如何调动和抓住学员注意力的。

- 相关性。当参训学员回到工作岗位后，能在多大程度上把培训中所学的知识与技能应用到实际的工作中去？相关性维度对于培训项目的最终效果十分重要，因为如果不能把所学内容应用到工作中去，那么再好的培训也是一种资源的浪费。

第二层级的学习效果是指衡量学员在参加培训后知识、技能与态度是否有所提升，以及学员对在工作中能否应用所学内容的信心度与承诺度。

- 知识和技能。知识维度是指学员在多大程度上了解了某项信息，例如“我知道了这个内容”；技能维度则是指学员在多大程度上知道了如何完成某项工作任务，例如“我现在能做到了”。在现实中，很多公司都会把学员的绩效问题错误地归因于知识和技能的缺失。这样导致的结果是，工作绩效不佳的学员被频频地送回教室进行再学习，而实际情况却是学员因为缺乏动力或者受到一些其他环境因素的影响而导致了绩效问题。有研究表明[①]，只有 10% 的学习迁移失败（例如，学员不能在工作中使用新习得的技能）是由培训不当造成的，而 70% 甚至更多的学习迁移失败则来自工作环境中的其他众多因素。
- 态度。学员在多大程度上愿意相信他们将所学到的内容应用在工作中是有价值的，例如“我相信在工作中这么做是有意义的”。

① 美国培训与发展协会 . 行业现状报告：美国培训与发展协会工作场所学习和绩效年度综述 [R]. 美国：ASTD, 2006.

- 信心。学员在多大程度上认为他们能够将所学到的知识应用到实际工作中去，例如“我觉得在工作中我能这样做”。在培训中解决学员信心方面可能存在的问题，能够让学员在工作中更进一步地接近预期的绩效目标。对这个维度的评估可以让那些有可能阻碍学员在工作中应用所学的问题提早显现出来，并得以解决。
- 承诺。学员在多大程度上想要将培训中所学到的知识与技能应用到实际的工作中去，例如“我打算在工作中这样做”。承诺维度与学员的内在动机相关。对这一维度的评估是要让学员认识到，即使他们已经掌握了基本的工作知识及相关的工作技能，他们仍需要在实际工作中付出努力以持续应用新知识和新技能。

第三层级的行为改变是指学员在多大程度上已经将培训中所学到的内容应用到工作当中，并带来相应的行为改变。

- 关键行为。关键行为是指那些在工作中实施的且能够对预期绩效结果产生最大影响的少数核心工作行为。为了完成工作任务，学员也许要实施成千上万种工作行为，但关键行为特指那些对达成组织预期业绩目标最重要的工作行为。
- 必需驱动力。必需驱动力是指能够监控、强化、鼓励和奖励学员在工作中进行关键行为改变的流程和系统。必需驱动力是促使学员在工作中应用所学知识的关键，在组织中建立必需驱动力并对其实施有效的监控是预判培训项目能否成功的最重要的风向标。罗伯特·布林克霍夫（Robert Brinkerhoff）在《讲述培训的故事》（*Telling Training's Story*）一书中指出，在那些建立了相关的责任与支持机制以帮助员工在工作中强化培训所学内容的组织中，85% 的学员都会在工作中应用所学的知识与技能；相反地，在那些只依赖培训就期望让员工达成优秀工作绩效的组织中，只有 15% 的学员会在工作中持续应用所学内容。

第四层级的业务结果是指培训在多大程度上帮助企业达成了既定的业绩目标。正如我们之前所说，对于业务结果最常见的错误理解是，培训管理者或者业务部门负责人只把业务结果定义为他们所管辖的、个别部门的绩效目标，而不是企业的整体绩效目标。这样做的后果是，人为地造成了部门与部门之间的孤立，对企业整体目标的达成产生了负面影响。因此，要做到第四层级的评估，就必须对企业层面的业务结果进行清晰的界定。在对企业层面的业务结果有了清晰的定义后，对培训项目进行业务结果层面的评估就是要在绩效结果价值链①上找到培训所针对的绩效结果，然后进行测量与评估。

有资料显示②，大概 78% 的培训项目都会以不同的形式来评估参训学员对培训的喜好程度。但是，对收集学员反应层级评估数据上的投入已经远远超过了这一层级的评估数据所能带来的实际价值。相反地，对于更加有意义的第三层级（行为改变）和第四层级（业务结果）的评估投入不多，只有 25% 的培训项目会做第三层级的评估，15% 的培训项目会做第四层级的评估。

ROI：绩效改进的投入有无回报

ROI 是指通过投资而应返回的价值，是企业从一项投资活动中得到

① 见本书第 2 章内容。

② 美国培训与发展协会 . 评估的价值 [R]. 美国：ASTD, 2009.

的经济回报。在绩效改进的范畴下谈 ROI，其实是把绩效改进项目本身当作一项投资，看它的投入与它的产出比是否是增值的。ROI 与柯氏四级培训评估模型中的第四级并不是同一个概念。柯氏四级培训评估模型的第四级是对业务结果的影响，指的是改进措施的实施是否达成了预期的目标，是改进措施与业务结果之间的关系。ROI 则是指对绩效问题进行调研分析、形成干预措施、实施干预措施所投入的经济成本与实施干预措施后所带来的经济收益之间的比值。因此，ROI 也常常被称为评估的第五级。ROI 评估的倡导者杰克·菲利普斯（Jack Phillips）在柯氏四级培训评估模型的基础上提出了“五级评估模型”（见表 13–1）。

表 13–1 菲利普斯的五级评估模型

层级	评估重点
反应层	绩效改进项目参与者与利益相关者的满意度
学习层	知识、技能、态度上的变化
应用层	绩效或行为上的变化
业务结果层	对企业核心业务结果的影响
投资回报率	绩效改进项目的投入产出比

菲利普斯认为不是所有的绩效改进项目都需要经过第一级至第五级的评估，这是因为随着从第一级至第五级评估内容的不断丰富，所需耗费的时间、成本与资源也在不断上升。根据他的建议，在企业实践中，第一级反应层评估的完成度需要在 90%~100%，而 ROI 评估的完成度只需要在 5%~10%（见表 13–2）。

菲利普斯认为实施 ROI 评估是有一定的标准要求的，满足既定标准的 ROI 评估才谈得上真正有效。在这里，我们列举一些重要的标准。

表 13-2 不同层级评估建议的完成度

层级	建议完成度
反应层	90%~100%
学习层	60%~80%
应用层	30%~50%
业务结果层	10%~20%
投资回报率	5%~10%

- 简单。ROI 评估的流程不宜复杂。如果计算公式过于复杂，评估方法过于难懂，那么将导致 ROI 无法推行，这也是大家一谈到 ROI 就觉得太麻烦而最终放弃的原因。
- 经济。这里指的是 ROI 评估本身是经济的。如果做 ROI 评估是一件非常费时又费钱的事情，那么它不仅会降低绩效改进项目的投资回报率，也会与 ROI 评估的初衷相背离。
- 可信。ROI 评估的方法是要经得起推敲的，评估的步骤是有逻辑性的。
- 数据考虑周全。ROI 评估中应用的数据应该既有硬性数据，也有软性数据。硬性数据指的是与质量、成本、时间、产出等相关的数据，而软性数据则包括满意度、流失率、投诉、缺勤率等数据。
- 成本考虑周全。ROI 评估中纳入的成本需要包括绩效改进项目从初步需求评估、绩效分析、原因分析到干预措施设计、开发与实施，以及效果评估的所有成本。
- 业绩记录跟踪。ROI 评估发生在绩效改进项目结束之际，但成本投入或者经济收益并不是在项目结束之际才发生的。因此，对于过程中的人、财、物等的投入以及先于项目结束前获得的收益都需要做好跟踪记录，从而确保数据计算的有效性。

ROI有固定的计算公式。与效益成本比（benefit-cost ratio，简称BCR）的计算公式不同，ROI的计算是以绩效改进项目所带来的净利润为基础来计算的，而BCR是以项目总利润为基础来计算的。

$$ROI=\frac{项目净利润}{项目成本}\times 100\%$$

$$BCR=\frac{项目总利润}{项目成本}$$

例如，一个绩效改进项目的成本是229 000元，在实施后，一共为企业节省了581 000元的费用。那么，这个项目的效益成本比是：

$$BCR=\frac{581\ 000}{229\ 000}=2.54$$

这里的含义是，在绩效改进项目中，每投入1元钱就能获得2.54元的收益。如果按照ROI的计算公式，这个项目的投资回报率是：

$$ROI=\frac{352\ 000}{229\ 000}\times 100\%=154\%$$

这意味着除去成本，在绩效改进项目中每投入1元钱就能获得1.54元的净收益。

在ROI计算公式中，只有两个关键因素，一个是成本，一个是产出。成本包括实施绩效改进项目所有的成本，包括但不限于以下方面：

- 需求评估与分析费用；
- 干预措施开发费用；
- 物料费用；
- 聘请讲师、引导师、教练等费用；
- 场地费用；
- 差旅餐食等费用；

- 培训项目学员的工资与福利等费用；
- 管理费用；
- 效果评估费用；
- ……

接下来就是对产出收益的计算。项目产出有些可以直接以货币的形式计算，比如销售额的增加或成本的降低，但有些是不能直接体现为货币价值的。在这里，我们就需要将这些收益转换为货币价值。转换原则如下。

- 员工节省下来的工作时间可以转换为工资、福利等货币形式，以标准值为计算基础。
- 由于质量提升而节省下来的成本（如客户抱怨数量的下降、安全事故的减少等），以标准值为计算基础。
- 将指标与其他较容易计算价值的指标进行对比来换算货币价值，比如将员工敬业度或员工满意度的提升与员工流失率进行对比来计算货币价值。
- 采用价值预估的方式来换算货币价值，比如可以由专家、管理层或受干预措施影响的员工等来对某一指标的货币价值进行估算。

反思与沉淀

反思是指我们在绩效改进项目的实施过程中学到了什么，又可以把哪些最佳实践进行分享与沉淀。这是为了将来再做同样的事情时可以做得更好。在总结“学到了什么”时，我们可以从以下几个角度来反思。

- 在绩效分析中有哪些做得好或可以做得更好的地方。例如，由于绩效分析是一件既重要又耗时的事情，所以说服管理层给到更多的时间来做绩效现状分析也是需要技巧和准备的。通常，管理层希望尽可能快地看到结果，而不愿我们花费太多的时间对绩效现状与原因进行深入的分析。对于这种情况，在准备绩效分析时，我们应做更有弹性的设计，迭代推进，在项目过程中巡回验证与修正，这样可以在一定程度上消除此影响。
- 对影响项目效果的关键因素进行总结。影响项目效果的关键因素有很多，比如改进的目标是否定义清晰，是否有详细且可行的项目实施计划，项目执行人是否具备项目管理技巧，是否获得管理层支持，是否在项目早期就对项目预期结果与公司达成共识，等等。
- 在项目推动中与关键利益相关人的互动。获得利益相关人的理解与支持对于绩效改进项目来说至关重要。而在这方面做得怎么样，有哪些可以总结的经验，也是反思的一项重要内容。例如，在项目开始的早期阶段是否就已经让利益相关人参与进来；在项目推进的过程中是否一直让利益相关人对进展情况有适度的了解；对提供的绩效数据是否给予足够的背景说明以确保数据的有效性；对利益相关人是否做过有关改进流程与方法等的介绍或培训，从而使他们更好地了解该如何来配合项目的推进；是否关注到利益相关人对项目的疑虑或担忧，并试图消除这些阻碍因素；等等。

反思的角度根据项目的实际情况还可以有很多。但无论是从哪个角度来反思，都要注意两点：第一，反思的过程不能少；第二，对反思的内容需有记录，并为下一次项目实施做好准备。

小 结

虽然对改进成果的评估是绩效改进闭环中的最后一步，但它却不应该是在改进流程走到最后一步时才开始的。对改进成果的评估是始于评估指标的确定与提取的。这里有三个时间点：在对绩效差距原因进行分析时，在设计改进干预措施时，以及在评估干预措施实施效果时。可以看到，这三个时间点是依次顺延的状态。从理论上讲，分析与评估是相辅相成的两个部分，评估的有效性与原因分析的准确性密不可分。因此，明确与提取改进成果评估指标的时间点越靠前，越能体现绩效改进项目的完整性与有效性。

改进成果评估框架是效果评估阶段非常重要的一个方面。在实践中，企业通常采用柯氏四级培训评估模型与 ROI 评估模型两种框架。柯氏四级培训评估模型从反应层、学习层、行为层及业务结果层分别进行评估，越往上走，评估的有效性越大；同时，评估的难度也越大。ROI 评估模型在柯氏四级培训评估的基础上增加了对改进项目投资回报率的评估。柯氏四级培训评估模型与 ROI 评估模型的差别并不仅仅在于不同的评估层级，还在于：前者是对改进措施是否消除绩效差距根因，达成绩效目标的评估；而后者则是对实施整个绩效改进项目是否给企业带来增值，即对项目实施的投入与问题解决后的利益回报之间的关系进行的评估。

除了对改进成果进行评估以外，固化改进成果阶段还需要对绩效改进项目中的最佳实践和经验教训等进行总结，为的是将来再次实施同类改进项目时能够提高成功的概率。

后 记

2010年年底，我开始准备博士论文的写作。论文的主题是研究绩效改进的理念与方法在美国企业管理实践中的应用，研究的切入点是从行动研究法的视角来分析企业实践中绩效问题分析的流程与方法。行动研究（action research）是通过运用社会科学的研究方法来解决实际工作和生活中的问题。行动研究与传统学术研究最大的不同在于，行动研究致力于解决日常工作与生活中我们所面临的实际问题，而传统学术研究通常以提出理论、修正理论或推翻理论为主，关注和回答学术问题，往往不会切入到实际问题的解决层面。行动研究是“问题解决＋科学方法”，既注重解决工作与生活中的实际问题，又注重在问题解决过程中引入严谨的学术研究方法，增加解决实际问题的有效性与可靠性。因此，我的研究方向就是在绩效改进领域探讨行动研究的理论、框架以及方法的适用性，提升绩效改进在企业实践中的严谨性、有效性与可靠性。

论文研究采用了案例分析法。为此，我与导师詹姆斯·A. 潘兴教授一起收集了近40家美国企业在管理实践中运用绩效改进来解决业务问题的实际案例。在经过一轮又一轮的研讨与分析之后，我们最终敲定了20个经典案例作为论文研究的主要对象。这20个案例全都由企业中的实际管理人员、内部或外部绩效改进顾问编写，描述的是一个个具体解决绩效问题的企业实践案例。通过对每个案例的纵深研究及对所有案例的横向对比，我们发现有以下几个特点。

第一，需要改进的是“绩效”，而不仅仅是“人的绩效”。

改进绩效，到底是改进谁的绩效？或者换个角度来思考这个问题：企业管理者应该从何处入手来改进绩效？这 20 个案例给出了比较明确的答案：绩效是多层次的，绩效问题的发生也是多层次的，因此改进绩效需要的是全面的视角，而不是孤立的视角。建立“绩效是多层次”的理解对改进绩效至关重要。

纵观 20 个案例，共涉及了近 12 个行业，比如纺织制造业、家具制造业、造纸业、石油冶炼业、房地产行业等。在这些行业中，企业所面临的绩效问题也各不相同，比如企业生产指标达不到行业标准，销售业绩下滑，客户投诉率高，生产事故率高，员工流失率高，员工缺勤率高，员工知识技能缺乏，等等。大部分的绩效问题既是企业层面的绩效问题，也是员工层面的绩效问题。单一层面的绩效问题的案例样本数量非常少。同时，有 10 个案例是由于外部市场的变化、政策的变化或科技的进步，引起企业内部主动或被动的应对，进而采取的改进绩效的行动。要解决这些绩效问题，仅仅依靠改进“人的绩效”显然是不够的。

这些实际的案例恰恰证明了绩效改进领域对绩效的深层次理解：绩效改进是一门研究绩效的科学，其改进的对象是“绩效”，而不仅仅是“人的绩效”。这是理解与应用绩效改进理念、方法和工具最为基础的也是最为核心的认知。

第二，循证实践是改进绩效的“必选项”，而不是“可选项”。

简单来说，循证实践就是用事实说话。而接近于真相的事实源于科学的绩效数据采集与分析方法，这也是社会学领域中的研究方法在企业实践层面的应用。从这 20 个实践案例中，我们看到了行动研究在绩效改进领域的深度应用。在社会学领域，各种研究方法的应用是为了回答与普通人的日常工作和生活似乎联系不太紧密且在大多数情况下只需研究原因而无须提供解决方案的社会问题。行动研究则可以理解为传统社会学研究方法的“落地版”，它所看重的恰恰是实实在在的诊断问题、分析原因并提供解决方案。所以，行动研究更具实操性，更接地气。

循证实践其实是绩效改进最有价值的一部分，也是最难的一部分，它是决定绩效问题是否能够得到真正解决的关键。一直以来，在绩效改进领域，研究者与从业者都在试图回答这样的问题：“你怎么证明这个绩效问题是你说的这个原因产生的？”“你怎么证明解决了这个绩效问题就会给企业带来 300% 的投资回报率？”这些问题的答案不在绩效改进的理论和模型中，而在循证实践的过程中。

具体来说，循证实践包含三个主要内容：制订绩效数据收集与分析计划、收集绩效数据以及分析绩效数据。这 20 个案例记录了循证实践三个主要内容在改进绩效过程中的三个关键阶段。第一个阶段是绩效差距分析。在这个阶段，通过收集绩效目标和绩效现状数据、分析绩效差距、收集差距原因数据、分析差距原因数据等一系列步骤，准确定义绩效问题并找到绩效差距产生的原因。第二个阶段是干预措施设计与开发。干预措施，尤其是具有教学性质的干预措施（如培训），都经过了一个从分析干预措施特征及与绩效差距原因的对应性，到收集相关数据进行开发，再到进行小规模试验，而后进入大规模推广的过程。第三个阶段是干预措施效果评估及绩效改进项目效果评估。对干预措施的效果评估是评价“干预措施实施后有无达到预期的缩小或消除绩效差距的结果”，而对绩效改进项目的效果评估是评价“绩效改进项目的投入与产出是否达到价值最大化的结果”。不论两者的目的有何不同，对它们的评价都离不开收集实施效果数据与分析效果数据，进而得到评价结论的过程。

第三，没有一个绩效模型是万能的。

在绩效改进领域，吉尔伯特的行为工程模型可谓是家喻户晓。在国内，随着绩效改进的推广，越来越多的从业者慢慢了解到并开始应用这个模型。但有趣的是，在所有 20 个案例中，明确说明应用了“行为工程模型”的只有 2 个案例，这很有意思。纵观所有的案例，10 个案例明确提到了在做绩效原因分析时参考了一些模型，这些模型当中有诊断模型（如行为工程模型），也有过程模型（如 ISPI-HPT 模型）。从应用了模型的 10 个案例来看，存在着以下三种情况。

- 完全采用现有绩效改进模型的有 6 个（60%）。
- 在现有模型的基础上做调整以适用当下绩效问题情境的有 1 个（10%）。
- 依据绩效改进顾问对绩效改进理论的理解以及对当下绩效情境的把握而自创绩效改进模型或者绩效改进框架的有 3 个（30%）。

孟子说“尽信书，不如无书”，这个道理在理解与应用绩效改进模型上同样适用。在企业中实践绩效改进不仅仅需要知道绩效改进模型，也需要深知绩效改进模型背后的原理。这里，绩效改进模型是“术”的层面，而背后的原理是“道”的层面。我们要知道模型，但不能“唯模型论”。在这 20 个案例中，虽然只有 10 个案例应用了绩效改进模型，但这并不意味着其他 10 个案例没有遵循一定的规则来推进绩效问题的分析与解决。事实上，我们的研究发现，在对实际绩效问题进行分析时，其他 10 个案例也结合当下绩效情境和绩效改进原理，创造性地提出新的模型来指导当下绩效问题的解决。这种做法是值得提倡的，真正体现了活学活用的原则。

此外，绩效改进模型的应用并非是“非此即彼”的。也就是说，并不是用了一个模型，就不能再用另一个模型。事实上，多模型融合的应用在绩效差距分析中体现得尤为突出。例如，在分析绩效差距产生的原因时，我们可以采用典范绩效分析法中建立“绩效模型”的方式先对最优绩效进行萃取与记录，然后再采用行为工程模型从环境与员工两个方面来对比导致最优绩效与最差绩效差距的原因。所以，适用性与灵活性是应用绩效模型的原则。

第四，需求分析与绩效分析不是一回事。

不论是在美国还是在中国，绩效改进实践领域的大多数从业者都具有设计培训或管理培训的背景。因此，需求分析与绩效分析这两件事情很有必要单独讨论一下。

对于培训领域的从业者来说，需求分析是一个再熟悉不过的名词了。在设计培训项目或课程之前对学习内容、学习方式以及学习主体进行分析，这就是培训需求分析（training needs assessment，简称 TNA）。相较于需求分析，绩效分析的范围、内涵与目的都有所扩大。绩效分析是对绩效目标与绩效现状的分析，以及如果目标与现状之间存在差距，进而对产生差距的原因进行分析。换句话说，绩效分析回答的是有无绩效问题（差距）以及绩效问题（差距）是如何产生的。如果通过对绩效差距的分析明确了绩效差距产生的原因，比如员工在知识、技能、态度等方面存在不足，那么培训将会是一个潜在的有效干预措施（用来缩短或消除绩效差距），而后绩效改进才会进入到培训需求分析阶段。这就是需求分析与绩效分析的差别。这 20 个案例也记录了两者之间的区别：当案例中提到需求分析时，它们都是在对干预措施尤其是培训类干预措施进行分析、设计与开发；当提到绩效分析时，它们则都是在对绩效问题进行定义或对绩效差距原因进行分析。因此，绩效分析也常常被称为“宏分析”，而需求分析则被称为“微分析”。

绩效改进在中国任重而道远。2012 年，绩效改进正式进入中国培训界的视野，我犹记当年培训业界在年会上讨论绩效改进的盛况。之后，其发展之快、覆盖之广有目共睹。然而，绩效改进在中国发展的根基并不牢固。首先，绩效改进在中国的学术根基不牢固。作为一个研究领域，它在企业中的落地生根首先是基于对绩效、绩效改进方法以及各种绩效问题的研究，这是学术界的任务。目前国内开展绩效改进专业学习与研究的高校屈指可数，且大都集中在教育技术专业领域，专注于绩效改进研究的专家学者寥寥无几。这对绩效改进在中国企业的适用情境及适用方式的研究大有影响，同时也对高校向社会输送专业的绩效改进人才造成瓶颈。更重要的是，这也使绩效改进在中国从理论落地到实践缺乏沉淀、提炼与升华的基础。其次，绩效改进在中国企业界的根基也不牢固。当前，中国大部分讨论、学习或实践绩效改进理念与方法的人群聚集在培训从业者的圈子里。然而，做培训的人来做绩效改进有一个致命的痛点，那就是“对业务不了解”。我们不止一次地在公开场合或私下场合听到培训界的大咖们在呼吁：做培训的人要了解业务。那怎样才算了解业务？我认为，从绩效改进咨询顾问的角度来谈，了解业务并不是指对某项业务从头到脚、由里至外地了解，而是需要具备快速了解业务内容、洞察业务逻辑的能力。这是做好绩效改进的基础。因此，从培训到绩效改进，这不仅是调转方向的问题，也是能力转变与能力延伸的问题。同时，绩效改进聚焦解决业务问题的本质决定了更多的一线业务骨干和管理者也需要了解并掌握绩效改进的思维及方法。只有让更多一线业务人员掌握绩效改进的思维与方法，才能找到适宜绩效改进发展的“土壤”，才能让绩效改进在中国企业生根发芽，发展壮大，并最终为我们所用。

参考文献

1. Dean P. J., Ripley D. E. Performance improvement pathfinders: Models for organizational learning systems [M]. Washington: International Society for Performance Improvement, 1997.
2. Duan M. J. Examing the applicability of action research in the practice of human performance technology: Evidence from exemplary cases [J]. Ann Arbor: ProQuest, 2014.
3. Elliott P., Folsom A. Exemplary performance [M]. San Francisco: Jossey-Bass, 2013.
4. Gilbert T. F. Human-competence: Engineering worthy performance [M]. New York: McGraw-Hill, 1978.
5. Kirkpatrick D. L., Kirkpatrick J. D. Evaluating training programs: The four levels [M]. 3rd ed. San Francisco: Berrett-Koehler, 2006.
6. Mager R., Pipe P. Analyzing performance problems: Or you really oughta wanna [M]. 3rd ed. Atlanta: CEP, 1997.
7. Molenda M. In search of the elusive ADDIE model [J]. Performance Improvement, 2003, 42(5): 34-37.
8. Rummler G. A., Brache A. P. Improving performance: How to manage the

white space on the organization chart [M]. 2nd ed. San Francisco: Jossey-Bass, 1995.

9. Sanders E. S., Thiagarajan S. Performance intervention maps: 39 strategies for solving your organization’ s problems [M]. Danvers: ASTD, 2001.
10. Wile D. Why doers do [J]. Performance & Instruction, 1996, 35(2): 30-35.
11. Stolovitch H., Keeps E. Handbook of human performance technology [M]. 1st ed. San Francisco: Jossey-Bass, 1992.
12. Pershing, J. A. Handbook of human performance technology [M]. 3rd Ed. San Francisco: Pfeiffer, 2006.
13. Phillips, P. P. The bottomline on ROI: Benefits and barriers to measuring learning, performance improvement, and human resource programs [M]. 2nd ed. West Chester: HRDQ, 2012.
14. Wilmoth F. S., Prigmore C., Bray M. HPT models: An overview of the major models in the field [J]. Performance Improvement, 2002: 41(8):14-22.
15. [美] 赫尔曼·阿吉斯 . 绩效管理 [M]. 刘昕，等译 . 3 版 . 北京：中国人民大学出版社，2007.
16. 陈春花 . 管理的常识：让管理发挥绩效的 7 个基本概念 [M]. 北京：机械工业出版社，2016.
17. 陈春花 . 经营的本质 [M]. 北京：机械工业出版社，2016.
18. 况阳 . 绩效使能：超越 OKR [M]. 北京：机械工业出版社，2019.
19. 邓玉金 . 绩效管理的 8 节实战课 [M]. 北京：中信出版集团，2019.
20. [美] 罗伯特·卡普兰，大卫·诺顿 . 平衡计分卡：化战略为行动 [M]. 刘俊勇，孙薇，译 . 广州：广东经济出版社有限公司，2004.
21. 青铜器软件系统有限公司 . 研发绩效管理手册 [M]. 2 版 . 北京：电子工业出版社，2012.